KB210548

성경약어표

생명과 평화의 눈으로 읽는 성서 8

교회의 출발, 제국을 넘어서 _ 바울서신

지은이	김경호
초판발행	2021년 10월 20일
펴낸이	배용하
책임편집	배용하
등록	제364-2008-000013호
펴낸곳	도서출판 대장간
	www.daejanggan.org
등록한곳	충남 논산시 매죽헌로1176번길 8-54, 101호
대표전화	대표전화 041-742-1424 전송 0303-0959-1424
분류	기독교	성서강해	바울서신
ISBN	978-89-7071-570-4 03230
SET	978-89-7071-417-2 04230

이 책은 저작권법에 의해 보호를 받는 출판물입니다.
기록된 형태의 허락 없이는 무단 전재와 복제를 금합니다.

 값 16,000원

생명과 평화의 눈으로 읽는 성서 8

바울서신

교회의 출발, 제국을 넘어서

김경호 지음

차례 contents

'생각 나누기'에 첨가된 설교문

| 시작하는 말 |

시작하는 말은 일러두기 성격의 글로 책의 집필 동기와 교재로 사용
하는 요령 등이 적혔다. 그러나 이번호에는 같은 성격의 글이지만 월
간 〈기독교출판소식〉과의 인터뷰 글로 대체 하려고 한다. 원래의 시
작하는 말이 필요한 분들은 1-7권까지의 시작하는 말을 참고하길
바란다.

**1. "생명과 평화의 눈으로 읽는 성서 시리즈"(이하 "생명과 평화 시리즈")는 어
떤 내용을 담은 책인가요?**

예수 그리스도를 교리 중심으로 이해할 수 있습니다. 이렇게 교리가 이
해의 중심 틀이 되면, 교리 외에는 더 이상 공부할 것이 없어집니다. 모든
말씀을 그 틀 속에 맞추기 때문입니다. 한국교회는 큐티를 중심으로 성서
를 봅니다. 이것은 자신이 가진 문제를 해결하는 데는 직효입니다. 그러
나 정말 성서가 그렇게 말하고 있는가하는 것은 별개입니다. 큐티는 자신
이 가진 생각을 마치 성서 자체가 그렇게 된 것인 양 착각하고 자신의 생
각을 성서의 권위를 빌어 선포하는 모순을 범하게 됩니다.

성서를 해석하려면 그 당시의 역사와 사회적 구조 속에서 말씀을 이해
해야 합니다. 그렇게 하려면 그 당시의 정치, 경제, 사회, 문화의 배경과
당시의 문헌들과 비교해서 성서의 가치가 드러나게 해야 합니다. 성서의

말씀을 자기 입맛대로 이해하는 것이 아니라 객관적으로 그 말씀의 의미를 밝히기 위해 연구하는 여러 가지 과학적인 방법론이 있습니다. 이 시리즈는 이러한 학문적인 방법론과 당시의 역사, 사회적 배경을 통해서 비교적 객관적으로 성서를 해석할 수 있도록 돕게 될 것입니다.

2. "생명과 평화 시리즈"를 집필하시게 된 계기가 궁금합니다.

저는 우리나라 기독교 초기에 기독인이 되어 삼대 째 신앙을 지켜오는 가정에서 태어났습니다. 초기에 할머니께서 선교사에게 배웠다며 해주시는 말씀 속에는 우리민족은 노아의 세 아들 함, 셋, 야벳 중에 야벳 자손이다. 우리 민족은 하나님의 특별계시에는 해당이 안되지만 일반계시로 은총을 입었다든가 말씀을 들어 왔는데 나중에 이것이 백인우월주의에 의한 성서해석이라는 것을 알았습니다. 서구신학의 전통은 하나님을 지배자의 신학, 제국주의의 이념을 합리화시키는 신학으로 왜곡시켰습니다. 한국교회는 서양선교사들의 신학적 전통을 그대로 받아들여 본래 역사 속에서 해방의 사건을 일으켜 나가는 하나님을 관념적, 비역사적, 타계적인 신으로 만들어 버렸습니다. 성서를 교리적으로 이해해서, 이미 수많은 식민지를 두고 역사의 승자, 지배자의 입장에서 해석하는 틀은 본래 하나님의 섭리와는 거리가 많다고 생각했습니다. 이렇게 지배자의 관점에서 왜곡되어온 기존 성서이해의 틀을 제거하고 성서를 읽어내고 싶었습니다. 그래서 이 시리즈를 통해서 새로운 눈으로 바른 신앙, 성서 속의 야훼 하나님과 예수 그리스도를 만나고 싶었습니다.

3. "생명과 평화 시리즈"를 출간하고 계신데, 성경 전체를 생명의 눈높이, 혹은 평화의 렌즈로 읽는다는 것이 어떤 의미인가요?

어떤 관점을 정해 놓고 성경을 보겠다는 것은 아니구요, 성서 전체를 살펴보니 주된 주제가 '하나님의 사랑'인데, 단지 인간만을 향한 사랑이 아니라 생명, 하나님께서 창조하신 세계 전체에 대한 사랑이기에 '생명' 을 떠올렸고, 하나님께서 역사를 섭리하시는 그 중심이 '평화'에 있기에 '평화'를 강조했습니다. 생명과 평화라는 주관적 전제로 성서를 보겠다는 것이 아니고, 이 전체 시리즈에서 동원된 해석 방식이 성서를 객관적, 과학적으로 해석하기 위한 성서신학의 방법론인데, 그런 방법론으로 성서를 보았을 때, 필자에게 떠올랐던 주제가 생명과 평화였습니다. 하나님의 사랑이 우리가 살아가는 현재 세계와 역사에 나타나는 방식을 생명과 평화로 본다는 의미입니다.

4. 이 책들의 구성은 조금 독특합니다. 쉽게 풀어놓으셨지만 폭넓은 성서신학이 그 뼈대를 이룹니다. 책에 "함께 생각 나누기" 질문들을 각 단원 마지막에 두셨고, 그와 연관된 설교문을 중간 중간 배치하기도 하셨습니다. 구성 의도가 궁금합니다.

평신도가 스스로 또는 그룹으로 토론해 가면서 성경공부를 할 수 있도록 교재의 성격으로 집필하였기 때문입니다. 신학은 서양 학문 중에 가장 먼저 태동했습니다. 그리고 성서를 보는 방법도 많이 진화했습니다. 초기에는 신조나 교리의 틀에 맞추어서 성서를 보았습니다. 주관적인 영감에 의해서 해석하는 것은 보는 사람에 따라서 다양할 수밖에 없습니다. 그런 부작용을 최소화하기 위해 교회라는 권위가 동원되어, 교권, 신조, 교리 등으로 제한했습니다. 하지만 학문이 발달하고 대학이 생기면서 성서 해석에도 객관적이고 과학적인 방법론이 요구되었습니다. 그렇게 생긴 학문이 '성서신학'입니다. 이 책에는 평신도들이 접하기 쉽지 않은 신학과 성서신학을 성서의 본문과 연결해서 다루기 때문에 어려운 신학적 명제와 방법론을 아주 쉽게 이해할 수 있습니다. 많은 신학도들이 필자가 진행하는 성서학당을 수료하였는데 자신이 대학원에서 헤메던 신학적 개념과 방법론을 단번에 명쾌하게 정리했다고 이구동성으로 말합니다. 그리고 그런 이해가 단지 관념적인 영역에만 머물지 않고 우리들의 현실 문제와 연결해 생각을 확장하는 것이 바로 "함께 생각 나누기"와 그와 관련된 설교 또는 강연입니다. 각과의 본문은 그 간의 신학적 성과물을 '학습'하는 것이라면 함께 생각나누기와 설교문은 '적용'입니다.

5. 시리즈의 첫번째 책인 『오경, 야훼 신앙의 맥』이 처음 세상에 선보인지 벌써 10년이 훌쩍 넘었습니다. 시간이 흐르고 세상은 변하는 가운데 하나의 이야기를 독자에게 지속적으로 전달하는 것은 결코 만만한 일이 아닌데요, 여정이 궁금합니

다.

성경의 이야기가 워낙 광범위하고 이집트, 메소포타미아, 헬라 문명과 아시리아, 바벨론, 페르시아, 희랍, 로마 등 제국의 역사와 더불어 진행되기에 저술과정 역시 방대하게 전개되고 있습니다. 단순한 세상살이의 이야기라면 10년 전에 낸 책을 계속 이어가는 것이 철지난 이야기이기 쉽습니다. 성경은 오래된 책이지만 많은 사람들의 마음의 중심이기에 성경을 해석하는 것은 반짝 유행하고 사라지는 이야기와는 다릅니다. 이번 시리즈를 시작한 것은 2007년에 첫 번째 책이 나왔으니까 14년이 되었지만, 저의 최초 작업인 『함께읽는 구약성서』(1991년) 『함께읽는 신약성서』(1992년)의 출판부터 하면 30년간의 집필인 셈입니다. 더군다나 이 시리즈는 성서 본문 자체가 나오게 된 사회 역사적 맥락 속에서 해석하기 때문에 오랜 공을 들여가며 쓰고 있습니다.

6. 지금까지 총 7권이 출간된 "생명과 평화 시리즈"에서 가장 최근에 나온 책이 『위기에서 대안을 찾다 - 포로기와 그 이후 예언자』입니다. 7번째 책이지만 시리즈에서 "4번" 타이틀을 달고 있는 것이 특이한데요, 한국 교회의 위기이자 문명사적 위기라고도 부를 수 있는 코로나 시국에 이 책을 통해 전달하고 싶은 대안이 있으셨을까요?

창세기부터 책을 내다가 도중에 예수와 복음서에 대해서 먼저 출판해 달라는 요구가 있어서 순서가 바뀌었습니다. 그런 중에 코로나로 지구촌은 물론 교회에도 위기가 왔습니다. 제가 40년 가까이 목회하면서 모임 자체가 오랫동안 중단되는 것은 처음입니다. 사회와 개인의 생활에도 위기가 왔습니다. 이스라엘도 나라가 망하고 바벨론 땅에 포로로 끌려가면서 온 민족이 절망하던 때가 있었습니다. 그 때 위기를 헤쳐 나가는 예언자들의 위대한 상상력이 아니었다면 야훼신앙과 오늘의 기독교는 존재하지 못했을 것입니다. 위기의 시대를 돌파하는 예언자들의 위대한 영감은 그 시대에 대한 처방이었고, 자포자기(自暴自棄)하는 사람들에게 새로운 희망이었습니다. 아무 것도 없는 포로지에서 마른 뼈와 같이 된 사람들에게 성서도 집필하고, 새로운 신앙 공동체도 만들고, 나라도 새롭게 세우는 힘은 포로기 예언자들의 위대한 영감과 상상력 때문에 가능했습니다. 코로나 시대를 맞아 오늘의 위기를 넘어서야할 우리들에게도 그 말씀들은 여전히 살아서 힘과 용기를 불어넣어 줄 것입니다.

7. 최근 들어 한국 교회의 정치 참여에 대한 논란이 많습니다. 보수든 진보든 교회가 정치적으로 너무 편향되어 있다는 시각과, 반대로 교회가 정치나 사회적 이슈에 너무 무감하거나 무지하다는 비판이 서로 혼재되어 있는 상황이기도 합니다. 이런 맥락에서 한국 교인들에게, 특히 다음 세대를 고민하는 사람들에게 들려주고 싶은 말씀이 있으신지요?

현대 사회에서 정치와 무관하게 살 수 있는 사람은 아무도 없습니다. 과거 군사독재정권과 투쟁할 때, 광주 학살의 부당함을 알릴 때, 일부 기독인들이 "종교인은 정치에 참여하지 말라"는 신문 광고를 크게 내었습니다. 그런데 바로 그 성명을 낸 자들이 얼마 후 "전두환 장군을 위한 조찬 기도회"를 열었고, TV방송국에서 생중계를 했습니다. 그 때 국민들은 전두환이 누군지 알지도 못할 때였습니다. 누가 정치적입니까? 우리 모두는 투표하고, 때로는 출마도 하고, 세금도 내고, 군대도 갑니다. 여론조사에도 참여도 하고, 몇 사람이 모여서 정치적 사안에 대해 의견도 나누고, 사회단체 구성원으로 활동도 합니다. 이 모든 것이 정치행위입니다. 그러기에 정치와 무관하게 살아갈 수 있는 사람은 아무도 없습니다. 성서가 바라는 이상적인 하나님의 나라는 하나님의 통치, 하나님의 정치가 이루어지는 세상입니다. 현대사회는 누구나 다 정치적으로 살아갈 수밖에 없지만 기독인들은 성서가 말하는 하나님의 통치, 하나님의 정치의 적극적인 수행자들이 되어야 합니다. 저는 그 중심이 현대의 용어로는 생명과 평화라고 생각합니다. 예를 들면 전광훈의 정치, 전광훈의 정당에 참여할 것을 요구받을 때 한국교회 신도들이 그의 정치가 하나님의 뜻에 맞닿아 있는지 판별할 능력이 있어야 합니다. 그러지 못하면 그가 빤스를 내리라는 요구에 응하게 되는 것입니다.

8. "이런 성서연구를 수용하고 열린 마음으로 함께 토론할 수 있는 건강한 공동체" 덕분에 이 교재가 가능했다고 쓰셨습니다. 이 시리즈의 내용이 교인들에게, 또 이 과정을 함께 한 교인들이 목사님에게 어떤 영향을 미쳤나요? 이어서 질문을 드

리자면 1985년부터 몸 담아오신 향린 공동체 교회들은 한국 교회와 사회에서 독특한 위치를 차지해왔습니다. 그래서 향린 공동체 교회를 응원하는 사람들도 '저기는 우리 교회와는 달라'고 거리감을 느낄 수도 있을 것 같은데요, 그런 분들은 이 시리즈를 누구와, 어떻게 읽어갈 수 있을까요?

　교회는 집단으로 그리스도의 사랑을 실천해 나가는 주체여야 합니다. 개인은 한계를 가지고 있습니다. 오늘 위대한 생각을 하다가도 내일이면 그 생각을 접을 수도 있고, 의지는 있지만 여러 조건이 따르지 않아 뜻을 접기도 합니다. 그러나 개인들이 모여서 이루는 공동체야말로 서로 힘을 합하여 온전한 그리스도의 몸을 이룰 수 있습니다, 교회는 단지 그리스도를 믿는 사람들이 모여 있는 곳이 아니고, 그 집단의 실천을 통해서 그리스도를 대변하고 그분의 삶을 오늘에 되살려 가는 주체입니다. 그런 점에서 전체 성서를 새롭게 뒤집어 보는 시각은 교우들과의 나눔과 공동의 실천의 산물이기도 합니다. 말씀 하나하나가 집단의 실천과 호흡 안에서 이루어진 체험들입니다. 질문하신 대로 혹자는 "향린공동체니 가능하지"라고 특화시킴으로 자기들의 관심에서 제외하려는 경향이 있습니다. 그런데 한번 진지하게 물어봅시다. 이웃의 고통이 현존하는 것을 보면서 아무 거리낌 없이 찬양과 예배가 드려질 수 있습니까? 이웃의 아픔이 내게 전해오고 그것이 바로 나의 아픔이 되어 쌓이는데 어떻게 기쁜 찬양을 할 수 있습니까? 인간의 고통이 제거 될 때, 우리의 이웃들이 당하고 있는 아픔을 훌훌 털고 일어설 때, 우리는 진정한 찬양과 예배를 드릴 수 있을 것입니다. 어느 특정한 교회의 실천이 아니라 우리 모두가 진정한 예배를 회복하려는 실천입니다. 목회하면서 짬짬이 토막 시간을 내어 성서 전권에 대한 집필을 하는 것은 저 개인에게는 무한한 고통입니다. 그러나 한국교회가 개혁되려면 지금의 단순한 교리 중심의 성서해석으로는 불가능하기 때문에 언제 올지 모르지만 그 개혁의 시간을 준비하는 마음으로 인내하는 중입니다. 이렇게 책도 내고 요즈음은 유투브로 "강남향린 성서학당"을 15분 정도의 영상으로 공부할 수 있도록 올리고 있습니다.

9. 마지막으로, '생명과 평화 시리즈'는 앞으로 어떤 부분이 몇 권 남았는지, 시리즈의 다음 책은 언제 내실 계획이신지 궁금합니다.

이번 시리즈는 지금까지 모두 7권이 출판되었습니다. 『오경-야훼신앙의 맥』(2017) 『지혜문학-신앙의 새로운 패러다임』(2017), 『역사서-새 역사를 향한 순례』(2018), 『복음서(상)-역사적 예수와 그의 운동』(2019), 『복음서(하)-몸의 부활, 산자의 부활』(2020), 『왕국시대 예언자-시대의 아픔을 넘어서』(2020) 『포로기와 그 이후 예언자-위기 속에서 대안을 찾다』(2021) 모두 도서출판 대장간에서 출판해 주셨습니다. 그리고 이번 책이 제8권, 『바울서신-교회의 출발, 제국을 넘어서』이고 남은 제9권 『기타서신-초대교회의 선교와 서신들』을 모두 올해(2021년) 안에 출판하여 창세기부터 요한계시록까지 전체를 완성하려고 합니다.

칼 바르트는 "계시된 말씀인 예수 그리스도, 기록된 말씀인 성서, 그리고 선포된 말씀인 설교의 삼중적인 틀 속에 있는 하나님의 말씀은 하나님의 삼위일체성에 근거해서 동일한 권위를 갖는다."고 했습니다. 설교가 이렇게 중요한 권위를 갖는 것은 당대성, 그 시대를 사는 사람들에게 하나님의 말씀을 전달하는 역할을 하기 때문입니다. 그러기에 바르트는 "설교자는 한 손에 성경을, 다른 한 손에는 신문을 들어야 한다."고 하기도 하였습니다. 단순히 성경의 이야기를 반복하는 것은 설교가 아닙니다. 성경을 토대로 오늘의 시대를 해석해야 하는데 한국교회는 우리가 사는 시대를 해석할 기준을 갖지 못했기에, 시대를 이끌기는커녕 뭇 사람들에게 지탄을 받는 대상이 되었습니다. 한국교회를 되살리고 복음을 복음 되게 하는 길을 독자님들과 함께 찾아 갈 수 있기를 바랍니다.

» 강남향린교회 김경호 목사

| "바울서신: 교회의 출발, 제국을 넘어서"를 내면서 |

한국교회에서 바울신학은 절대적이다. 바울이 "나는 십자가 이외는 알지 않기로 했다."는 말은 십자가를 통한 구원의 확신, 소위 사영리 논리로 둔갑하여 가장 경제적으로 구원을 획득하는 무기로 쓰였다. 이에 바울 신학을 바로 이해하지 않고는 한국교회가 새로워질 수 없게 되었다.

사실 예수를 중심한 새로운 종교, 교회라는 조직을 만든 것은 예수 자신이 아니다. 예수 그리스도를 중심한 새로운 종교와 교회의 출발은 바울의 선교와 신학에서 비롯되었다. 복음서가 바울 신학의 틀거리를 그대로 받아들임으로 신약 성서 전체가 바울 신학의 구도 아래 형성되었고 기독교라는 새로운 종교가 생겨났다. 그리고 그 조직이 전 세계로 확장되어 고대, 중세, 근대, 현대의 과정을 거쳐 오늘 인류의 역사를 이끌어 온 가장 강력한 정신의 기둥이 되었다.

바울을 제대로 이해하고 그의 신학을 바로 아는 것은 기독교를 이해하는 출발점이다. 바울이 아니었다면 예수는 매우 뛰어난 삶을 살고 시대를 넘어서는 지침을 주셨지만 기독교라는 새로운 종교와 교회라는 세계적인 조직으로 발전하지는 못했을 것이다.

이에 바울을 역사적 정황 속에서 정확하게 이해하는 것은 제멋대로 바울 신학을 이해하며 심지어는 예수의 삶과 가르침은 무시해도 구원 받는

데는 아무런 지장이 없는 이상한 신학을 변별하는 데에 필수이다. 바울 신학에 대한 이해 없이는 오늘 우리들의 생각과 믿음을 결코 이해할 수 없을 것이며 한국교회는 결코 새롭게 갱신할 수 없을 것이다.

우리는 기독교의 출발과 전파의 배경이 되는 당시 로마의 세계와 사회적 정황을 살펴보고 유대교와 기독교, 그리고 새롭게 출발하는 교회의 특징을 정확하게 이해해 보고자 한다. 그리고 바울이 추구했던 교회 공동체의 모습과 아울러 예수 그리스도를 단지 훌륭한 윤리를 가진 교사가 아니라 우리들의 삶의 주님으로, 내 삶을 전적으로 대신할 신앙의 모범으로 삼아 새로운 종교가 가능하게 만든 바울 신학의 위대함을 느껴 보려고 한다.

로마서에서 보듯이 바울 신학이 교리적이고 논쟁적인 측면이 강한데, 여기서는 우리가 꼭 이해해야할 바울신학의 핵심적 명제들을 다루되, 당시 문제를 제기했던 바울의 사회적 배경 속에서 어떤 의미를 갖는가를 중심으로 다루었다. 이론이나 논쟁적 접근은 지양하고, 바울 신학의 중심 개념이 우리들의 신앙생활과 교회생활에 어떻게 적용할 것인가에 초점을 맞추었다.

역사적인 예수가 아무리 훌륭해도 그분과 나와의 관계가 설정되지 않으면 아무 소용이 없다. 단지 예수를 감상하고 "좋은 분이네"하고 끝난다면 예수를 안다는 것이 허무한 지식에 불과할 것이다. 그런 의미에서 역사적인 예수의 모습, 예수상에 대한 연구는 우리가 예수를 주님으로 고백하고 나와 그리스도와의 신앙적인 관계가 전제되어 있을 때라야 의미 있다.

그러므로 바울은 역사적 예수가 누구인지를 밝히고 파고 들어가는 것보다 지금 현존하는 존재인 우리가 예수와 어떤 관계를 맺는가에 초점을 맞추었다. 바울의 고백을 통해서 예수의 역사적 십자가가 내면적이고 신앙적인 자기 혁신의 십자가가 된다. 예수께서 행하신 역사적 사건이 바울의 고백을 통해서 시간과 공간적으로 멀리 떨어져 있더라도 그 사람을 예수의 삶과 실천 가운데로 끌어온다. 그런 의미에서 이 바울의 고백은 역사적 예수를 종교화하고 신앙화할 수 있는 중요업적이다. 예수의 삶과 실천이 이천년과 지구 반 바퀴의 시공을 초월해서 나의 문제로 다가오게 만든 것이다.

» 송파구 오금동 강남향린교회에서 김경호 목사

1

로마의 역사를 통해 본 교회의 시작[1]

　　초대교회는 자기 자신을 에클레시아(εκκλησια)라고 불렀다. 이는 유대교에서 쓰던 회당(시나고게, συναγωγη)과도 다른 이름이다. 그런데 에클레시아는 그리스-로마의 역사에서는 매우 긍지로 삼던 이름이다. 민회, 또는 공의회로 부르던 민주정치, 공화정의 핵심기관이고 상징이다.

　　초대교회는 로마의 박해상황 속에서 자라났다. 교회의 탄생과 로마의 역사는 떼려야 뗄 수 없는 관계이다. 로마의 역사 속에서 그들이 가장 긍지로 삼았던 직접 민주정치인 에클레시아(民會) 정치를, 교회는 자기들의 새로운 공동체의 이름으로 삼았다. 이 장에서는 로마 역사의 배경 속에서 교회가 출발하는 정황을 살펴봄으로 초대교회의 성격을 살펴보겠다.

---

1) 순천 하늘 씨앗교회 창립 10주년 기념 강좌(2015년 1월)로 발표하였고, 그 내용을 "하나님 나라의 시민, 로마의 시민"『신학비평』통권 56호, (2015, 봄) pp. 43-57.로 실었다. 이 글은 그 원고를 수정했다.

에클레시아(교회)의 어원

교회는 그리스어로 '에클레시아'(εκκλησια)인데 본래 희랍의 정치를 상징하는 표현이었다. 여기서 에크(εκ)는 '밖에', '밖으로'라는 뜻이고 클레시아(κλησια)의 원형은 '클레오'라는 동사이다. 클레오는 두 가지 뜻으로 쓰이는데 "부른다", "모으다"는 뜻이다. 즉 "불러 모으다"는 뜻이다. 문자의 뜻은 "밖에 회중을 불러 모으는 것"을 가리킨다. 그리스-로마의 민주주의에서 광장(아고라)에 모인 시민들의 총회, 공의회 또는 민회라고 부르는 통치기관이 에클레시아이다.

불레라고 부르는 입법회의(의회)도 있지만 최고의 권력기관은 광장에 모인 회중 '민회'(에클레시아)이다. 모든 자유민으로 구성된 도시의 시민들은 광장에 모인 공의회를 통해 국사를 진행한다. 교회에서 공동의회가 최고의 결정기관이듯이 에클레시아는 최고의 권력기관이며 그 일원이 되는 시민들이 정치의 주관자로 자부심을 갖는 원천이었다.

에클레시아는 입법, 사법, 행정의 중요 법령을 결정하며, 전쟁과 휴전, 또는 화의를 결정했다. 살인죄, 반역죄 등 중대 범죄를 심판하고, 사형을 집행하며, 동맹을 체결하거나 파기하고, 집정관, 법무관등 정무관을 선출했다. 집정관이나 원로원이 의견은 제출하지만 최고의 권한은 에클레시아가 갖는다. 당대 역사가 폴리비오스에 따르면, 로마의 인민들의 총회인 에클레시아는 로마 공화정 체제하에서 궁극적인 주권의 원천이었다.[2]

그러나 이런 직접 민주정치 제도는 부작용을 낳기도 했다. 선동에 휘말리기 쉽고 대중의 판단은 분위기에 좌우되기도 했다. 소크라테스를 사형

---

2) ko.wikipedia.org/wiki/로마의_민회

시킨 것도 에클레시아의 결정에 의한 것이기도 했으며 때로는 반동의 역사를 경험했다.

로마는 주전 509년에 왕정이 종식되고 공화정 정치가 시작되었다. 공화정의 책임을 맡은 최초의 집정관 루키우스 브루투스에 대한 일화는 유명하다. 그는 다시는 왕정으로 되돌아가는 일은 없을 것이라고 했으나 왕정의 복귀를 꾀하는 자들이 집정관의 두 아들을 포섭해서 왕정복구 운동에 가담 시켰다. 이에 대한 민심이 들끓자 브루투스는 민회를 열어 자기의 두 아들의 목을 도끼로 잘라버린다. 당시 시민들은 처벌을 요구하기는 했지만 추방정도의 조치가 내려질 것이라고 생각했다. 하지만 브루투스 집정관은 단호하게 벌을 내림으로 공화정에 대한 확고한 의지를 보여주었다. 이런 단호한 결단이 없었다면 그 시절에 로마가 공화정을 유지할 수 없었을 것이다.[3]

초기 공화정은 민주주의에 대한 긍지로 출범했지만 시대적인 한계도 가지고 있었으며 민(民)의 권리를 확보하기 위해서 오랜 투쟁을 겪어야 했다. 초기 에클레시아의 형식은 민주적이었으나 주도권은 귀족들에게 있었다. 이들은 에클레시아 정치를 켄투리아(Cenuria-Century)라는 백인대로 운영했다. 신분상 상층부터 백인단위로 투표를 하여, 과반이면 종결되는 제도이니 이런 제도아래서 민의가 반영될 리는 만무하다. 그러다가 로마가 이탈리아의 주도권을 잡아가는 과정들, 포에니 전쟁에서 페르시아를 제압하고 지중해 전체의 주도권을 잡아가는 전쟁들에서 승리하기 위해 주변 평민들을 광범위하게 참여시켰고, 이를 계기로 평민들의 권한이 강

---

3) 조무현, 『로마가 답이다』 도서출판 미래를 소유한 사람들, 2013, pp.169-172.

화되었다.

켄투리아는 집단투표제였으며, 기병부터 신분계층의 서열에 따라 차례로 투표를 하였다. 그래서 위에서부터 시작하여 과반수가 넘으면 하위 계층 신분은 투표할 기회조차 잃게 된다. 따라서 형식적으로는 모든 계층의 시민이 참가하였으나, 실제로는 상류층 부자들을 중심으로 한 회의체였다.

여기에 반발하여 기원전 494년 '성산(聖山) 농성 사건'을 계기로 평민들의 의견을 반영할 수 있는 '평민회'가 구성되어 민회는 이원적 체제로 발전하였다. 처음에는 물론 평민회보다 켄투리아회가 더 강하였으나 그 후 시대 상황의 변화와 귀족과 평민간의 신분투쟁으로 인해 기원전 276년 호르텐시우스법에 이르러서는 평민회가 켄투리아회의 기능을 상당부분 흡수하여 '일반민회'로 발족하게 된다. 이 일반민회의 결정은 원로원의 인가를 얻지 않아도 국법으로 효력을 발생할 정도로 그 위상이 높았다. 그 후에도 켄투리아회는 정치적 기능을 담당하였으나, 기원전 241~218년 사이 부족수가 35개로 증가되었을 때 켄투리아 구성이 개혁되었다. 부족의 수가 배가되고 기병의 우선투표권이 사라지게 되었다. 결국 켄투리아 회의는 황제통치가 시작될 때까지 존속하나 정치적 중요성은 없어지고 곡물분배의 단위로만 존속하였다.[4]

이들은 에클레시아를 회복하기 위해 공화정 시작 후에도 200년간의 투쟁을 벌였다. 그들은 마침내 모두가 법 앞에 평등하다는 성문법을 제정하였는데 이것은 12표법이라고 부른다. 12개의 석판에 새겨서 기록하였고 여기에는 토지상한제, 평민들의 부채, 노예 금지 등의 조항이 명시되

---

4) 최혜영, cluster1.cafe.daum.net/_c21_/bbs_search_read?grpid=43A... 켄투리아

었다. 그들은 평민회의를 열었다. 또한 평민들을 지키기 위해 호민관제도를 두었다. 2-10인까지 선출했고 호민관을 해치는 자는 반역죄로 사형에 처하도록 했다.

이렇게 그리스와 로마로 이어지는 민주주의 전통은 이들의 정치체계의 중심이었고 자랑이었다. 이들이 작은 도시국가로 시작해서 수많은 전쟁을 겪으면서 페르시아, 마케도니아등 강력한 제국을 물리치고 세계의 맹주가 될 수 있었던 것은 그들이 가진 에클레시아 민주주의에 대한 긍지였고 민주주의 체제의 우수성에 근거한 것이었다. 조그만 도시국가가 강력한 힘을 얻을 수 있었던 것은 평민들의 참여가 가능하고 그들이 자신들이 주도하는 정치를 펼칠 수 있었다는 것이다.

황제정시대와 황제숭배

시이저(카이사르, Imperator Julius Caesar)는 로마의 내전을 종식시키고 황제로 등극하며 제정으로 넘어간다. 시이저는 자신을 종신 독재관(dictator perpetua)로 선언하고 절대 권력자로 등극하자 기원전 44년 공화제 헌정을 복원하려는 브루투스와 카시우스 롱기누스 등에 의해 암살당한다. 브루투스는 시이저가 가장 아끼는 측근이었다. 그래서 시이저가 암살당할 때 브루투스를 보고 "브루투스 너마저도!"라고 한 마지막 말은 유명하다. 브루투스는 최초 공화정을 위해 아들을 희생한 공화정의 전통을 극히 아끼는 가문 출신이었다. 그러나 시이저의 암살자들은 정권을 잡지 못하였다. 시이저의 후계자이며 양자인 옥타비아누스에게 패하였다.

내전에서 승리한 옥타비아누스는 아우구스투스(Augustus, 황제)의 칭호를 받고 거의 절대적인 권력을 잡았지만, 로마의 긍지였던 공화정을 가장할 수밖에 없었다. 이때의 통치체제를 원수정(사실상 제정)이라 하며, 아우구스투스는 자신을 프린켑스(Princeps, 제1의 시민)라 칭한다. 아우구스투스가 독재관을 거부하는 등 조심스럽게 행동한 것은 양아버지였던 줄리어스 시이저의 암살 때문이기도 했다.5)

황제는 제정을 펼쳤지만 로마인의 긍지인 민주정의 흔적을 무시하지는 않았다. 로마의 전성기라고도 부르는 7황제 시대에 황제는 에클레시아의 머리라고 스스로를 불렀다. 황제 스스로가 자신을 공화정의 상징적 직책인 호민관이라 호칭하면서 사실은 공화정 시절에 절대권을 부여받았던 호민관의 신성불가침권을 자신에게 적용했다. 또한 황제는 재무관으로 화폐를 발행하고, 집정관으로 정책을 집정하는 등 에클레시아에서 선출하던 것을 폐지하고 자신이 그 권한을 행사했다. 황제에게 삼권이 집중되었으며 황제숭배를 시도하였다. 하지만 부분적으로 원로원과 에클레시아의 전통은 유지했다. 그는 형식상 로마인이 긍지로 삼는 에클레시아 정치를 완성하는 역할을 하는 것처럼 처신했다. 황제는 에클레시아의 머리로서 역할을 자처했다.

로마에서 아우구스투스(황제)를 신으로 찬미하는 것은 시인들이 시적 표현으로 하는 정도일 뿐이지만, 식민지에서는 공식문서 조차도 황제를 신으로 묘사했다. 그는 자신의 생일을 새해의 시작일로 하고 그 달력에 황제의 생일을 신의 생일이라고 적어 넣었다. 6)

황제에 대한 충성을 확립하기 위하여, 제국 주민은 황제 숭배에 참가하도록 불려가서 황제와 황가의 일원을 신으로 모셨다. 황제 숭배의 중

---

5) ko.wikipedia.org/wiki/고대_로마
6) Klaus Wengst, *Pax Romana*, 『로마의 평화』 한국신학연구소, 1994, p.111.

요성은 조금씩 커져서, 3세기에 이르러 그 위기가 정점에 달한다. 특히 제국의 동부 지역에서는 황제 숭배가 널리 보급되었으며, 황제 숭배 시설은 로마의 여러 도시 생활에서 중요한 장소였다. 또 황제 숭배시설들은 로마 문명을 상징하는 로마화의 주요 기관이었다. 황제 숭배는 기존의 신전에서 치르는 의식에 부가되거나, 공중목욕탕의 특별실에서 관련 의식을 치르기도 하였다.

반면 본토의 지식인들 중에는 비판적인 사람이 많았기에 황제 숭배가 잘 먹히지 않았다. 어떤 로마 사람은 황제가 살아있는 신으로 여겨지는 것을 우습게보았고, 황제가 죽은 뒤 신격화되는 일을 공개적으로 비웃었다. 소 세네카는 클라우디우스 황제를 호박으로 만들기(Apocolocyntosis divi Claudii)라는 풍자시에서 황제 신격화를 풍자했다. 여기서 멍청하게 묘사되는 클라우디우스 황제는 신이 아닌 호박이 되어 버린다. 54년 클라우디우스의 장례에서 신랄한 비난이 일어났다. 특히 유대인들은 극열하게 황제 숭배에 반대했다. 하나님 한분 외에는 섬길 수 없는 유대신앙은 황제 숭배에 저항하는 거점이 되었다.

로마는 자기들의 시대를 황금시대라고 칭했지만 비판적인 목소리들도 존재했다. 로마의 시인인 유베날(Juvenal)은 그 시대를 "흑철 시대보다 나쁜 시대, 이 시대의 타락에 걸 맞는 이름이나 금속을 자연 속에서는 찾을 수 없다"고 했다.[7]

---

7) Ibid., 116.

하나님 나라의 시민, 로마시민

예수는 로마의 정치 한가운데서 로마의 정치범을 살해하는 십자가형으로 돌아가셨다. 그의 중심 메시지인 '하나님 나라'의 선포를 바로 이해하려면 '로마시민'의 권리와 비교해서 '하나님 나라의 시민'의 권리를 이해해야 한다.

로마의 국내정치는 안정되었고 경제적으로는 부흥기였으며 문화적인 개화기였다. 그들은 로마의 평화시대라고 자랑했다. 그러나 그들이 내세우는 로마의 평화는 매우 허구적이었다. 아우구스투스 황제의 통치기간에 투기장에서 격투를 했던 검객이 1만명이고, 이 기간에 맹수들과의 싸움을 26회 개최했는데 이것으로 3,500명이 목숨을 잃었다. 또한 실전과 똑같은 해전을 즐기기 위해서 로마시 교외에 인공호수를 만들었다. 그 위에 30척의 전함을 띄워놓고 3,000명의 포로를 동원하여 죽기 살기의 싸움을 관전하며 즐겼다.[8]

그들은 식민지 도시에서도 이런 검투의 경기를 개최했다. 이는 승리의 축제, 시가행진, 육상 및 검투의 경기 등으로 이어졌다. 경기는 적의 장수를 모욕하기 위해 행해졌는데 이는 로마인과 식민지 상류 계층의 지배를 확고하게 만들어 주려는 정치적 목적을 가지고 있었다.[9]

수많은 사람들이 로마시민의 오락을 위하여 희생되었다. 이것이 로마의 평화가 구가되었던 그 중심부에서 자행된 일이었다. 이러한 모든 것은 로마의 시민들에게는 그 어느 시대보다도 확실한 시민의 권리를 보장해

---

8) 김창락, "신약성서 안의 평화운동", 『새로운 성서해석과 해방의 실천』 한국신학연구소, 1990, 351.

9) Klaus Wengst, op.cit., 98.

줄 수 있었다. 그들은 단지 로마 시민이라는 이유로 부자가 되었다. 로마는 자기 시민들에게 환심을 사기 위해 전 세계에서 거두어들인 세금을 시민들에게 나누어 주었으며 매일 시민들에게 무상으로 **빵**을 제공하고 죽기 살기의 실전 오락을 제공하였다.

그러나 그들은 로마 시민의 오락을 유지하기 위해서 지불되는 희생에는 무관심하였다. '로마의 평화시대'는 지배당하던 민족에게는 무자비한 군사적 탄압이었으며, 민중의 희생 위에선 경제적 부흥이었고, 억압받는 사람들에게는 피와 눈물로 얼룩진 평화였다. 잔인하고 전시적인 십자형의 공포와 학살 위에 소위 "로마의 평화"라고 일컫는 쥐 죽은 듯 고요한 죽음의 평화, 로마의 군사적 정복으로 얻은 평화, 아무도 이견을 말하지 못하도록 강요된 평화가 있다.

로마의 시민권

로마의 시민권자는 다음에 열거한 여러 가지 권리를 갖는다.[10]

1. 로마 의회에서 투표할 수 있는 권리
2. 시민권 관련 또는 공적 직무에 나아갈 수 있는 권리
3. 로마 시민으로서 법적 계약들을 체결하고, 자산을 소유할 권리
4. 로마시민과 합법적으로 결혼하여, 그 가족의 로마가부장의 법적 권리를 갖고, 그 결혼으로 낳은 자녀가 로마 시민이 될 수 있는 권리
5. 로마 시민이 식민지로 이주할 때, 시민권의 수준을 보존할 수 있는 권리

---

10) ko.wikipedia.org/wiki/로마_시민권

6. 몇 가지 면세와 법적, 특별히 지방 법규의 속박으로부터의 면책

7. 재판정에서 기소하거나 기소 당할 수 있는 권리

8. 사실 심리(재판정에 나타나 자신을 변호함)를 할 수 있는 권리

9. 하급심 판사의 판결에 항소할 수 있는 권리

10. 로마 시민을 고문하거나 채찍질할 수 없었고, 반역죄가 드러나지 않으면 사형 선고를 받을 수 없다.

11. 반역의 혐의가 있으면, 로마 시민은 로마에서 심리를 받아야 했고, 사형 선고를 받더라도 십자가형 형벌을 받을 수 없다.

로마 시민권은 로마 군대에 등재되어야 했으나, 이것은 때로 무시되었다. 시민권자가 아닌 사람들이 보조군에 합류해서 복무한 다음 시민권을 얻기도 했다. 로마의 식민지가 확대되자 그들은 세계 각국에서 거두어들인 세금으로 그냥 로마시민이라는 사실 하나만으로도 풍요를 누릴 수 있었다.

에클레시아는 "demos(민주)의 집회, 즉 대중 집회이다. 아테네의 경우가 그랬고 모든 그리스 국가의 경우가 그랬다." 그러므로 일반적으로 이 단어는 한 도시의 온전한 시민이며, 자유로운 신분으로 발언권을 가진 모든 남자들의 총회였다. 그러나 폴리스에서 시민이 곧 전체 주민이 되지는 않았다. 전체 인구의 1/4 정도만이라도 시민권을 향유할 수 있었던 도시 국가는 단 하나도 없었다. 여성, 아동, 노예는 여하한 경우에도 배제되었다. 그들은 가정 소속일 뿐 폴리스의 소속은 아니었다.[11]

---

11) Ekkehard W. Stegemann and Wolfgang Stegemann, *Urchristliche Sozialgeschichte*, 『초기 그리스도교의 사회사』 손성현, 김판임 공역, 동연, 2009, p. 436.

로마의 시민권은 먼저 로마라는 도시에 거주하는 사람이라야 했고 동시에 자유인, 헬라인, 남자, 성인에 국한 되었다. 로마가 관용을 원칙으로 하는 개방정책을 취했기에 해방노예들도 시민권을 가질 수는 있었지만 초기에는 경제적인 제한이 있었다. 개혁의 선봉장이었던 그라쿠스 형제의 아버지 그라쿠스 역시 개혁적인 인물이었다. 그가 해방노예가 시민권을 획득 할 수 있도록 제정한 조건을 보면 5세 이상의 아들이 있어야 하고, 3만 세스테르티우스 이상의 재산을 소유해야 했다. 당시 사병의 연봉이 480 세스테르티우스였으니 해방된 노예가 시민권을 획득하기 위해서 가져야 하는 재산은 엄청난 것이었다.[12]

이렇게 시민권을 획득하기가 쉽지 않았지만 시민권을 가진 사람들은 모두 에클레시아(민회)에 참여하여 권리를 행사할 수 있었다.

하나님 나라의 시민

우리는 최근 촛불혁명 때까지도 "대한민국은 민주공화국이다. 모든 권력은 국민으로부터 나온다."라는 노래를 광장에서 불렀다. 그런데 로마에서는 이미 주전 509년에 공화정이 시작되었다. 주전 29년에 로마의 내전이 종식되고 옥타비아누스가 아우구스투스(황제)로 등극하면서 공화정은 제정으로 바뀌게 된다.

그들이 전 세계 주민을 자기들의 노예와 놀이감으로 전락시켜 얻는 것이 로마 시민의 특권이다. 그들에게는 천국이지만 지배받는 민족에게는 모욕이고 고통이었다. 반면에 하나님의 교회가 추구하는 정치방식은 다르다.

---

12) 조무현, op.cit., 32.

하나님 나라의 시민, 거룩한 시민은 가난한 자가 주인이 되는 나라이다.

> 너희 가난한 사람들은 복이 있다. 하나님의 나라가 너희들의 것이다.(누가
> 6:20)

그리고 이 나라는 지금 굶주리는 사람, 슬피 우는 사람이 주인으로 초
대된다.(누가 6:21-22) 또한 로마의 시민에서는 제외되었던 종, 여자, 이방인
도 포함된다. 예수는 어린이와 같지 않으면 그 나라의 주인공이 될 수 없
다고 했다. 교회는 로마의 시민에 맞서서 이 새로운 구성체를 선언했다.
예수가 선포한 중심에 자리한 하나님 나라의 주인은 하나님의 백성, 또는
하나님 나라의 시민이라고 불렀다.

교회는 세계의 모든 사람이 다 하나님 나라의 시민, 하나님의 백성이라
는 범세계적 민주주의와 인권에 대한 투쟁이었다. 교회의 출발은 가장 정
치적이며 동시에 가장 거룩하고 숭고한 종교적 신앙의 발로다. 이는 가장
민주적이고 가장 참여적인 출발이었다.

교회는 희랍의 최고기관인 에클레시아라는 용어를 그대로 자신들의 새
로운 공동체를 표현하는 말로 받아왔다. 로마의 민주정치는 그들만을 위
한 것이었다. 그러나 기독교는 로마시민의 특권을 유지하기 위해 희생되
는 가난한 자, 이방인, 종, 여자, 어린아이도 포함하여 모든 고난 받는 인류
를 품는다.

로마의 황제는 자신이 평화를 열었고 자신이 누구보다도 로마인들이
긍지로 삼는 공화정치, 에클레시아의 머리임을 과시했다. 여기에 대해 새
로운 공동체는 예수 그리스도가 진정한 평화이며 에클레시아(교회)의 머

리라고 외친다. 교회는 새로운 하나님의 백성, 하나님 나라의 시민으로 모두를 초청한다. 하나님의 백성은 근본적으로 모두가 평등하고 모두가 존중되는 새로운 세상의 지체들이며 그 머리는 오직 그리스도이시다. 이것이 그들이 꿈꾼 교회의 출발이다.

예수 그리스도가 에클레시아의 머리라는 선언은 황제가 에클레시아의 머리라고 외치는 로마 정치에 대한 부정이며, 그리스도의 주권이 교회나 종교 안에만 머무는 것이 아니라 오히려 세상의 체제, 제국과 맞서 하나님의 정의로운 통치로 세상을 세우겠다는 강력한 의지의 표현이다.

> 하나님께서는 이 능력을 그리스도 안에 역사하셔서, 그분을 죽은 사람 가운데서 살리시고, 하늘에서 자기의 오른쪽에 앉히셔서, 모든 정권과 권세와 능력과 주권 위에, 그리고 이 세상뿐만 아니라 오는 세상에서 불릴 모든 이름 위에 뛰어나게 하셨습니다. 하나님께서는 만물을 그리스도의 발아래에 굴복시키시고, 그분을 만물 위에 교회의 머리로 삼으셨습니다.(에베 1:20-22)

이 말씀은 마치 사도신조와 비슷하게 시작한다. 혹자는 사도신조를 가리켜 중세가 만들어 낸 허황한 신화라고 한다. 하지만 이것은 성서전반에 펼쳐진 묵시문학의 세계관에서 유래한 신앙고백이다. 특히 바울서신과 계시록에 나타나는 천상의 그리스도가 다스리시는 우주적 주권에 대한 믿음이다. 이것은 당시 유대민중이 가졌던 신앙이며 교회에 대한 박해의 토양에서 생성된 믿음이다. 당시 유대의 상류층인 사두개파는 부활도 믿지 않았다. 예수께서 다스리신다는 신화적, 묵시문학적 요소들은 더 말할 필요도 없다. 반면 예수를 비롯한 유대민중은 부활에 대한 믿음을 가졌다.

오늘도 고통당하는 현장에서 여전히 우리에게 힘을 주는 신앙은 사실 역사적 예수에 대한 믿음보다는 천상의 그리스도에 대한 신앙이다. 에베소서 말씀이 "예수 그리스도는 모든 권력과 정권을 굴복시키고 그 위에 다스리신다."고 하며 우주적 주권과 통치에 대해서 말한다. 그런데 왜 갑자기 "예수 그리스도는 교회의 머리이시다"고 하면서 교회 안으로 축소하는지 독자들은 당황할 것이다. 그러나 그것은 오늘의 크리스천들이 가지는 편견이다. 교회의 머리라는 말씀을 협소하게 이해하면 이 말씀은 모순이다.

"에클레시아(교회)의 머리는 예수 그리스도시다"는 말은 이러한 시민권에 대한 선언이며 새로운 국가 설립을 희망하는 함축적인 구호이다. "교회의 머리는 예수 그리스도시다."라는 말을 교회 안의 일로 생각하면 아무런 감동이 없다. 그러나 이것은 그들이 세워야할 새로운 나라의 제일 강령이다.

로마의 시민권 확대정책

그리스는 로마보다 먼저 민주정치를 시작했지만 그들의 도시 안에 국한된 권리였다. 순수 혈통으로 시민권을 제한했기에 민주정치는 그 도시 안에서 끝나 버렸다. 그러나 로마는 시민권을 적절히 개방하면서 포용적으로 운용함으로 거대한 제국을 형성하고, 오랫동안 제국을 경영할 수 있었다.

로마는 기원전 2세기 포에니 전쟁에서 카르타고를 격파하고 지중해의 패권을 장악한다. 카르타고의 장군 한니발은 전통 해양강국으로 해전을 할 것이라는 예상을 깨고 알프스를 넘어 로마로 진출했다 그는 무패의 전과를 올리며 로마로 진군했다. 한니발은 주변 로마의 동맹시들이 자신에게 협조할 것을 예상했지만 의외로 이탈리아 동맹시들은 로마의 편을 들었고 결국 맹장 한니발도 무릎을 꿇을 수밖에 없었다. 그 배경에는 개방적인 로마의 시민권 정책이 있었다.

로마의 노예들은 10년간 노예생활을 마치면 자유가 부여됐다. 이들은 누구나 자유민의 지위를 획득할 수 있었으나, 해방된 노예일 뿐이지 자신이 시민권을 얻지는 못했다. 하지만 그들의 자녀들에게는 자동적으로 시민권을 부여했다. 로마의 시민권 정책은 피 정복민들을 끌어당기는 매력이 있었다. 정복을 당하게 되면 착취와 억압에 대한 두려움이 먼저 급습한다. 죽을 때까지 노예로 살아야 될지도 모르는 불안감은 바로 미래의 모습이기도 했다. 하지만 로마는 달랐다. 로마는 새로운 사람들을 포용하는 제도로 시민권을 활용했다. 개인의 혈통, 문화, 배경, 종교 같은 것은 로마에서는 문제가 되지 않았다. 관심사는 이들이 로마를 위해 어떤 일을 했는지가 중요했다. 이는 전례가 없는 제도였다. 그런 이유로 잦은 전쟁에서 주변국들이 로마의 동맹국이 되어 협조했다. 하지만 그 결과를 쉽게 보상 받은 것은 아니었다.

로마는 포에니 전쟁으로 페니키아의 후손들을 누르고 승리했다. 그 과정에서 이탈리아 도시국가들을 동원해서 승리했으나 로마시의 주민들 외에는 시민권을 주지 않았고 이탈리아의 다른 도시에 있는 주민들은 배제했다. 전쟁의 승리는 로마에게 세계 대제국이라는 수식어를 안겨다 주었고, 사회 경제적 변화를 가속화했다. 원로원은 또 다시 기득권 세력으로 변모해갔고, 전쟁으로 인한 병사들의 많은 희생으로 노동력이 감소하여 자영 농민층은 크게 몰락했다.

이에 불만이 높아지자 그라쿠스 형제는 B.C. 132년과 B.C. 123년에 호민관으로서 개혁 입법을 시도했다. 동생은 형의 유지(遺志)를 이어받아 토지 소유 시민을 육성하려고 하였고, 또 이를 위해 농지법을 제정하여 토지 소유상한선을 정하였다. 또한 그들은 전 이탈리아 주민들에게 로마 시민권을 확대하려고 하였으나 결국 귀족들에 가로막혀 그들을 따른 수백 명의 결사들과 함께 죽음을 맞이할 수밖에 없었다.[13]

그라쿠스 형제의 개혁을 거부했던 로마는 마침내 기원전 90년에 전체 이탈리아 동맹시의 주민들이 연합해서 일으킨 반란으로 내전을 겪게 된다. 로마인들은 정복전쟁으로 막대한 부를 나누어 갖게 되었다. 그러나 주변도시 이탈리아인들은 오히려 전쟁의 부담을 그대로 떠안아 자신들이 몰락하는 계기가 되었다. 이런 불만들이 눌려져 있다가 한꺼번에 터져 나온 것이 동맹시 전쟁이다. 한니발 전쟁 당시 한니발의 회유에도 절대로 로마에 반기를 들지 않던 이탈리아 동맹도시들이 반란을 일으킨 것은 로마 국내정치에서 벌어진 한 사건이 계기였다.

기원전 91년 호민관 마르쿠스 리비우스 드루수스는 로마 시민권을 전 이탈리아에 확대하는 법안을 제출하였는데 이는 기득권 귀족은 물론 로마 시민권이 있는 무산자의 엄청난 반대에 부딪혔고 결국 드루수스는 살해당했다. 이것이 로마 동맹시들의 반란의 불을 당겨 반란은 급속도로 퍼져나갔다.[14]

그들은 로마에게서 배운 로마식 전법으로 괴롭혔다. 결과는 로마의 승

---

13) ko.wikipedia.org/wiki/티베리우스_그라쿠스
14) ko.wikipedia.org/wiki/동맹시_전쟁

리였지만 적잖이 타격을 입었다. 결국 기원전 90년 말 휴전기에 집정관 루키우스 카이사르는 로마 시민권의 전면적 확대를 정한 법을 제출하고 민회가 이를 가결함으로써 동맹시 전쟁은 사그라졌다.[15] 이를 '라틴 시민권'이라 하여 '로마 시민권'과는 약간의 차별을 두었다. 나아가서 속주 주민들에게도 확대하여 '속주 시민권'이 주어졌다.

그리스는 시민권을 엄격하게 제한했다. 헬라인과 이방인 사이에서 난 아이는 시민권을 주지 않았다. 그리스가 민주정치를 로마보다 먼저 시작했지만 그 영광을 반도 건너편에 있는 로마에 넘겨줄 수밖에 없었던 것은 그들은 순수혈통을 고집하고 시민권을 극히 제한해서 운영했다. 그러나 로마는 포용정책으로 시민권을 경영했다. 시민권이라는 당근을 적절히 활용해 개방했다. 속주민의 경우 군대를 지원하여 20년간 복무하면 시민권을 주었다. 로마인이 아니라도 시민권을 주는 포용정책으로 군대지원자는 늘고 로마는 막강한 군대를 유지하였다.

주후 212년에 칼라칼라는 전 로마내의 시민에게 시민권을 확장한다. 그에 대한 평가는 엇갈린다. 보수 역사가들은 로마의 붕괴원인을 그의 시민권 확대라고 본다. 로마시민의 특권에 대한 매력이 사라져서 결국 시민권 획득의 창구가 되었던 군대가 부실하게 되고 강력한 로마 군대가 약해져서 붕괴했다는 것이다.

비슷한 이유로 시오노 나나미도 로마멸망의 한 요인으로 카라칼라 황제가 인종, 민족, 종교, 문화의 구별 없이 로마 제국에 사는 모든 사람들에게 시민권을 부여한 것을 지적한다. 제국 내의 모든 사람들에게 완전한

---

15) Ibid.,

평등을 부여한 이런 조치는 그 법이 비록 획기적으로 좋은 것이긴 하였지만, 역설적이게도 로마를 지켜내고자 하는 동력이 상실되었다는 것이다. "카라칼라 때문에 로마 시민권은 오랫동안 유지해온 매력을 잃었다. 매력을 느끼지 않으면 시민권에 딸린 의무감과 책임감도 느끼지 않게 된다. 그것은 다민족, 다문화, 다종교의 제국 로마가 서 있는 기반에 균열을 초래했다. 누구나 갖고 있다는 것은 아무도 갖고 있지 않다는 것과 같다. 이 현상을 현대식으로 바꾸면 '브랜드는 죽었다'라고 말할 수 있다"[16]

일면 그럴듯해 보이지만, 우리가 미국의 역사를 생각해 보면 꼭 그렇지만도 않다. 저자의 설명대로라면 미국은 흑인 노예들을 해방하고 그들에게 평등한 권리를 부여한 것을 통해 미국 시민권이 지닌 브랜드 가치가 떨어지고 나라가 몰락의 길을 걸어야 했는데, 미국 역사의 궤적은 그와 정반대 방향으로 흘러갔다. 그런 의미에서 시오노 나나미의 주장은 그 설득력이 떨어진다.

1787년에 방대한 "로마제국의 패망사"를 저술한 에드워드 기본(Edward Gibbon, 1737년 ~ 1794년)은 카라칼라가 선포한 안토니누스 칙령, 즉 로마제국의의 모든 주민에게 로마의 시민권을 준다는 획기적인 법의 진정성을 의심했다. 그는 허울 좋은 명분만을 제공하고 결국 속주민들에게 로마인으로서 의무를 지우는 속박이 되어 버렸기에 로마에 대한 매력이 떨어지게 되었다고 한다. 역사가 카시우스 디오역시 그의 시민권 확대정책은 단지 세수를 확대하기 위한 조치일 뿐 이라고 평가했다. 카라칼라가 집권과정에서 동생을 살해하고 집권하였고 알렉산더에서는 자신을 비판한다는

---

16) 시오노 나나미, 『로마인 이야기』 제12권, 한길사, 2007, 45.

이유로 양민을 5천명이나 학살한 것을 보면 그의 시민권 확대가 권리신장이나 인류 사랑의 차원에서 나온 것이 아니라 통치의 꼼수였다고 보여진다는 것이다. 카라칼라의 시민권 확대정책은 로마의 획기적 역사였음에 틀림없다. 카라칼라의 개인적 성향이 난폭하긴 했으나 476년에 붕괴한 서로마제국의 원인을 250년 전 카라칼라의 정책 때문이라고 하는 것은 정당하지 않아 보인다. 그의 시민권 확대정책에 대한 재평가와 기독교의 영향을 비교해 봄직하다.

하나님 나라의 시민으로 살아가라

하나님 나라의 시민권은 초대교회가 추구한 분명한 목표였다. 그러나 당시 로마의 질서를 혁명하고 새로운 세계를 여는 이 변혁, 개혁신앙은 죽어서 천당 가는 신앙으로 변질되었다. 바울의 옥중서신인 빌립보서는 크리스천들이 하나님 나라의 시민으로 살아갈 것을 당부한다.

교회의 출발은 가장 참여적이고 가장 민주적이었다. 60년대 후반 유대는 로마와의 전쟁에서 패전했다. 유대인은 노예로 끌려갔고 예루살렘에서 거주하지 못하게 되었다. 성전도 없어졌다. 성전에서 희생제사를 드리던 유대종교는 중단되었다. 유대인들은 전 세계로 흩어졌고 그 형태를 바꿀 수밖에 없었다. 그런 가운데 유대교는 희생제사 대신 오경(토라)을 중심한 경전의 종교로 자신들의 전통을 고수하는 쪽으로 변화되었고, 기독교는 유대교의 근본정신을 살려 세계화하는 쪽으로 발전시켰다.

그것은 로마가 긍지로 삼지만 또한 동시에 가장 치명적인 약점인 로마의 시민권 정책을 '하나님 나라의 시민권'으로 대체하는 새로운 세상의 출발이었다. 기독교는 로마가 긍지로 삼는 에클레시아로 자기들의 새로운 공동체를 부르는 호칭으로 사용했다. 당시 유대인들은 자신들의 모임을 시나고게, 모이는 장소인 회당을 시나고그(Synagogue)라고 했다. 그러나 기독교는 이를 배제하고 자신들을 진정한 에클레시아로 불렀다. 마태는 자신의 공동체를 그들의 회당, 다시 말해 새롭게 형성되던 유대교 집회장소와 구별하기 위해 에클레시아 개념을 사용했다. 에클레시아와 회당 사이에는 제도적이고 조직적인 차원의 분리가 있었다.17)

로마인들이 배제했던 사람들을 교회(에클레시아)의 주인으로, 하나님 나라의 시민으로 초청하고 하나님을 아버지로 모시는 거대한 인류 공동체 가족을 구상했다. 이런 초대교회의 모습은 오늘 우리의 교회들이 '하나님과 세상 앞에서' 무엇을 참회하고 교회가 어떻게 해야 하는 지를 명백하게 가르쳐 준다.

진정한 바울 서신인 빌립보서는 이 시민권이라는 말이 여러 차례 나오지만 안타깝게도 번역된 성경으로는 그 의미를 알 수 없다.

> 오로지 여러분은 그리스도의 복음에 맞게 생활하십시오. 그리하여 내가 가서 여러분을 만나든지, 여러분에게서 떠나 있든지, 한 정신으로 굳게 서서, 복음을 믿는 일에 한 마음으로 힘을 합하여 함께 싸우고, 또한 어떤 일이라도, 대적하는 자들을 두려워하지 않는다는 소식을 나에게 들려 줄 수 있게 하십시오. 이것이 그들에게는 멸망의 징조요, 여러분에게는 구원의 징조입니다. 이것은 하나님께로부터 오는 것입니다. 여러분이 그리스도를 믿을 뿐만 아니라, 그를 위해서 고난도 받는 것은, 그리스도를 위해서 여러분이 받는 특권입니다. 여러분은, 전에

---

17) Ekkehard W. Stegemann and Wolfgang Stegemann, *op.cit.*, 360.

나에게서 내가 하는 것을 보았고, 지금은 나에게서 듣는 것과 똑같은 싸움을 여러분도 하고 있습니다.(빌 1:27-30)

27절에 "여러분은 그리스도의 복음에 맞게 생활하십시오."에서 '생활을 하다'로 번역된 "폴리테우오마이"는 직역하면 "시민으로 지내다. 시민권을 행사하다. 시민으로 정치하다. 시민으로 살아가다"는 말이다. 직역하면 "여러분은 그리스도의 복음에 맞게 하나님 나라의 시민으로 살아가십시오."라는 말이다.

그러나 우리의 시민권(폴리테우마)은 하늘에 있으니, 우리는 그 곳으로부터 구주로 오실 주 예수 그리스도를 기다리고 있습니다. 그분은 만물을 복종시킬 수 있는 능력으로, 우리의 비천한 몸을 변화시키셔서, 그분의 영광스러운 몸과 같은 모습이 되게 하실 것입니다.(빌 3:20-21)

여기에 시민권은 폴리테우마이다. 이들에게 새로운 국적을 부여한다. 여기서 하늘의 시민권은 당시 로마의 시민권과 상대적인 개념이다. 너희들은 정복 전쟁을 통해서 얻는 로마의 국적을 자랑하지만 우리의 국적은 하늘에 있다. 하늘이라는 것은 세상과 관계없는 초월한 세상이 아니다. 그래서 하늘만 바라보고 있자는 것이 아니다.

세례자 요한 때로부터 지금까지, 하늘나라는 힘을 떨치고 있다. 그리고 힘을 쓰는 사람들이 그것을 차지한다.(마 11:12) 개역 성경은 "세례 요한의 때부터 지금까지 천국은 침노를 당하나니 침노하는 자는 빼앗느니라."라고 한다. 이 말은 하나님 나라는 그것을 위하여 투쟁하는 사람들이 쟁취

한다는 말이다.

하늘은 우리와 다른 저세상이라는 말이 아니고 이 땅에 불완전한 것들이 완성되는 곳이다. 우리가 노력 하더라도 우리의 힘으로 이루어지는 것만은 아니다. 만약 역사가 우리가 가진 힘으로만 움직인다면 절망적이다. 엄청난 힘을 가지고 군림하는 세력을 어떻게 약자들이 연대하여 물리친단 말인가? 우리의 힘만이 아니고 그 안에 역사하는 다른 힘이 계시다. 참다운 힘은 하늘로부터 오고 참다운 승리의 계기는 하나님으로부터 온다. 그런 의미에서 그 나라는 하늘로부터 오고 우리의 시민권은 하늘에 있는 것이다. 묵시문학이 꿈꾸는 '새 하늘 새 땅'은 죽음 후에 맞이하는 초월한 세상이 아니다. 그것은 우리가 변화하고 변화시켜야할 새로운 세상을 의미한다. 그분은 만물을 복종시킬 수 있는 능력으로 오시는 분이요, 우리의 천한 것들을 변화시키시는 분이다.

만약 그 나라가 하늘에서 이루어지고 우리는 가만히 있어도 저절로 우리에게 떨어지는 것이라면 하나님 나라의 시민권으로 살아가라, 하나님 나라의 시민권을 행사하라는 빌립보서 1장의 말씀에 이어지는 "그리스도를 위해 우리가 받는 고난과 그리스도께서 투쟁하신 것과 같은 싸움에 참여하라"는 독려는 불필요할 것이다. 이 말씀은 '힘을 합하여 함께 싸우고, 대적하는 자들을 두려워하지 않으며, 그리스도를 위해 싸우는 것'을 강조한다. 이런 것은, 그리스도를 위해서 선한 싸움을 하며 살아가는 우리들이 받는 특권이다. 우리를 대적하는 자들이 하는 일은 멸망의 징조요, 그것이 우리들에게는 구원의 징조이다. 이것은 하나님께로부터 오는 것이다.

함께 생각나누기 »

* 교회로 번역된 "에클레시아"가 로마의 역사에서는 어떤 의미로 쓰였는지 이야기해 봅시다.

* '로마의 시민권'과 '하나님 나라의 시민권'을 비교해서 살펴보고 각각 어떤 권리를 가졌는지 이야기해 봅시다.

* 초대교회가 자신들의 공동체를 "에클레시아"라고 부른 것은 어떤 뜻이 있었는지 이야기 합시다.

* 우리나라가 진정한 민주와 자주를 이루기 위해서 필요한 것들은 어떤 것일까 이야기 합시다.

나라를 나라답게

시리아 군대가 에브라임에 주둔하고 있다는 말이 다윗 왕실에 전해지자, 왕의 마음과 백성의 마음이 마치 거센 바람 앞에서 요동하는 수풀처럼 흔들렸다. 그 때에 주께서 이사야에게 말씀하셨다. "너는 너의 아들 스알야숩을 데리고 가서, 아하스를 만나거라. 그가 '세탁자의 밭'으로 가는 길, 윗못 물 빼는 길 끝에 서 있을 것이다. 그를 만나서, 그에게, 정신을 바짝 차리고, 침착하게 행동하라고 일러라. 시리아의 르신과 르말리야의 아들이 크게 분노한다 하여도, 타다가 만 두 부지깽이에서 나오는 연기에 지나지 않으니, 두려워하거나 겁내지 말라고 일러라. 시리아 군대가 아하스에게 맞서, 에브라임 백성과 그들의 왕 르말리야의 아들과 함께 악한 계략을 꾸미면서 '올라가 유다를 쳐서 겁을 주고, 자기들에게 유리하도록 유다를 흩어지게 하며, 그 곳에다가 다브엘의 아들을 왕으로 세워 놓자'고 한다." 주 하나님께서 말씀하신다. "이 계략은 성공하지 못한다. 절대로 그렇게 되지 못한다." 시리아의 머리는 다마스쿠스이며, 다마스쿠스의 머리는 르신이기 때문이다. 에브라임은 육십오 년 안에 망하고, 뿔뿔이 흩어져서, 다시는 한 민족이 되지 못할 것이다. 에브라임의 머리는 사마리아이고, 사마리아의 머리는 고작해야 르말리야의 아들이다. 너희가 믿음 안에 굳게 서지 못한다면, 너희는 절대로 굳게 서지 못한다!(사 7:2-9)

이 말씀은 이사야가 주신 말씀이다. 당시 전쟁이 일어나고 왕과 백성들의 마음이 바람 앞에 등잔과 같이 흔들렸다. 흔히 국제간의 분쟁이 생기고 전란이 일어나면 사람들은 손쉽게 힘의 관계에 의존한다. 그래서 누구의 머리는 누구이고, 그 힘의 중심이 어디인가에 민감하다. 세상 통지자들의 일상적 해결방식이다. 그러나 이사야는 이를 비판한다. 그렇게 따져봐야 고작 외세에 의지해 휘둘릴 뿐이다. 우리가 트럼프에 휘둘려 아무 성과없이 남북이 맞이한 좋은 시간을 그냥 보낸 것과 같다. 그래서 이사야는 말한다. 그런 힘의 관계에 매달리지 말아라. "너희가 믿음 안에 굳게 서지 못한다면, 너희는 절대로 굳게 서지 못한다."고 한다.

오늘은 삼일절 102주년을 기념하는 예배인데 당시에 우리 선조는 힘의 관계 매달리기 보다는 당당한 대의에 따르고자 했다. 우리말로 된 "기미독립선언문"의 앞부분을 살펴본다.

> 우리는 오늘 우리 조선이 독립국이며 조선인이 자주민임을 선언합니다. 이를 세계만방에 알려 인류 평등의 큰 진리를 환하게 밝히며, 이를 자손만대에 알려 민족의 자립과 생존의 정당한 권리를 영원히 누리게 하려는 것입니다. 반만 년 역사의 권위에 의지하여 이를 선언하며, 이천만 민중의 정성을 모아, 이를 두루 밝히며, 영원한 민족의 자유와 발전을 위하여 이를 주장하며, 인류가 가진 양심의 발로에 뿌리박은 세계 개조의 큰 기운에 발맞추어 나아가기 위하여 이를 제기하니, 이는 하늘의 명백한 명령이며 시대의 대세이며 전 인류 공동 생존권의 정당한 발로이기에 세상의 어떤 힘도 이를 막거나 억누르지 못할 것입니다.

삼일정신은 단지 우리들이 일제의 식민지에서 벗어나고자 하는 염원을 넘어서서 인류 평등의 큰 진리, 각자의 민족이 자립하고 생존할 권리, 인류의 양심이 발로하는 세계 개조의 큰 기운, 전 인류의 공동 생존권을 주장하는 커다란 세계 변혁의 틀거리 속에서 선포했다.

그런데 이 선언을 하고 102년이 지난 지금도 우리는 아직 이 선언을 이루기에 요원하다. 일제로부터 해방된 지 76년이 되었고 대한민국 정부가 수립된 지도 73년이 지났다. 하지만 대한민국은 군통수권도 없이 출발했다. 이승만은 국군의 통수권을 그대로 미군에게 양도해 버렸다. 해마다 수 십 조원의 국방비가 들어가지만 아직 그 군인은 우리 국군이라기보다는 미군의 지휘를 받아야 하는 엄격히 말하면 미군의 일부인 셈이다.

미국은 스스로도 "역사의 유래가 없는 경이로운 주권의 양도"라며 한국을 칭찬한다. 국제여론에 못 이겨 45년 만인 1994년 평시작전권을 한국에 넘겼다. 그러나 군에게 있어서 평시작전권이란 것은 별로 의미가 없다. 국가 경계상태인 데프콘 III 상태가 되면 위기 조치권과 전쟁 개시권이 미군 사령관의 손에 넘어간다. 미군의 손에 우리의 생명을 송두리째 맡겨야 한다.

고구려 멸망이후 당나라가 우리 땅에 안동도호부를 설치했다. 물론 그때도 대국 당나라에 우리의 안정을 맡기자고 외치는 사람들은 많이 존재했다. 그러나 우리 조상들은 그들을 9년 만에 한반도에서 축출했다. 이후 명나라, 원나라, 일본 등 외세들이 우리 땅을 넘보았고 그중 일본이 40년간 군대를 주둔시킴으로 가장 오랜 세월을 지배했으나 지금 미군은 76년째 이며 평택, 군산 등 서해안에 미군 벨트를 만들고 있다. 그러나 아이러니 하게도 지금 이 땅에는 미군의 손에 모든 것을 맡겨야 한다고 외치는 사람들이 대세를 이루고 있으니 한심하기 그지없다.

미국은 국제여론에 밀려 2012년 4월에 전시작전 통제권(이하 전작권)을 돌려주겠다고 했다. 그러나 이명박 정권은 이를 2015년 12월 1일로 연기했고, 박근혜 정권은 2014년에 이를 무기한 연기하기로 미국과 합의했다. 그러면서 미래연합사의 완전운용능력(FOC) 검증 및 평가가 완료되면 환수한다는 조건부 전작권 전환에 합의했다.

문재인 대통령은 자신의 임기 내에 전작권을 환수하겠다고 했으나 지금은 슬쩍 물러나 임기 내에 '날짜를 확정하겠다.'고 한다. 문재인 대통령은 준비도 안 된 채 미국의 트럼프와의 정상회담에서 조건부 인수의 원칙을 덜컥 받아들였다. '조건에 기초한 전작권 전환' 계승은 협상 칼자루를 미국에 내준 꼴이다. 그리고 그 조건을 만드느라고 어마어마한 미국 무기를 사들이고 있다. 하지만 정작 미국은 내 줄 의사가 없다.

전작권 전환의 3가지 조건이란 것이 첫째는 한미연합방위를 주도할 한국군 핵심 군사 능력 확보요, 둘째는 북한 핵·미사일 대응 한국군 초기 필수 능력 구비요, 셋째는 전작권 환수에 부합한 한반도와 역내 안보환경 관리를 말한다.

한국군이 한미연합방위를 주도할 수 있는 군사 능력을 확보해야 한다는 첫째 조건이란 미 태평양사령부의 북한군 괴멸과 북한 정권 붕괴라는 고도의 군사목표를 이룰 정도인데 이는 한국군 전력이 적어도 주일미군을 포함한 인도·태평양사령부의 전력 수준으로 강화돼야 한다는 것을 의미한다. 애초에 달성이 불가능한 조건이다. 둘째는 MD체제 편입을 말하는 것이요, 셋째는 매우 주관적이고 모호한 조건이라 자기들 마음대로 해석하기 위한 조건이다.

'조건에 기초한 전작권 전환'이라는 것이 한국에게 전작권을 돌려주기 위한 조건을 마련하기 위한 것이 아니라 미국이 계속 행사하기 위한 구실을 찾기 위한 것이다. 절차를 둘러싼 최근의 한미간 갈등이 이를 잘 말해 준다.

에이브럼스 주한미군사령관은 전작권 환수 검증 기준인 '연합임무 필수과제 목록(CMETL)'을 2019년 검증(IOC)에서는 불과 90개의 항목이었던 것을 2020년 하반기 검증(FOC)에서는 무려 155개 항목으로 대폭 늘렸다.[18] 앞으로 이것이 200개가 될지 300개가 될지 모른다.

문재인 정부가 진정으로 임기 내 전작권 환수를 바란다면 '조건에 기초한 전작권 환수' 합의 자체를 근본적으로 부정해야 한다. 전작권이란 본디 조건이나 능력에 따라 국가 간에 주고받을 수 있는 것이 아니라 한 나라를 방어하기 위한 최후의 수단이자 군사주권과 군통수권의 핵심이다. 그것은 어떤 조건과 능력 하에서도 결코 타국에 양도하거나 포기할 수 없는 것이며, 한 국가가 국가로서 존립하기 위한 주권이고 헌법적 고유 권한이다.[19]

또한 문재인 정부는 연합방위지침을 채택해 전작권 전환 후에도 한미연합사를 유지하는 것으로 합의해 버렸다. 단지 한국군 4성 장군이 사령관을 맡고 미군 4성 장군은 부사령관을 맡는 조건으로 변경했으나 이는 속임수에 불과하다. 전작권 환수는 한미연합사가 해체될 때 의미 있지 만약 그대로 존속한다면 이는 전작권 환수를 사실상 포기해 버린 셈이다.

한미연합사령부의 머리는 미국 태평양 사령관이며, 태평양 사령관의 머리는 미국 국가통수 및 군 지휘기구이다. 그들의 지휘가 그대로 관철된다. 현재의 한미연합사가 해체되지 않는다면 한국군에게 작전통제권이 온다고 해도 껍데기에 불과하다. 군을 통수한다는 것은 한 나라의 주권과 영토, 이익을 지키기 위한 최후의 보루다. 자기 군대를 제 마음대로 하

---

18) 〈중앙일보〉, 2020.8.24일자.
19) 고영대, "전시작전통제권 환수와 관련해 문재인 정부에 드리는 고언" 〈오마이뉴스〉 2021. 2.17일자

지 못하면 어떻게 독립된 나라이며 대통령이라 하겠는가? 작전 통제권을 미국에 양도한다는 것은 한국의 주권과 영토, 이익 수호 보다는 미국의 주권과 영토, 이익 수호를 위해 복무한다는 것을 의미한다.

미국은 그동안 한국의 안보를 지켜 준다는 명분 아래 자국의 세계전략에 따라 동북아 지역의 정치군사적 패권과 경제적 이익을 추구하는 목적으로 이를 행사하고, 한국의 민주화와 한반도 평화통일을 가로막는데 이용해 왔다. 한국에 시장경제체제와 대일구매를 강제하고, 남북 간의 군사적 대결을 심화시켰으며. 전쟁위기를 불러오고, 통일을 간섭했을 뿐만 아니라 5.16(1961), 12.12(1979), 5.17(1980) 쿠데타를 방조하고 광주민주화운동의 진압을 사전에 승인해 주었다.[20]

이밖에도 한국은 한미동맹의 포로가 되어 베트남전, 이라크전과 같은 명분 없는 전쟁에 한국군을 파병했고, 대북 선제공격작전계획과 이를 위한 수십조 원의 고가의 무기를 미국으로부터 도입했다. 앞으로도 매년 1조원을 훨씬 넘는 국민혈세를 주한미군 주둔비로 미국에 바쳐야 한다. 이 모든 것이 우리의 전시작전 통제권과 연결되어 있다.

전시작전통제권의 환수 무기연기와 한미연합사 유지대가로 이제 한국은 미국의 MD가입, 한미일 3각 MD 및 동맹가담, 대일 군사적 종속, 미국의 인도 태평양전략 및 쿼드 플러스 가담, 대 중국 군사적 대결구도에 끌려 들어가게 되었다. 한반도 평화와 통일실현이라는 국가적, 민족적, 헌법적 과제 구현의 길이 장기적으로 봉쇄당하고 남북 간의 극한 대결이 만성화될 수도 있는 형편이다.

---

20) 평화통일연구소, 『작전 통제권 바로알기』 평화통일연구소, 2021, 4쪽

이러한 모든 인계선이 바로 한국군의 작전 통제권을 미국이 손아귀에 쥐고 있는 것이다. 완전한 한반도 평화와 민족 자주를 실현하기 위해서는 작전권 환수가 필수이다. 왜 우리가 원치 않는 전쟁을 위해서 허리끈을 졸라매야 하는가?

지금 미국의 동의를 얻어서 작전통제권을 환수해 보려는 문재인 정부의 대미 종속주의자들은 낙타가 바늘구멍에 들어가는 것만큼이나 어려운 꿈을 꾸고 있다. 미국의 동의하에 미국의 검증을 받아 작전통제권을 환수하겠다는 것은 미국의 세계전략에 우리의 군사목표, 군사전략, 작전계획, 군사능력 등을 복무시켜야 한다는 것을 뜻한다.

문재인 정부는 더 이상 미국이 원하는 군사능력과 전시작전통제권 환수 검증기준에 매달리지 말고 과감하게 국내외에 작전통제권 환수를 천명하고 당당하게 작전통제권을 행사해야 한다. 이것으로 모든 환수 요건은 충족되고 절차는 마무리된다.[21] 당연한 주권을 이젠 우리가 누리겠다는 선언을 당당하게 하는 것이다. 천문학적 돈을 들여서 미국 무기를 사들일 필요도 없고, 충족할 수 없는 조건을 채우기 위해 애쓸 필요도 없다. 누구든지 당연히 누리는 권리를 이제 찾아오겠다고 하면 되는 것이다.

우리가 역사 앞에서 책임 있는 삶을 산다는 것은 지금은 비록 우리 눈앞에 나타나지 않지만, 그 결과가 보이지는 않지만, 훗날 나타날 다음 세대들을 위해서 나의 가장 아름다운 모습, 부끄럽지 않은 모습을 만들어가는 것이다. 우리는 일제의 사슬은 벗어났지만 아직 그들은 자신의 잘못을 뉘우치지 않는다. 일본은 '조선은 미개했고 자신들은 정당했다.'고 외

---

21) *Ibid.*, p.52.

친다. 금권을 앞세워 세계 각국에 거짓 논문을 써대며 역사를 왜곡한다. 일장기는 내려갔지만, 일장기가 내려간 날 성조기가 대신 올랐다. 그 성조기는 아직도 광화문 한 복판에 물결치고 자주적으로 독립적으로 살기를 포기한 자발적 노예들의 신앙처럼 펄럭인다. 정부 안에도 외교안보 분야, 국방 분야에 대미 종속론자들이 정책을 좌우하는 한 우리의 미래는 없다. "한미공조"라는 말은 넘쳐도 정작 우리들의 미래인 "민족공조"는 구호 속에만 있다. 모든 것을 미국의 눈치를 보고 미국을 거스르는 말은, 말조차 꺼내질 못하니 남북협력이니 한반도평화니 하는 말들은 허탈하기 짝이 없는 구호에 불과하다.

또 한편으로 또 다른 제국주의의 강자이길 원하는 중국을 견제해야하는 입장이기도 하다. 중국이 정말 제3지대에 있는 나라들을 돕고 아메리카 제국의 폭력에 당당하게 맞서고자 한다면 자국에서 일어나는 소수민족의 탄압은 물론 미얀마의 쿠데타 세력을 침묵으로 돕는 행위를 멈추어야 한다.

우리나라 역시 힘과 재력을 키워 또 다른 제국의 역사를 탐한다면, 이것은 삼일정신이 아니다. 동남아 각국에 진출한 한국의 기업들이 벌이고 있는 만행들, 한국내 외국인 노동자들에게 행하는 차별과 비인간적 대우는 삼일정신을 버리고 이에 반기를 드는 또 다른 제국주의의 길일뿐이다. 오늘 우리들의 삶이 긴 역사의 시간에 한 점으로 남겠지만 그 점점이 아름답기를, 하늘을 향해 한 점 부끄럼 없는 삶이 되도록 하는 길이 바로 오늘의 삼일정신을 이어가는 길이다.

» 강남향린교회 삼일절 기념예배

바울운동-새로운 차원의 하나님 나라 운동

바울 공동체는 예수당시 진행된 도시화 작업과 관련하여 농촌을 벗어나 도시로 몰려든 노동인구, 서민을 주요한 선교 대상으로 삼았다. 예수당시 갈릴리는 로마가 추진하는 도시화작업이 곳곳에서 진행되었다. 로마는 갈릴리 주변에 열 개의 도시(데카 폴리스)를 건설했다. 도시화사업은 식민지를 로마화하는 정책으로 추진되었고 많은 노동력이 필요했다.

바울 공동체 변화된 상황들

로마는 도시화에 소요되는 비용을 주변 농민에게 착취했다. 하지만 당시 유대는 때마침 계속되는 지진, 가뭄 등 천재지변에 가혹한 세금의 착취로 농민층은 분해될 수밖에 없었다. 농민들이 농사를 지어도 자신에게 돌아오는 것이 극히 제한되었고 빚만 늘어가는 상황이었다. 이에 농민들이 땅을 포기하고 도시로 이주하게 된다. 농촌공동체는 유휴 노동력을 수용할 수 없는데 비해 도시는 다양한 생업을 만들어 낼 수 있기 때문이다. 이런 상태가 되면 경제적인 여유가 없는 민중은 조그만 재난이나 천재지변에도 유독 큰 충격을 입는다. 마치 우리가 겪은 IMF 국가부도 사태나 코로나 19로 특히 서민층에게는 더욱 치명적인 위협이 되는 것과 마찬가지다.

이렇게 땅을 떠나 이탈된 농민들은 도시 주변에서 벌어지는 건설현장에서 일용 노동자로 전락하거나 그나마 여의치 않으면 노숙생활을 하며 걸인이 될 수밖에 없었다. 게다가 포로기 이후 나라는 몰락하고 유대민족의 정체성은 그나마 종교적인 영역 안에서만 유지될 뿐이었다. 희생제사가 유일하게 민족의 정체성을 찾을 수 있는 수단이었지만, 제사를 드릴 여유를 갖지 못한 민중은 죄인으로 정죄 받고 민족 공동체에서도 내쳐졌다. 그들은 종교적 의무도 지키지 않는다하여 "죄인들"이란 멍에까지 썼다.

경제적으로도 몰락한 것뿐만 아니라, 종교적으로도 죄인이라는 중압이 가해졌다. 경제적으로 무너지더라도 고향이나 친척이 위로하고 감싸주는 분위기라도 되어야 하는데 종교적인 이유로 '죄인들'이란 멍에를 씌워 놓는 것은 유독 신앙심이 남 달랐던 공동체에서는 견디기 어렵게 된다. 그들은 자신들이 그대로 노출되는 농촌지역을 떠나 자신의 신분이 드러나지 않는 대도시로 이동할 수밖에 없었다.

그러나 기독교는 이런 민중을 죄인이라고 부르지 않고 하나님 나라의 주인으로 여기며 이들을 위로하고 초청하는 새로운 종교였다. 당시 사회적으로 이런 하층 계급이 중심이 되어 모인 크리스천들은 멀리 이방지역(지중해 도시들)으로 또는 유다 성전체제의 감시가 미치지 않는 시리아 국경의 농촌지역(마가공동체), 도시지역(마태공동체)으로 흩어졌다. 한편 사도행전은 가이사랴(10:1), 프톨레 마이아스(21:7), 띠로, 시돈(21:3), 안디옥(11:20), 다마스커스(9:10)등 비 이스라엘 지역 도시에 더 많은 교회들을 세웠다.

유대전쟁에서 패한 유대인들은 예루살렘에서 살아갈 수 없게 강제 추방되자 그들의 종교의 중심인 성전 희생제사를 계속할 수 없었다. 그들은 옛 바벨론 포로기 때 이미 성전 없이 말씀을 나누는 회당 중심의 체제를 만들었다. 이를 토대로 유대교는 회당(시나고그) 체제로 탈바꿈했다. 그 틈 새에서 기독교가 출범하였다. 새로운 기독교 교회의 운동은 구약의 정신을 계승하며 새로운 민중의 종교로 자리 잡았다. 유대교는 오경을 체계화하고 유대인의 공동체를 재정비하려는 목적을 가진데 비해, 기독교는 오경과 예언자 정신을 바탕으로 탈(脫)유대화 했다. 기독교는 유대 민족의 울타리를 넘어서 거대한 인류 가족으로 새롭게 구성하는 세계화 운동으로 발전하게 된다.

기독교는 구약의 정신을 구현하는 다른 버전으로 유대교와 경쟁적으로 발전했다. 교회의 확산운동은 율법을 문자 그대로 고수하려는 유대교와 대립구도를 이룬다. 구약 정신을 널리 구현해 나가는 데는 기독교의 탈유대화 성향이 보다 효과적이었다. 유대교가 유대인들에게만 전파력을 가진 반면에 기독교는 비 이스라엘지역에 있던 사람들에게 광범위하게 전파되었고 이는 이스라엘 지역에 있는 본래의 예루살렘 공동체, 유대의 공동체를 훨씬 능가하는 규모로 성장하게 된다.

고대로마의 사회적 범주

고대 로마의 사회적 범주를 살펴보자.

첫째, 혈통으로는 로마와 그리스 출신과 그렇지 않으면 이방인인데 이방인은 거의 야만인으로 생각하는 민족적 우월감을 가졌다.

둘째, 고대사회는 귀족과 평민으로 양분될 뿐이다. 중간 단계의 계급은 존재하지 않는다. 중간계층이라 불리는 시민계급이 등장하는 것은 근대 이후에 생긴 변화이다.

셋째, 자유인, 자유를 얻은 노예(해방된 노예), 노예로 나뉘는 데 노예에서 해방되면 자유인이 되어야 하나 노예 출신이 자유를 얻는다 해도 역시 노예는 노예일 뿐 그 꼬리표를 붙이고 살 수밖에 없었다.

넷째, 부에 따라 신분이 나뉜다.

다섯째, 직업에 따라 귀천이 갈리었다.

여섯째, 나이에 따라서 구분된다.

일곱째, 성별에 따라 신분이 갈리며 물론 남존여비의 가부장적 영향권 아래에 있다.

사람의 신분을 결정하는 범주가 이렇게 다양하게 나누어지는 것은 인간을 계급화하여 상층부에 속한 소수가 자신들만의 특권을 유지하기 위해서다. 그러기에 이런 일곱 가지 범주, 또는 그 이상이 될 수도 있는 조건들이 모두 충족되어야 최고의 상층이 될 수 있다. 인간을 범주로 구분하는 의도 자체가 자신들이 누리는 기득권에 침투하는 다른 세력을 막아내기 위한 것이기 때문이다.

최고 상층의 순수혈통을 유지하려면 엄격한 통제 아래서 사람의 감정, 친교, 교육, 결혼 등을 통제해야 한다. 그런데 우리의 자연스러운 삶 아래서는 한 인간에게 이런 요소들이 중첩적으로 나타날 수밖에 없다, 그럴 때는 그의 신분은 낮은 쪽으로 분류된다. 그래야 소수의 특권이 유지되기 때문이다. 예를 들어 로마인이고 귀족이지만 부가 따르지 않으면 그 신분은 낮은 쪽으로 하향분화 된다.

사회에서 한 개인이 갖는 지위는 그 사람이 속한 등급의 복합체이다. 즉 그 사람이 위치한 민족, 신분, 시민권, 개인적 자유, 부, 직업, 나이, 성, 공직 혹은 공훈 등에 따라 결정되는 복합체라 할 수 있다. 당시 사회적 수준을 결정하는 요소들은, 사회체제 내에서 목표를 달성할 수 있는 능력을 가진 집단, 세력들, 직업의 명성도, 수입 혹은 재산, 교육과 지식, 종교적이며 의식적인 순결함, 가문과 민족 집단의 위치, 지역공동체의 지위에 따라서 결정되었다.[1]

그러기에 보수적인 사회일수록 학연, 지연, 가문, 재산정도로 그들이 어울리는 범위를 엄격하게 제한한다. 이들은 대체로 엄격하게 차별을 법제화하고 다른 부류와 섞이고 교류하는 것을 정죄한다. 지금의 기독교가 마치 순교자의 정신을 가진 듯이 차별금지법을 반대하고 나서는 것을 보면 딱하기 그지없다. 이웃을 내 몸 같이 사랑하라는 예수님의 말씀을 어떻게 이렇게 떳떳하게 변질시킬 수 있는가?

로마는 상층, 하층의 구조만 있고 중간층은 없다. 상층에는 최고 정점에 황제가 있고 원로원 의원과 기사 계급이 자리한다.

당시의 전체 인구를 약 6천만 명 정도로 추정하는데 원로원 의원은 약 600명 정도였으니 원로원 의원은 십만 명에 한명으로 선택받은 꼴이다. 이들의 평균재산은 약 25만 데나리온이었다. 이것은 일반 노동자의 약

---

1) Ekkehard W. Stegemann and Wolfgang Stegemann, op.cit., pp. 101-151.

700년 치의 임금에 해당하니 지금의 돈으로 환산하면 하루 임금을 십만 원으로 계산할 때 대략 250억 정도이다. 이들 원로원 의원은 집정관이나 행정관등으로 수고한 전직 관료들로 구성되어 황제에게 자문을 했다. 또는 이들이 식민지가 확대되면 속주의 집정관이나 법무관, 고위 치안관, 고위 장교, 속주의 행정 책임관 등으로 파송했고 대개 대지주였다.

정복된 땅은 황제가 직접 영향력을 행사하는 황제의 속주와 원로원이 관리하는 원로원 속주로 나눈다. 본래 공화정 체제를 가진 로마는 원로원 의원들이 영지를 나누어 통치해왔으나 황제의 권한이 강화되면서 충돌을 빚었다. 카이사르(시이저)가 암살을 당하게 되는 원인을 표면적으로는 공화정을 수호하는 사람들이 일으킨 일이라 하지만 사실은 시이저가 원로원이 갖고 있는 영지의 권한을 빼앗은 것이 주요 원인이었다.

후에 초대 아우구스투스(황제)가 된 옥타비아누스는 로마의 전통적인 핵심지역을 원로원 속주로 보장하고 나중에 확대된 영토들, 군사적 반란의 위험이 높은 변방지역은 황제의 속주로 관리하며 동시에 강력한 군사력을 유지했다. 이러한 절충은 원로원의 건의로 이루어졌다. 지중해의 핵심지역은 원로원의 몫으로 확보하고 새로 속주가 되는 광활한 변방지역의 권리는 황제에게 넘긴 절충이었다.

황제의 속주는 대개 군대를 중심으로 황제가 임명하고 관리했고 원로원 속주는 전 집정관(proconsul)이나 전 법무관(propractor)을 책임자로 보낸다. 유대지역은 황제의 속주에 해당했다. 본디오 빌라도는 황제가 임명한 총독(praetor)이었다.(주후 26-36년)

1961년 이스라엘 지역의 한 야외 경기장에서 라틴어로 "PONTIUS PILATUS PLAEFECTUS"(빌라도 총독)라는 석판이 발굴되어 빌라도가 실존인물이라는 것이 고고학적으로 밝혀졌다. 당시 유대는 시리아 총독의 관리를 받는 지위였기에 엄격한 의미에서 총독이라기보다는 행정관 정도의 위치로 보아야 할 것이다. 이 밖에 사도행전에는 벨릭스 총독(행 23:24, 주후 52-60년 통치), 베스도 총독(행 24:27, 26:32, 주후 60-62년 통치)등도 언급된다.

그 다음 층은 기사이다. 기사계급은 전쟁과 노예무역을 통해 부상한 신흥귀족으로 5천 명 정도가 있었다고 한다. 이들은 황제에게 직접 작위를 받는다. 이들은 대체적으로 원로원의 절반 정도의 재산을 가졌다. 기사는 자유인이라야 가능했고 해방된 자유인은 제외되었다.

속주의 원로원격 데큐리오(decuriones)는 기사 가문 중에서 군사와 행정을 담당했으며 대개 25,000 데나리온 정도의 재산을 가졌다. 이는 70년 정도의 임금에 해당하니 현재 단위로 약 25억 정도에 해당하는 재산이다.

자유인이 되는 것은 황제의 허락 사항이었다. 그 외에는 전부 노예에 해당하는 신분이다. 로마의 시민권은 자유인에게만 주어졌는데 해방된 자유인은 시민권을 갖지 못했지만 그 자녀에게는 시민권을 주었다. 속주에서는 데큐리오 이상의 황제가 허락하는 신분에게만 로마의 시민권이 주어진다. 시민권자들은 여러 가지 법적 특권을 가진다. 사도행전은 사도들 중에 바울만이 유일하게 로마의 시민권자라고 하지만 정작 바울이 쓴 편지에는 직접 그런 언급을 하지는 않는다.

바울과 공동체의 구성원들

미리 읽을 말씀 》

다음 말씀을 읽어보고 바울 공동체 구성원들의 사회적 신분에 대해 이야기해 보시오.

> 고전 1:26-29, 행 16:11-15, 17:4, 17:12, 17:34, 18:8 고전 4:7-13, 11:20-22

바울은 길리기아의 다소(Tarsus) 출신이다.(행 21:39) 다소는 육로와 해로가 중첩되는 교통의 요지의 도시이기도 하고, 매우 높은 평가를 받는 대학이 있는 학문의 도시이다. 로마에 학자들의 숫자가 가장 많았던 것은 로마가 다소 출신과 알렉산드리아 출신들로 가득 찼기 때문이다. 로마의 황제 정치를 연 옥타비아누스를 가르친 교사는 다소 출신의 철학자 아데노도루스(Athenodorus)였다.[2] 바울 역시 다소의 유명한 가말리엘로부터 수학을 했다. 예수의 제자들이 어부를 비롯하여 정식 교육과는 거리가 먼 평범한 민중인데 비해 바울은 나중에 합류했지만 당대의 출중한 학문을 익혔으며 수많은 서신을 남기고, 기독교 신학과 조직의 기초를 놓았다.

바울주변의 사람들은 약 80명 정도가 언급된다. 바울서신에는 65명의 이름이, 사도행전에는 13명의 이름이 나온다. 이들의 주류는 자유 기술공과 소상인(고전 1:26-27)이었다. 셀수스(Celsus)는 다음과 같이 기독교에 대

---

2) Marcus J. Borg & John Dominic Crossan, *The First Paul*, 『첫 번째 바울의 복음』 김준우 옮김, 한국기독교연구소, 2010, 86.

해서 평가한다.

> 기독교는 무식하고 천하며 멍청한 사람들, 노예들, 여자들 그리고 어린이들에게만 매력이 있다. 교회가 의식적으로 교육받은 사람들을 배척하고 복음전도자들은 "모직공, 구두수선공, 세탁공, 그리고 가장 무식한 양치는 시골뜨기들"이었다. 이들은 주로 어린이와 어리석은 여자들에게 전도하였다.[3]

바울 서신에도 이러한 초기 공동체의 모습을 전한다.

> 형제자매 여러분, 여러분이 부르심을 받을 때에, 그 처지가 어떠하였는지 생각하여 보십시오. 육신의 기준으로 보아, 지혜 있는 사람이 많지 않고, 권력 있는 사람이 많지 않고, 가문이 훌륭한 사람이 많지 않았습니다. 그런데 하나님께서는 지혜 있는 자들을 부끄럽게 하시려고 세상의 어리석은 것을 택하셨으며, 강한 자들을 부끄럽게 하시려고 세상의 약한 것을 택하셨습니다. 하나님께서는 세상에서 비천한 것과 멸시받는 것을 택하셨으니, 곧 잘났다고 하는 것들을 없애시려고, 아무것도 아닌 것들을 택하셨습니다. 그것은, 아무도 하나님 앞에서는 자랑하지 못하게 하시려는 것입니다.(고전 1:26-29)

그러나 후에 기독교 공동체에 도시의 상류층이 드물게 유입되었다. 분명하게 누구인지는 알 수는 없으나 성경에서 언급되는 인물 중 비교적 경제적으로 여유있는 사람들도 눈에 뜨인다. 당시 자색 옷은 황제가 입

---

3) Wayne A. Meeks, *The First Urban Christian*, 『바울의 목회와 도시사회』 황화자 역, 대한예수교장로회 총회 출판국, 1992, 97.

는 홍포로써 일반인들은 입을 수 없는 고가의 품목인데 이를 관리한 자색 옷 장사 리디아(행 16:11-15)는 교회를 세우는 중요한 임무를 수행했다. 빌립이 전도한 에디오피아 여왕의 내시,(궁중대신, 행 8:27이하) 바울과 실라를 따르는 그리스 사람과 적지 않은 귀부인들,(행 17:4) 지체가 높은 그리스 여자들과 남자들,(행 17:12) 아테네에 있는 아레오바고 법정의 판사인 디오누시오, 다마리라는 부인(행 17:34)이 있었다고 전한다. 또한 디디오 유스도,(행 18:7) 회당장 그리스보,(행 18:8) 섬의 제일 높은 사람 보블리오의 환대,(행 28:7) 등을 볼 수 있다. 에라스토는 고린도 도시의 재무관이었으며 가이오는 고린도 교회 전체가 회집(롬 16:23)할 정도의 집을 제공하는 상당한 재산가였다.

이들을 특별히 언급하는 것은 바울 공동체에 다소 여유있는 계층이 유입되었다는 것을 보기 위해서다. 그러나 교회 공동체에 부자들이 유입되자 부자들과 가난한 사람들과 갈등이 생기게 되었다. 물론 위에 이름을 언급한 분들이 교회 안에서 문제를 일으킨 장본인은 아니다 바울은 문제를 일으킨 사람의 명단은 거론하지 않았다. 오히려 이름이 드러난 사람들은 교회 공동체를 세우는데 공이 많은 분들이다.

> 여러분은 벌써 배가 불렀습니다. 벌써 부자가 되었습니다. 우리를 제쳐 놓고 왕이나 된 듯이 행세하였습니다. 여러분이 진정 왕처럼 되었으면 좋겠습니다.(고전 4:8)

구성원들 간의 상대적 빈부 차이가 갈등을 가져왔다.

여러분이 분열되어 있으니, 여러분이 한 자리에 모여서 먹어도, 그것은 주님의 만찬을 먹는 것이 아닙니다. 먹을 때에, 사람마다 제가끔 자기 음식을 먼저 먹으므로, 어떤 사람은 배가 고프고, 어떤 사람은 술에 취합니다. 여러분에게는 먹고 마실 집이 없습니까? 그렇지 않으면, 여러분이 하나님의 교회를 멸시하고, 가난한 사람들을 부끄럽게 하려는 것입니까? 내가 여러분에게 무슨 말을 해야 하겠습니까? 내가 여러분을 칭찬해야 하겠습니까? 이런 점에서는 칭찬할 수 없습니다.(고전 11:20-22)

고린도 교회는 교인들이 세상 법정에 서로 고소하는 소송까지 벌이게 된다.

여러분 가운데서 어떤 이가 다른 사람을 걸어 소송할 일이 있을 경우에, 성도들 앞에서 해결 지으려고 하지 않고, 불의한 자들 앞에서 소송한다고 하니, 그럴 수 있습니까? 여러분은, 성도들이 세상을 심판할 것임을 알지 못합니까? 세상이 여러분에게 심판을 받겠거늘, 여러분에게 가장 작은 사건 하나를 심판할 자격이 없겠습니까? 여러분은, 우리가 천사들도 심판할 것임을 알지 못합니까? 그러한데, 하물며 이 세상일들이겠습니까? 그러니 여러분에게 일상의 문제에서 생기는 소송이 있을 경우에, 여러분은 교회에서 멸시하는 바깥사람들을 재판관으로 세우겠습니까? 나는 여러분을 부끄럽게 하려고 이 말을 합니다. 여러분 가운데는 신도들 사이에서 생기는 문제를 해결해 줄 만큼 지혜 있는 사람이 하나도 없습니까? 그래서 신도가 신도와 맞서 소송을 할 뿐 아니라, 그것도 불신자 앞에서 한다는 말입니까? 여러분이 서로 소송을 제기하는 것부터가 벌써 여러분의 실패를 뜻합니다. 왜 차라리 불의를 당해 주지 못합니까? 왜 차라리 속아 주지 못합니까? 그런데 도리어 여러분 스스로가 불의를 행하고, 속여 빼앗는데, 그것도 신도들에게 그런 일을 하고 있습니다.(고전 6:1-8)

당시 로마의 도시들에서 벌어진 소송들은 대개 상류계층의 법적보호를 위한 민사소송이었다. 해방된 자유인은 법무관의 허락을 받아야 소송이 가능했다.

바울을 도운 사람들

바울을 도운 사람들이 많지만 특히 여성들의 이름이 눈에 뜨인다. 여성을 사람으로 취급도 하지 않던 시대에 수많은 여성의 실명이 거론되며 이들은 다 교회를 세우는데 중요한 역할을 감당했다.[4]

당시 여성에 대한 사회분위기를 알 수 있는 글 중에 하나로 이집트의 옥시린쿠스에서 발견된 편지에는 일하러 외국에 나간 힐라리온이란 사람이 아내에게 전하는 내용이 있다.

"…아이에 대해 염려하고 있으며, 만일 내가 노임을 받게 되면, 당신에게 보낼 것이오. 만에 하나라도 당신이 아이를 갖게 되면, 사내아이면 키우고, 여자아이면 내버리기 바라오.…"(카이사르 29년, 파이니월 23일)[5]

딸은 "내버려야"한다. 신전의 계단에 내버려 노예가 되거나, 아니면 쓰레기통에 내버려 죽게 만들라는 것이다. 이런 것이 당시 사회분위기였다.

---

4) Ekkehard W. Stegemann and Wolfgang Stegemann, *op.cit.*, pp. 611-618.
5) Marcus J. Borg & John Dominic Crossan, *The First Paul, op.cit.*, pp.43-44.

이런 사회에서 당시 교회 안에는 수많은 여성들이 중심인물로 활동을 한 것을 알 수 있다.

드루실라(행 24:24), 버니게(행 25:23), 비시디아 안디옥의 여성들(행 13:50), 데살로니카의 여성들(행 17:4), 베뢰아의 여성들(행 17:12), 삽비라(행 5:1-11), 요한 마가의 모친 마리아(행 12:12), 루디아(행 16:14-15,40), 아테네의 다마리(행 17:34), 뵈뵈(롬 16:1-2), 브리스길라(행 18:2)등이다. 로마서 16장에는 27명의 인사가 거론되는데 그중에 여성이 10명이고 17명이 남성이다. 그중에는 이름이 특정되지 않고 "루포와 그의 어머니"(13절)와 '유니아"는 명백한 여성의 이름인데 그녀를 "탁월한 사도"로 언급한다.[6]

유니아는 바울보다 먼저 그리스도를 믿었다. 초대교회를 세워 가는데 여성들의 역할은 절대적이었다. 도르가(행 9 :36-37)는 베드로를 도운 여성이다.

이들은 바울을 변호하고 후원하는 역할을 감당했으며, 자신들의 가정을 모임의 장소로 제공하고 자신의 사유물을 공적으로 사용하도록 내어놓았다.(행 18:12-17, 19, 31, 35-41) 이들은 자신의 터가 나눔의 장이 되도록 했다. 우리가 이름을 거론하는 안디옥, 고린도, 에베소 교회... 등등의 유명한 초대교회들은 대단히 이름이 알려진 교회지만 전부 개인이 제공한 가정에서 세워진 교회다. 교회가 전용 교회당 공간을 가진 것은 2-3세기 이후에나 가능했기에 자신이 생활하는 공간을 교회의 모임장소로 내어주었을 때, 자연스럽게 살림을 맡은 여성의 역할은 매우 중요했다.

또 바울은 자신의 생업을 유지하는데 다른 이들의 도움은 거절했지만

---

6) Ibid., 74.

빌립보 교회의 도움은 받아들였다.(빌 4:10-20)[7] 빌립보 교회가 바울의 가장 가까운 측근으로 바울이 살아가는 것을 적극적으로 도운 셈이다.

바울운동 : 새로운 차원의 하나님 나라 운동

바울운동은 예수의 하나님 나라 운동을 계승하는 것으로 로마 사회에 만연한 일체의 차별과 편견을 제거하는 운동이었다. 그들은 세례의식을 통해 그리스도인으로 입문하며 세례를 받는 순간 하나님을 "아바, 아버지"라고 부른다. 하나님을 아버지로 모시는 커다란 가족 공동체의 일원이 되는 것이다. 그들은 어느 곳에 흩어져있든지 서로 "형제, 자매"라고 부르며 일체의 차별이 없는 끈끈한 공동체의 연대 속으로 들어갔다.

초대 기독교인들이 추구했던 정체의식은 무엇인가? 당시의 문헌인 플리니우스의 편지를 보자.

> 가장 좋은 접시들이 그와 선택된 소수의 사람들 앞에 놓이고 값싼 음식들은 나머지 친구들 앞에 놓여졌다. 술잔도 세 가지 종류가 있었는데 그의 손님들은 그것을 선택할 기회도 없었고 또 그것을 사양할 수도 없었다. 최상의 것은 그 자신과 우리들을 위해 마련되었고, 그 다음의 것은 그의 소수의 친구들을 위해(그의 모든 친구들에게 등급을 매겨 놓았다). 그리고 가장 못한 것은 자유인이 된 그와 나의 종들에게 주어졌다. 식탁에 앉은 나의 이웃이 나에게 이것이 마땅한 일인가하고 물었다. 나는 그것에 동조할 수 없노라고 대답했다. '그러면 당신은 어떻게 하시겠습니까?' 그가 물었다. '나는 모든 사람을 똑같이 대접하겠습니다. 왜

---

7) 윤철원 "바울 선교에 등장하는 상류계층" 『신약논단』 제4권 1998. 4월, 207-231.

냐하면 나는 식사를 위해 손님을 초대하였지 계층을 분류하기 위하여 초대한 것은 아니기 때문입니다. 나는 그들을 같은 식탁에 앉히고 모든 것에 차별 없이 대접하겠습니다.' '이전에 종이었던 사람도 말입니까?' '물론이죠, 그들은 나의 식사 초대를 받은 사람이지 이전에 종의 신분을 가졌던 것은 별로 중요한 것이 아닙니다."[8]

이렇게 엄격한 신분제 사회에서 초대교회는 매번 성찬을 행했다. 지금은 아주 상징적인 성찬이 진행되지만 당시는 푸짐하게 식사하는 예식이었다. 매번의 예배의 완성은 바로 이 공동식사인 성찬과 더불어 완성된다. 이것은 종과 자유인, 남자와 여자, 어른과 아이, 로마인과 유대인, 모든 사람이 함께 어울리는 공동의 식사이다. 예수님께서 하나님 나라를 잔치에 비유하시고 항상 먹고 마시는 자리에 함께 하셨듯이 일체의 차별이 없어지는 예전이다. 말씀을 통해 그리스도의 정신이 공유되지만 그것을 몸으로 보여주고 함께 나누는 것은 성찬의 예전이다.

그런데 후에 교회 안에 다소 지위가 높은 사람들이 유입되자 그들 중 일부는 냄새나는 하층의 사람들과 함께 식사하는 것이 어려워졌다. 그래서 그들은 별도로 상을 마련했다가 자기들끼리 모여서 식사하고 성찬을 마무리 했다. 이에 대해 바울은 이런 행위는 주님의 만찬을 욕되게 하는 행위라고 한다.(고전 11:20) 어떤 사람은 배가 고프고 어떤 사람은 술에 취하니 성찬을 욕되게 한다는 것이다. 이에 바울은 "여러분에게 먹고 마실 집이 없습니까? 그렇지 않으면 하나님의 교회를 멸시하고 가난한 사람들

---

8) Wayne A. Meeks, *op.cit.*, 125-6.

을 부끄럽게 하려는 것이냐?"(고전 11:21-22)면서, 바울은 그런 사람들에게 "집에 가서 먹으라"고 꾸짖는다.(고전 11:34) 바울이 꾸짖는 대상이 그 공동체에서 돈 많은 부자들인데, 요즈음 한국교회가 부자들을 대하는 태도를 보면 바울이 교회의 원칙을 중시하는 단호한 태도가 더욱 돋보인다.

바울계 공동체와 사회적 성격

바울의 시대에 기독인들의 사회적 수준은 나중에 신분이 다소 높은 사람들이 합류하기는 했으나, 신분이 높다고 해도 원로원, 기사, 또는 지방 도시의 의원 계층에 속하는 엘리트는 거의 없고, 자기 삶에 다소 여유를 갖는 사람들일 뿐이었다.

바울은 "자기 일을 하고 너희 손으로 일하기를 힘쓰라"(살전 4:11)고 권한다. 당시 대다수가 수공업 노동자였다. "도적질 하는 자는 다시 도적질 하지 말고 돌이켜 빈궁한 자에게 구제할 것이 있기 위하여 제 손으로 수고하여 선한 일을 하라"(엡 4:28)고 한다. 데살로니가후서 3:6-13에는 "바울에게서 받은 전통"을 말하는데, 이는 제 손으로 직접 노동하는 본보기를 말하며, 이를 본받아야할 모범(살전 2:9)으로 전한다.

바울은 선교 여행의 경비를 교우들의 연보로 도움을 받았다. "매주일 첫날에 너희 각 사람이 이를 얻은 대로 저축하여 두어서 내가 갈 때에 연보를 하지 않게 하라"(고전 16:2)고 했다. 그러나 지방마다 차이가 있었다. 고린도교회와 마케도니아는 그들도 가난 했지만 상대적으로 더욱 곤궁한 예루살렘 교인들을 돕기 위해 연보를 했다. 이런 연대는 서로의 크리스천 공동체의 연대 의식을 강화하였다.

바울은 많은 서신을 남겼는데, 그가 쓴 헬라어는 코이네로서 대중이 쓰는 구어체의 문장이다. 격식을 갖춘 문어체 형식의 헬라어는 아니었다. 그렇다고 당대에 많은 파피루스에서 발견되는 것과 같이 천한 표현은 아니었다. 바울 자신은 지식인이지만 그와 유대관계를 맺었던 계층은 중산층과 이보다 낮은 계층이었기에 보다 대중적인 언어로 소통하고자 한 것이다.

초대교회의 성격

초대교회는 가정교회였다. 별도의 건물을 가지지 않고 가정에서 예배하는 공동체였다. 흔하게 가정교회라는 말을 사용하지만 정확하게 말하면 오히려 "상점교회"라는 말이 적절할 것이다. 크리스천들이 상점에 모였는데, 상점은 일반적으로 공동주택과 기타 건물들의 1층에 있었다. 상점들은 작았으며 대부분 3m x 6m를 넘지 않았다. 그 보다 큰 모임이 가능했던 것은 개종자들 가운데 대 저택을 소유하고, 사람들을 대접할 만큼 부유한 사람들이 있을 경우였다.[9] 그들은 스테판, 브리스길라와 아굴라, 유스도, 그리스보(고전 1:14), 가이오(롬 16:23), 빌레몬(몬 1:2)의 집 등에서 모였다. 당시 건물 구조에서 모임으로 쓰기에 적합한 비교적 넓은 공간은 이층 다락방이었다. 사람들이 모여서 예배를 보는데 창문에 걸터앉아 예배를 보다가 졸아서 아래층으로 떨어져 사망한 사건도 보도된다.

바울은 크리스천들을 마치 서로 한 집안 식구처럼 불렀다. 그들은 하나님의 자녀이며, 사도의 자녀이다. 그들은 서로를 '사랑하는 자'라고 불렀고 형제와 자매로 불렀다(살전 2:17-3,11 고후 11:7-9 빌 2:19-30). 그는 엄한 꾸지

---

9) Marcus J. Borg & John Dominic Crossan, *The First Paul*, op.cit., 125.

람에도 "형제들이여...."라며 꾸짖는다.

전체의 큰 교회를 "하나님의 집안"으로 해석하는 것은 교회 조직의 유지를 위해 질서와 위계를 강조하는 가부장적 요소를 갖게 되는 부정적 요인도 있다.(골 3:18-4:1, 엡 5:21-6:9 벧전 2:13-3:7) 그러나 피오렌자(Fiorenza)는 이를 새롭게 해석한다. 하나님을 아버지라고 부르는 것은 모든 가부장 제도를 부정하고, 하나님 한 분만을 아버지로 인정함으로, 기독교 공동체의 모든 이들은 "형제들" "자매들"로 "아버지의 권위"를 주장할 수 없게 된다. 아버지의 권위는 오직 하나님께만 지정된 권위와 권력이기 때문이다.10) 이는 가부장적 가족에 대해 대안을 제시하며 혈육의 인연에서 벗어난 새로운 가족으로 하나님의 뜻을 행함으로 서로 연결된 가족을 뜻한다. 혈육관계를 없애자는 것이 아니라, 그것을 변화시켜서 사랑으로 상호 관계된 비가부장적 공동체로 만들자는 것이다.11)

세례와 하나됨

세례는 기독교인의 입문의식이었다.

> 그런데 여러분은 자녀가 되었으므로, 하나님께서 그 아들의 영을 우리의 마음에 보내 주시고 우리가 하나님을 "아바, 아버지"라고 부를 수 있게 하셨습니다. 그러므로 여러분 각자는 이제 종이 아니라 자녀입니다. 자녀이면, 하나님께서 세워 주신 상속자입니다.(갈 4:6-7)

---

10) Fiorenza, In Memory of Her, 151. Walter Wink, *Engaging the Powers*, 232에서 재인용

11) Walter Wink, *Engaging the Powers*, 『사탄의 체제와 예수의 비폭력』한성수 역, 한국기독교연구소, 2009, 233.

하나님의 영으로 인도함을 받는 사람은, 누구나 다 하나님의 자녀입니다. 여러분은 또 다시 두려움에 빠뜨리는 노예의 영을 받은 것이 아니라, 자녀로 삼으시는 영을 받았습니다. 그래서 우리는 그 영으로 하나님을 "아바, 아버지"라고 부릅니다. 바로 그 때에 그 성령이 우리의 영과 함께, 우리가 하나님의 자녀임을 증언하십니다. 자녀이면, 상속자이기도 합니다. 우리가 그리스도와 함께 영광을 받으려고 그와 함께 고난을 받으면, 우리는 하나님의 상속자요, 그리스도와 더불어 공동 상속자입니다.(롬 8:15-17)

그들은 세례를 통해 하나님의 아들, 딸이 된다. 이는 새로운 인간이 되는 것이고, 그리스도를 옷 입고 사는 새 삶이 열리는 것이다. 그들은 세례를 받은 후 보이는 첫 번째 반응으로 희열에 찬 응답을 한다. 비로소 하나님을 "아바 아버지!"라고 부르며 하나님을 아버지로 모시는 거대한 가족의 일원이 된다. 세례를 받는 다는 것은 이제부터 하나님을 아버지로 부르는 공동체의 일원이 된다. 동시에 모든 시대, 모든 공간을 초월하여 하나님을 부모로 둔 자녀들, 형제와 자매의 관계 안에 들어간다. 이런 의식은 바울계 뿐만이 아니라 널리 초대교회에 쓰였다. 크리스천은 세례를 통해서 모두가 한 몸, 하나님 나라의 하나됨(고전 12:12-30)을 경험한다.

그리스도의 몸

그들이 이루는 공동체는 거대한 그리스도의 몸을 형성한다.

첫째, 이들은 세례를 통해 그리스도와 한 몸의 구조 속에 들어간다.
둘째, 그리스도와 함께 죽고 함께 사는 새로운 삶을 덧입는다. 이것은 새 시대의 선포이며 동시에 새로운 실존을 갖는 것이다.

셋째, 이들은 그리스도의 몸과 피를 나누는 의식인 성찬을 통해서 그리스도 안에서 만물을 화해시킨다. 모든 인류는 물론 모든 자연계가 그리스도 안에서 하나 되는 거룩한 연대에 들어간다. 성찬을 나누는 것은 유대인과 이방인, 남자와 여자, 종과 자유인의 구분을 없애고 서로 하나가 되는 차별 없는 공동체로 나가는 것뿐만이 아니라 모든 만물, 피조물과의 조화의 관계에 들어가는 것을 뜻한다.

고난과 박해는 기독교인의 자기 정체성을 강화하는 요인으로 작용했다. 한 집단을 전체 사회에서 제거하려고 할 때, 제거 당하는 대상이 되는 집단은 자기 유지를 위해, 자신의 정체성을 강하게 하며 공동체의 유대를 강화한다. 고린도 전, 후서(고전 4:9-13, 고후 11:23-29)와 데살로니가전서(2:14)에 언급되는 고난의 목록은 궁극적으로 전체 크리스천들이 그리스도의 고난에 참여하게 하는 역할을 한다.

* 예수의 시대에 비해 바울이 선교하던 시대에 변화된 사회적 조건에 대해 이야기해 봅시다.

* 로마시대의 사회적 범주에 대해서 살펴보고 초대교회를 형성한 주된 인물들의 사회적 위치에 대해서도 이야기해 봅시다.

* 초대교회가 행한 선교의 성격을 살펴보고 교회의 일원이 된다는 것은 무슨 의미인가를 이야기 합시다.

* 우리가 세례를 받는 다는 것은 어떤 의미이며, 어떤 변화가 생기는 지, 그 의미를 새겨봅시다.

내가 세상을 이겼다

제자들이 말하였다. "보십시오, 선생님께서 이제 드러내서 말씀하여 주시고, 비유로 말씀하지 않으시니, 이제야 우리는 선생님께서 모든 것을 알고 계심을 알았습니다. 그래서 누구도 선생님께 여쭈어 볼 필요가 없습니다. 이것으로 우리는 선생님이 하나님께로부터 오신 것을 믿습니다." 예수께서 대답하셨다. "이제는 너희가 믿느냐? 보아라, 너희가 나를 혼자 버려두고 제각기 자기 집으로 흩어져 갈 때가 올 것이다. 그 때가 벌써 왔다. 그런데 아버지께서 나와 함께 계시니, 나는 혼자 있는 것이 아니다. 내가 이렇게 말한 것은, 너희로 하여금 내 안에서 평화를 얻게 하려는 것이다. 너희는 세상에서 시련을 당할 것이다. 그러나 용기를 내어라. 내가 세상을 이겼다."(요 16:29-33)

  삼국지에 나오는 이야기 중에 유비의 군사가 조조군에게 대패해서 도망 갈 때다. 조자룡이 백 만 대군 앞에 홀로, 유비의 어린 아들 아두를 구하려고 적진 한 복판에서 사투를 벌이며 나온다. 무모하기 이를 데 없는 싸움이다. 그러나 화살을 맞아가면서도 어린 아두를 한 손에 안은 채 홀로 싸우며 적진을 뚫는다. 조금도 기가 꺾이지 않고 백만 대군을 헤치고 나오는 자룡을 보고 조조도 감탄한다. "실로 대단한 장군이다. 그에게 활을 쏘지 말라" 조조는 비록 적장이나 저런 인물은 살려 놓아야 한다고 생각해 그를 도망가게 놔두었다. 조자룡은 피투성이가 된 몸으로 품에 아두를 안고 와서 유비에게 인도했다.
  장비가 조조의 백 만 대군이 넘어오는 다리 앞에 나아가 혼자서 호령하며 "어느 놈이든지 나오라"고 소리친다. 사실 뒤에는 초토화된 유비군사가 있고 그들은 거의 전멸되어 무방비상태다. 다리만 넘어서면 유비 군사는 끝장이다. 그러나 조조 생각에 도대체 저 뒤에 어마어마한 복병이 있거나 계략이 있지 않고는 아무 대책도 없이 장비가 혼자 나와서 소리칠리는 없다. 내가 누구냐? 조조 아니냐? 너희가 나를 속이겠느냐? 조조는 "다리를 넘지 말고 퇴각하라"는 명령을 내린다. 제 꾀에 제가 속았다. 유비 군은 장비의 목숨을 건 충정에 의해 절대위기를 넘긴다.

자룡과 장비는 한 결 같이 유비에 대해서 "저 양반이라면 내가 반드시 목숨을 내놓고 지켜야한다"고 생각했다. 그들이 유비에게 죽기 살기로 충성 할 수 있었던 이유는 그의 순수한 마음, 때 묻지 않은 마음에 감동했기 때문이다. 그것은 유비가 가진 원칙과 덕 때문이다. 그러나 조조의 신하 중에는 목숨을 바쳐 그를 지킬 사람이 없다.

흔히 삼국지에 나오는 유비와 조조를 비교한다. 유비는 심약하며 기회를 잘 놓쳐 지도자로서는 결격사유가 많다. 반면 조조는 매우 영리하고 결단이 빠르고 냉정한 판단력을 가졌다. 그러나 유비에게는 조조에게 없는 것이 있다. 그것은 그가 가진 덕(德)이다.

유비군사가 전쟁에 패해서 백성과 함께 피난을 갈 때다. 곧 적이 들어닥칠 터인데, 하루 몇 십리도 못가는 상황이 되자 부하들이 건의를 했다. "이러다가는 다 죽습니다. 백성들을 버리고 가야합니다." 그러나 유비는 고집을 피웠다. "그래도 함께 피난해야 합니다. 백성이 근본이고 백성이 먼저입니다." 유비 군사들은 끝내 백성을 호위하면서 함께 피난을 갔다. 나룻가에서 배를 타다가 아기가 물에 빠지는 것을 보고 유비가 안타까운 마음에 먼저 물에 뛰어들었다. 그러나 유비는 수영을 하지 못한다. 이런 것들이 유비가 가진 덕의 내용이다.

유비가 가진 원칙과 덕이란 무엇인가? 모든 권력에 앞서서 백성이 근본이고 백성이 먼저라는 원칙이다. 그것을 빼면 그는 조조보다 훨씬 못한 인물임에 틀림없다. 덕은 인품에 담긴 진정성을 말한다. 얄은꾀를 부리다 스스로 제 꾀에 빠지기도 하는 조조에게서 보지 못하는 성품이 유비의 장점이다. 철학으로는 진리에 접하는 것이며, 신앙인이라면 하나님을 모시는 것이다. 한번 참된 것을 경험한 사람은 다시는 일체의 거짓된 행위에 빠지기 어렵다.

오늘 본문에서 예수님께서는 "이것을 너희에게 이르는 것은 너희로 내안에서 평안을 누리게 하려 함이라 세상에서는 너희가 환난을 당하나 담대 하라. 내가 세상을 이기었노라"고 하신다. 월터 윙크는 이 세상의 악한 세력들, 정치, 경제, 문화적인 지배체제의 내면에 있는 영적인 실재, 즉 당시 로마제국이라는 악마적인 영에 대해 연구하며 요한복음의 "세상"(kosmos)이라는 단어를 인간을 소외시키는 보다 적극적인 의미인 "체제"(system)라고 번역한다.[12]

예수는 바리새파 사람들에게 반박하기를, "너희는 이 세상에 속하였고 나는 이 세상에 속하지 아니하였느니라."(요 8:23)고 했다. 윙크는 이 문장에서 kosmos를 "세상"(world)이라고 번역하면, 마치 예수가 이 세상 사람이 아닌 딴 세상의 존재로, 환영만의 사람(docetin person)인 것 같은 인상을 줄 것이라고 한다. 그러나 여기서 "세상"을 "체제"로 보면, 그의 말은 문자 그대로 맞는다. 그는 하나님의 체제에 속한다. 로마의 체제에 속하지

---

12) *Ibid.*, 118.

않는다. 따라서 세상(코스모스)을 거부하는 것은 기존 체제를 거부하는 것이다.

로마라는 지배체제의 가치와 예수의 가치는 서로 같은 표준으로 잴 수 없다. 이제 예수는 옛 체제를 무너뜨리고 새로운 나라, 새로운 질서를 건설한다. 넘어지고 깨지고 힘 있는 자들의 밥이 되어 당할지라도 나아간다. 우리는 주님을 바라보고 나아간다. 모두가 주인이 되는 그 나라를 향하여 담대하게 나아간다. 그것이 이 땅에서 정의로운 양심을 가진 자들이 가야할 행보이고 바로 신앙인들이 나아갈 마땅한 길이다.

세상을 이기는 신앙은 세상의 체제나 세상의 물질에 무릎 꿇지 않는다. 경제적으로는 가난하지만 주체의식을 갖지 못하는 사람은 돈이 없기에 오히려 더욱 돈에 노예가 될 수도 있고 자신의 자존심을 헐값에 넘길 수도 있다. 또 희미하게 오는 기회를 잡기 위해 혈안이 될 수도 있다. 이는 자신이 역사의 주인이라는 것을 자각하지 못하기 때문이다. "그들은 내가 세상을 이겼다"는 주님의 선언을 믿지 못하기에 결코 세상을 이길 수는 없다. 그들은 언제나 척하는데 명수이지만, 마음은 세상에 속하여 있고, 매우 계산적이다. 그들은 세상을 이긴 척하지만 사실은 세상에 노예된 자들이다. 참 믿음이 승리한다는 신앙, 그 안에는 내가 세상을 이겼다는 당당한 주님의 승리의 선언이 있다.

> 자녀 여러분, 여러분은 하나님에게서 났고, 그들을 이겼습니다. 여러분 안에 계신 분이 세상에 있는 자보다 크시기 때문입니다. 그들은 세상에서 생겨났습니다. 그런 까닭에, 그들은 세상에 속한 말을 하고, 세상은 그들의 말을 듣습니다. 우리는 하나님에게서 났습니다. 하나님을 아는 사람은 우리의 말을 듣고, 하나

님에게서 나지 않은 사람은 우리의 말을 듣지 않습니다. 이것으로 우리는 진리의 영과 미혹의 영을 알아봅니다.(요일 4:4-6)

우리들 안에 계신 그분이 어떤 분인가? "우리들 안에 계신 분은 세상에 있는 자보다 크시다"고 한다. 세상에 붙잡힌 사람들은 하나님의 자녀가 아니다. 그들은 세상에서 생겨났기에, 세상에 속한 것을 말하고, 세상은 그들의 말을 듣는다. 서로 꿍짝이 맞아 돌아가는 같이 보일지라도 오래가진 못한다. 언젠가는 그 얄팍한 밑바닥이 드러날 것이다. 그러나 우리는 하나님에게서 났다. 그러기에 그들이 보지 못하는 것을 본다. 그들은 알지 못하지만 우리들은 진리의 영과 미혹의 영을 구별할 줄 안다. 세상에 속한 자는 세상에 속한 것을 말하지만, 하나님의 아들이고 딸인 우리들은 세상의 눈치를 보고, 스스로 당당하지 못한 일을 하며, 스스로 구걸하는 자와 같이 굴 이유가 없다.

베드로전서는 세례에 대해 새로운 해석을 한다.

세례는 육체의 더러움을 씻어내는 것이 아니라 예수 그리스도의 부활을 힘입어서 선한 양심이 하나님께 응답하는 것입니다.(벧전 3:21)

우리가 하나님과 세상 사이에서 저울질하는 것이 아니라 전적으로 하나님 안에서 의로운 양심으로 화답하는 것이다. 사람은 눈속임을 할 수 있겠지만 하나님을 어찌 속일 수 있겠는가? 오직 진실함만이 하나님과 통할 수 있다. 무릇 크리스천은 '세상을 이기신 예수 그리스도'를 자신들

안에 모시고 있다. 우주와 삼라만상과 온 세상이 모두 아버지의 소유이며 우리는 그의 아들, 딸들이다. 이 세상에 조그만 일들로 우리의 인격을 더럽히는 것은 세상을 이기신 예수를 부정하고 세상의 노예가 되는 것이다.

제자리에 있지 않은 자가 탕자이다. 집 나와 재산 다 탕진하고 "돼지가 먹는 쥐엄 열매라도 먹고 배를 채웠으면…"하고 생각하다가 문득 탕자는 "내 아버지의 집에는 그 많은 품꾼들이 먹을 것이 남아도는데 나는 여기서 굶어 죽는 구나!"는 것을 뒤늦게 깨닫는다. 혹 아버지의 아들로서, 딸로서 당당함을 잃어버리고 쥐엄 열매를 챙기고 있지는 않은지? 영적으로 볼 때 자기의 그 초라한 모습을 깨달은 그 순간이 바로 아버지께로 돌아갈 시간이다.

> 나는 더 이상 아버지의 아들(딸)이라고 불릴 자격이 없으니, 나를 품꾼의 하나로 삼아 주십시오.(눅 15:19)

아들이 어떤 상태로 돌아오든 아버지는 그를 아들로, 딸로 받아 주시지 품꾼으로 받지 않으신다. 지금 어떤 모습의 하나님을 우리가 그리고 있는가? 담대하고 강하여 "내가 세상을 이겼노라"고 선언하시는 주님이신가? 아니면 세상의 작은 이익의 득실을 셈하며 숫자와 세상에 찌든 모습인가? 우리가 주님의 자녀 된 당당함을 잃어버린다면 주님을 욕되게 하는 것이다. 세상을 이기신 주님을 여러분 안에 모시길 바란다. 당당하게 주의 택한 백성으로 세상에 나아가길 바란다.

» 강남향린교회 강단 중에서

차별 없는 공동체

전 세계로 흩어진 유대인 공동체는 자기들끼리 단결하여 특권을 지키고자 했다. 그들은 로비로 자신들의 권리를 유지했다. 그러나 새롭게 시작하는 그리스도인들의 공동체인 교회는 노예 노동에 의해 차별을 근간으로 세워진 로마 사회에서 차별 없는 공동체를 만들고자 했다. 유대인 공동체는 자신들의 특권을 지키고자 하여 유럽사회에서 혐오집단이 된 반면, 초대교회는 비록 로마에 의해 박해를 받았지만 교회의 정당성을 널리 인정받았고 마침내 로마가 교회에 무릎 꿇을 수밖에 없었다.

유대교의 선교전략

전체 주민 인구에서 디아스포라 유대교가 차지하는 비율을 평가하는 것은 곤란한 일이지만, 대개의 경우는 지중해 연안의 각 도시에는 10-15%로 대략 5백에서 6백만명으로 추정된다. 필로는 아프리카 북부 알렉산드리아에는 인구의 약 1/7이 유대인일 것이라고 한다. 이들이 100만 명이었다는 보도가 있는데 이것은 분명 과장된 것으로 보이며, 스몰우

드(E.M. Smallwood)의 계산에 따라 아시아 지역에 유대교 공동체에 대략 5만 명의 성인 남자가 있었다고 추정하는 것이 좀 더 현실적일 것 같다.[1]

B.C. 62년에 발레리우스 플락쿠스(Valerius Flaccus)가 성전세로 100만 파운드의 금을 부과했는데 이것은 약 5만 명의 성인남자에 부과된 세금으로 평가된다. 요세푸스의 『유대고대사』에 의하면 당시 유대인 수는 약 8백만 명인데 팔레스타인의 유대인 수는 약 2-4백만 명에 해당했다. 고대 사회에서 디아스포라 유대교의 절대다수는 하위계층에 속한다.

흩어진 유대인들은 공동의 종교의식을 행하고 공동의 유산을 만들어 관리했으며 이들은 큰 공동체로부터 권리와 특권을 얻기 위해 연합된 압력을 행사했다. 당시 로마는 비교적 관용을 베푸는 정책을 썼다. 로마 당국으로부터 자치권을 부여받는 단체(Collegia)들이 많았는데 클럽, 길드, 제의적 협회 등을 구성하여 자신들의 자치적인 영역을 확보해 나갔다. 유대인 회당(Synagogues)은 제의적 협회이나 보다 광범위한 자치권을 부여받았다. 이들은 유대인의 생득권을 보장받기 위해 적극적으로 로비하며 자신들의 단합된 권리를 확보했다. 시이저가 모든 단체의 해체 명령을 했을 때도 회당은 제외시킬 정도였다.

알렉산드리아, 안디옥 등에서는 도시 전체 유대인을 대표하는 장로회의(gerousia)가 있었고 자신들이 자치적으로 행정관(archon)을 선출하여 활동하였다. 이들은 자신의 율법에 따른 고유한 회합이 가능한 장소를 가지고 있었으며 함께 공동자치의 생활을 하기도 했다. 이들은 단합된 힘으로 자신들의 소송 판결을 스스로 내렸고, 하나님께 대한 선조의 전통을

---

1) Ekkehard W. Stegemann and Wolfgang Stegemann, *op.cit.*, 406.

지켜 나갈 권리를 확보했다. 실제적으로 도시 안에 실질적인 도시(Politeu-ma)를 이루고 자신들끼리 누리는 별도의 시민권을 가진 셈이었다.[2]

　유대인들은 자신들의 권익을 위해 잘 단합되었지만 이로 인해 이방인들이 유대인에 대한 뿌리 깊은 적대감을 갖게 된다. 이러한 유대인 혐오의 정서가 오랫동안 유럽사회에서 이어져 오다가 히틀러에 의해 절정에 달했으며 유럽 문학 곳곳에 나타난다.

교회의 선교 : 차별 없는 공동체

　죄는 분리를 의미한다. 하나님과 이웃이 분리된 것은 죄의 본질이듯이 초대교회는 죄를 차별로 의식했다.

> 여러분은 모두 세례를 받아 그리스도와 하나가 되고 그리스도를 옷으로 입은 사람들이기 때문입니다. 유대사람도 그리스 사람도 없으며 종도 자유인도 없으며 남자와 여자가 없습니다. 여러분 모두가 그리스도 예수 안에서 하나이기 때문입니다.(갈 3:27-28)

> 그리스도는 우리의 평화이십니다. 그리스도께서는 유대 사람과 이방 사람이 양쪽으로 갈라져 있는 것을 하나로 만드신 분이십니다. 그분은 유대사람과 이방 사람 사이를 가르는 담을 자기 몸으로 허무셔서 원수된 것을 없애시고 여러 가지 조문으로 된 계명의 율법을 폐하셨습니다. 그분은 이 둘을 자기 안에서 하나의 새사람으로 만드셔서 하나님과 화해시키셨습니다. 그분은 오셔서 멀리 떨어

---

2) Wayne A. Meeks, op.cit., pp.73-74.

져있는 여러분에게 평화를 전하셨으며 가까이 있는 사람들에게도 평화를 전하셨습니다. 이방사람과 유대 사람 양쪽 모두 그리스도를 통하여 한 성령 안에서 아버지께 나아가게 되었습니다. 그러므로 이제부터 여러분은 외국 사람이나 나그네가 아니요 성도들과 함께 시민이며 하나님의 가족입니다.(엡 2:14-19)

로마는 관용을 중시하고 로마에 저항하는 집단이 아니라면 비교적 자유롭게 모이도록 했다. 로마의 클럽은 동 계층의 사람들의 연합이고, 길드는 수공업자들의 연합이다. 그러나 바울의 교회는 특정한 계급의 교회가 아니다. 바울 공동체는 부자들과 가난한 사람들과 갈등(고전 4:7-13), 구성원들 간의 상대적 빈부 차이에서 오는 갈등(고전 11:20-22)을 극복한 공동체를 이상으로 삼았고 이를 '하나님의 집'이라 했다. 한 아버지를 모신 인류의 대 가족을 '하나님의 집'이라 했고, 그 안에서는 차별이 없다. 따라서 교회는 서로 차별 없이 동등하게 어울리는 하나님의 공동체이다. 그것이 교회의 생명이며 교회가 인류에 행한 공헌이다.

빌레몬서: 주인과 종이 형제로

빌레몬서는 크리스천 공동체 내에서 신분의 차이, 종과 주인의 관계가 어떻게 변하는 가를 잘 보여준다. 바울이 자기를 돕던 오네시모를 그가 도망친 원래의 주인 빌레몬에게 돌려보내는 편지이다. 오네시모와 바울의 관계는 "아들"과 "아버지"의 관계로 묘사되는데, 이것은 개종자와 사도의 관계를 나타내는 은유이다.[3] 오네시모의 옛 주인 빌레몬 역시 전에

---

3) Marcus J. Borg & John Dominic Crossan, *The First Paul*, op.cit., 54.

바울을 통해 크리스천이 되었고 빌레몬의 집에서 공동체가 모임을 갖기도 했다. 그런데 현재 감옥에 수감 중인 바울을 도우며 새롭게 크리스천이 된 오네시모가 우연히 바울과 잘 아는 사이인 빌레몬에게서 도망친 노예였다. 지금은 빌레몬과 오네시모 모두가 크리스천이 되었지만 과거에는 주인과 노예의 관계였다.

로마법은 노예가 엄한 처벌이나 심지어 사형이 임박했을 때, 신전으로 도망쳐서 도피처로 삼는 것을 허락했을 뿐만이 아니라, 주인의 "친구에게" 도망쳐서 중재와 자비를 구하는 것도 허락하고 있다. 특히 주인의 친구지만 주인보다 더 높은 위치에서 행동할 수 있는 사람에게로 도망쳤다. 아마도 오네시모는 빌레몬에게 심각한 문제를 일으켜, 로마법에 따라 합법적인 중재를 받기 위해 바울에게 도망친 것이며, 바울은 오네시모가 생각하기에 자기의 주인 보다 더욱 높은 친구라고 생각했던 것이다.[4]

바울은 그런 오네시모를 옛 주인 빌레몬에게 돌려보내면서 "이제는 이를 종으로서가 아니라 주님 안에 한 형제로 대해 줄 것"을 요구한다. 바울은 은근히 그 옛날 빌레몬이 빚 진 것을 묻지 않겠다며 압박한다. 여기서 바울과 초대교회 운동의 한 면을 볼 수 있다. 바울에게 크리스천이 된다는 것은 철저하게 신분을 뛰어넘어 형제, 자매가 되는 운동이었다.(몬 1:8-16)

교회는 로마에 대해서 직접 저항하거나 반기를 들지 않았다. 그러나 로마는 교회를 위협으로 간주하게 되었다. 교회를 가만 놔두면 노예제, 신분제를 토대로 한 로마는 필히 붕괴되고 말 것이다. 스파르타쿠스의 노

---

4) *Ibid.*, 55.

예전쟁(주전 73년)을 경험한 로마는 그것이 얼마나 체제의 근간을 뒤흔드는 것인지를 잘 알기에 얌전했던 그리스도교회를 박해하지 않을 수 없었다. 수많은 가난한자, 약자, 소외된 사람들이 교회로 몰려들기 시작했다. 위협을 느낀 로마 당국은 마침내 교회를 박해하고 그들에게 순교를 요구하는 상황이 전개됐다.

바울선교의 동력

한국 사회에서 대형교회에 집중현상이 일어나는 것은 바로 준거집단 효과가 중요한 몫을 차지한다. 어느 교회에 소속하느냐에 따라 덩달아 신분이 상승된 것 같은 효과를 갖기 때문이다. 대부분의 사람은 각자 개인을 기준으로 평가하기 보다는 개인이 어울리는 집단, 자신이 속해있는 준거집단을 기준으로 평가하는 경향이 있다. 한 사람의 평가는 그가 다른 사람들에 의해서 어떻게 평가받는가와 또한 자기가 자신을 어떻게 평가하는가에 영향을 미치기 때문에 어떤 준거집단 속에 있는가는 스스로 자신을 규정하는데 중요한 역할을 한다.

바울 선교의 주요한 동력이 되었던 요인으로 두 가지를 들 수 있는데 그것은 잠재적 내부인(potential insider)과 이중적 정체 의식이다.

잠재적 내부인은 바울 공동체가 가진 선교적 열정으로 인해 밖에 사람들을 잠재적 내부인으로 보고 그들을 포용하는 개방성을 말한다.5) 또한 공동체 안의 구성원은 아니지만 그 집단이 가는 길에 동의하는 사람들이

---

5) Wayne A. Meeks, *op.cit.*, 187.

많다면 그들은 그 집단과의 연대감을 가지며, 소속감을 갖기 쉽다. 이런 정당성은 바울선교의 중요한 동력이었다. 반대로 지금은 비록 여러 가지 이해관계나 편리에 의해서 그 공동체 안에서 혜택을 누리고 있지만 그 집단이 정당성을 가지지 못할 때, 그 안에 있는 사람일지라도 잠재적 외부인이 될 수 있다.

지금 한국개신교의 숫자가 감소하는 것은 바로 이 정당성 면에서 인정받지 못하고 있기 때문이다. 잠재적 내부인이 늘어나야 하는데 거꾸로 지금은 교회 안에 있지만 잠재적 외부인 들이 늘고 있기 때문이다. 한국교회가 자신의 교회 안의 문제에만 갇혀 있다면 이런 현상은 점차적으로 늘어날 것이고 사람들에게 외면 받을 것이다. 그러나 초대교회는 박해를 받았기에, 그 집단 내의 사람이 되기는 어려울지라도 많은 사람들에 의해 정당성을 인정받았고, 수많은 잠재적 내부인을 확보한 셈이었다.

바울의 선교는 유대계 크리스천들이 율법준수와 할례를 요구하는 경계를 허물고 오직 '믿음'을 근거로 크리스천이 될 수 있게 했다. 기독교는 이러한 포용적 선교정책으로 유대교를 능가하는 놀라운 속도로 교세를 확대했다. 이런 개방성은 초기기독교가 뻗어나가는 중요한 원인이었다.

하르낙은 이중적 정체 의식이 "가장 효과적인 선교사"였다고 하며 "콘스탄틴 대제 시대에 기독교가 거둔 사회적, 정치적 성공의 주요요인이었다"고 했다. 이중적 정체 의식이란 지역공동체와 초지역적인 조직과의 결합을 말한다.6) 당시 초대교회는 전 세계에 흩어진 구성원들이 강하게

---

6) *Ibid.*

형제 자매라는 인식을 가졌고 이들은 한 아버지를 모신 자녀들이고 하나님의 백성, 하나님 나라의 시민이라는 의식을 가졌다. 로마의 체제 아래서 각각 다른 민족, 인종, 지역에 속했지만, 이와는 별도로 자신들이 하나님 나라의 시민이라는 공통의 정체 의식을 가질 수 있었고, 이는 정치적인 시민권과 충돌하지 않으면서 교묘하게 전 세계에 흩어진 사람들을 한 울타리로 모으는 정체의식을 부여했다.

한편 그리스도교의 메시지가 고대 세계에 성공적으로 전파된 원인에 대해서 닷즈(E. R. Dodds)는 네 가지 이유를 들었다.[7] 첫째는 그리스도의 배타성이 힘의 한 근원이었다고 본다. 수많은 제의들 가운데서 그리스도교는 다른 것들을 일소해 버리고, 하나의 유일한 선택으로 구원에 이르는 길을 분명하게 제시했다. 둘째는 역설적으로 그 길이 모든 사람에게 열려있는 것이었다. 셋째는 상속권을 박탈당한 사람들에게 또 다른 세상을 꿈꾸며 거기서 보다 나은 것을 상속받는다는 조건부 약속을 제시한 것이다. 넷째는 지금 여기서의 이익을 제공하였다. 그리스도교는 새로운 가족을 제공하였고 다른 종교들 보다 더 깊은 유대감과 공동체 생활을 제공했다. 그것은 이교적이고 개인화된 이방 사람들의 필요에 들어맞았고 매력적이었다.[8]

하르낙과 닷즈의 분석은 개인의 성향에 따라서 다르지만 각각의 분석에서 공통되는 점은 확실하게 초기 기독교가 가지는 매력의 포인트였을

---

7) E. R. Dodds, *pagan and Christian in an Age of Anxiety*, C.U.P., 1965, p.133.

8) Derek Tidball, *An Introduction to the Sociology of the N.T.*, 『신약성서 사회학 입문』 김재성 역, 한국신학연구소, 1993, p.102.

것이다.

바울 서신의 자료구분

진정한 바울 서신이라고 불리는 바울의 7개의 서신은 집필된 순서대로 데살로니가전서, 갈라디아서, 고린도전서, 빌립보서, 빌레몬서, 고린도후서, 로마서이다. 그 밖에는 제2 바울서신 또는 후대 바울서신이라고 부르는데 이 편지들은 바울의 사후에 그 사도의 이름과 권위를 빌려서 집필된 것으로 보인다. 그렇게 함으로써 사도 전통의 연속성을 확보하며 동시에 변화된 상황에서 새롭게 생겨나는 문제들을 해결할 때, 권위를 높이려는 목적이었다. 에베소서, 골로새서, 데살로니가 후서, 디모데전서, 디모데 후서, 디도서가 이에 속한다. 이중 디모데전서, 디모데 후서, 디도서는 목회자에게 주는 교훈으로 목회서신이라고 부르기도 한다. 목회서신은 공동체를 세우며 제도화하는 과정의 편지이다. 그리고 그중 빌립보서, 빌레몬서, 에베소서, 골로새서는 옥중서신이라고 부르기도 하지만 꼭 바울이 감옥에서 쓴 것은 아닐 수 있다.

이 책에서는 진정한 바울 서신을 중심으로 다루고 나머지 서신에 대해서는 이 시리즈의 최종 책인 다음 권에서 다룰 예정인데, 보그와 크로산은 노예제도, 가부장제도등, 당시 로마제국 신학이 당연시하는 위계질서를 바울의 서신들이 어떻게 반대했으며 대처했는가를 말한다. 사회적 문제에 대해서 진정한 바울 서신은 "급진적"이며, 골로새서와 에베소서의 후대 바울서신은 "보수적"으로 바뀌었고, 목회서신에서는 "반동적"으로 둔갑했다. 진정한 바울 서신 안에 있는 역사적 바울(historical Paul)이 신약성경 자체 안에서 바울이 죽은 후(post-Paul)에 가짜 바울(pseudo-Paul)이 되었

다가 안티 바울(anti-Paul)로 둔갑했다고 한다.9) 이를 표로 정리하면 다음과
같다.10)

	급진적인 바울	보수적인 바울	반동적인 바울
노예제도	빌레몬서	골 3:22-4:1 엡 6:5-9	딛 2:9
가부장제도	고전 7 롬 16	골 3:18-19 엡 5:22-33	딤전 2:8-15 고전 14:33b-36

그 밖의 서신은 공동서신 또는 일반서신이라고 부른다. 이 편지들은 어
느 특정한 공동체나 개인에게 보내는 것이 아니라 그리스도인들 전체를
대상으로 보내는 내용이기 때문이다. 야고보서, 베드로전서, 베드로후서,
요한일서, 요한이서, 요한삼서, 유다서의 7개 서신이 이에 속한다. 바울
서신은 바울이 보낸 서신을 받는 수신자의 이름을 붙였다. 로마서는 로
마의 그리스도인들에게, 고린도서는 고린도에 있는 교회에 보낸 편지다.
반면 공동서신의 이름은 발신자의 이름을 따랐다. 야고보서는 야고보가
보낸 편지이며, 베드로전후서는 베드로가 보낸 편지다. 그밖에 히브리서
는 별도로 분류한다.

진정한 바울 서신 중에서도 바울 자신의 자서전적인 진솔한 고백은 고
린도전서 15:10, 갈라디아서 1:15-16, 빌립보서 3:5-6등에 담겨있다.

바울의 연대기

바울의 회심은 주후 32(33)년에 이루어진 것으로 보인다. 그렇다면 첫

---

9) Marcus J. Borg & John Dominic Crossan, *The First Paul*, *op.cit.*, pp.45-46.

10) *Ibid.*, 81.

번째 예루살렘을 방문한 것은 35년 즈음이다. 두 번째 예루살렘 방문에서 바울은 사도들과의 회의를 통해서 이방인 크리스천들이 개종을 위해서 할례를 받지 않아도 된다는 합의를 이끌어냈다. 이를 위한 예루살렘 사도회의 참석(2차 방문)은 48년이며 사도행전에 15장에 자세한 내용이 기록되어 있다. 바울이 예루살렘에서 체포되어 로마로 압송된 것은 60년이며, 그가 로마에서 순교를 당한 것은 62년이다.

바울과 예수의 비교

예수는 목수(농부) 신분이었던 반면 바울은 명문 교육을 받고 로마의 시민권까지 가지고 있는 부유층이었다. 예수의 성장지는 팔레스타인 농촌이었으나 바울은 헬라(로마)의 대도시에서 성장하였다. 활동지도 예수는 갈릴리의 농촌지역인데 비해 바울은 도시에서 도시로 이동하면서 선교했다. 특별히 바울은 당시 각 지역의 수도 역할을 한 도시들을 거점으로 삼았다. 예수의 선교 대상은 농민이었지만 바울의 대상은 도시인들이었다. 바울이 없었다면 예수운동은 아무리 내용이 좋다고 하더라도 팔레스타인 시골의 한 농민들의 움직임으로 그쳤을 것이다. 그러나 바울에 의해 한 변방 시골에서 전개한 운동이 세계화되고 도시화하여 오늘 우리에게까지 전해질 수 있었다.

	예수	바울
신 분	목수(농부)	부유층
성장지	농촌(팔레스타인)	대도시(헬라)
활동지	갈릴리(半農半漁)	도시에서 도시로
대 상	농 민	도시거주자

바울에 대한 일반적인 비난들

한국교회는 바울이 신학적으로 절대적인 위치를 차지한다. 그러나 바울에 대한 비난도 만만치 않다. 바울은 갈릴리의 예수운동을 변질시켰고 구성원을 도시의 부유층으로 교체하였으며 무엇보다도 구체적인 삶의 변화와 회개를 촉구한 세례요한과 예수의 복음에 비해 행위를 중요하게 생각지 않고 믿음만으로 구원을 얻을 수 있다고 하며 믿음을 추상화했다는 비난을 하기도 한다.

그러나 바울은 그 시대에 생긴 여러 가지 변화들에 능동적으로 잘 대처한 것이다. 갈릴리 시골에서 발생한 예수운동을 당시 전 세계로 전개된 로마의 도시들에 전파하며 변화된 상황에 적응하려고 하였다.

예수 시대의 민중은 바울시대에 이르러는 도시로 집중했다. 농민들은 농촌이 붕괴되면서 도시노동인구로 이동했다. 따라서 예수의 추종자들도 도시로 이동했다. 하지만 예수의 제자 중 유일하게 배우고 학식을 갖춘 바울을 통해서 예수운동은 종교적이고 철학적인 깊이를 더했으며 대상을 다변화할 수 있었다.

기독교 인구로 본 바울 선교

가정(假定)한 통계[11]이긴 하지만 바울이 회심했을 즈음인 40년경에는 기독교인의 인구가 불과 천 명 정도에 지나지 않았다. 당시 로마제국 통치지역의 전 인구가 약 6천여만 명이었으니 매우 미미한 수준이라고 할

---

11) Rodney Stark, *Cities of god* 67 P. Rodney Stark는 미국의 사회학자인데 몇 가지 나타난 통계의 비율을 연속적으로 가정하여 잡은 통계이다.

수 있다. 이 가정 증가율을 적용하면 바울이 선교를 시작한지 한참 지난 50년에도 기독교 인구는 크게 늘지 않아 1,397명 정도에 불과하다. 바울이 죽고 한참이 지난 100년경에도 7,414명에 불과하게 된다. 그 후 150년이 지난 후인 서기 250년에 와서야 1,120,246명으로 갑자기 크게 늘어나 비로소 인구통계상 1.9% 라는 숫자가 된다. 그로부터 62년 후, 즉 로마가 밀라노 칙령으로 기독교를 공인하기 1년 전인 서기 312년 기독교 인구는 무려 8,904,032명, 전체 인구대비 14.8%로 기하급수적인 증가를 한다. 기독교가 공인된 지 불과 37년 후인 서기 350년이 되면 로마 제국 전체 인구의 52.9% 에 달하는 31,722,489명으로 폭발적인 증가를 이룬다. [12)]

기독교가 급속하게 기독인의 숫자를 늘린 것은 로마에 의해 공인되고 로마의 국교가 되면서 부터이다. 기독교는 로마에 의해 공인된 이후에 기하급수적으로 그 숫자가 증가해서 세계 종교가 되었다. 제국의 공인은 기독교의 질적인 타락을 가져왔지만 기독교가 오늘의 세계 종교로 성장하고 우리들에게 까지 전해진 것은 기독교의 제국화에 힘입은 것이다. 기독교의 신학과 조직, 체질 속에는 내재된 제국의 요소들이 깊게 착색되어 있다. 제국에 의해 희생되신 예수를 섬기는 종교가 제국화된 것이다.

바울 선교의 중심지

바울의 선교의 중심지는 안디옥이다. 그는 사도행전 15장의 사도회의 후에 독자적인 선교를 인정받고 안디옥을 중심지로 선교를 펼친다. 그가 안디옥을 중심으로 각 지방으로 선교 여행을 떠나 세계를 한 바퀴 돌아

---

12) 이 수치가 학자들이 주장하는 서기 350년의 기독교인구 최대치임, 따라서 초기 인구를 1000명보다 많이 잡을수록 바울 선교 당대의 기독교 인구 증가율은 낮아진다.

다시 안디옥으로 오면 제1차 선교여행이라고 하고 다시 한 바퀴 돌고 오면 제2차 선교여행이라고 한다. 그렇게 바울은 모두 세 차례의 선교여행을 하였다.

바울은 우선적으로 각 지방 수도에 교회를 설립하였다. 마케도니아 수도 데살로니가에, 아가야의 수도 고린도에, 소아시아 수도 에베소에 교회를 설립하였다. 바울은 전략적으로 수도를 공략함으로써 복음이 전 세계로 확산되기를 꿈꿨다. 바울이 전한 복음의 내용은 그리스도의 죽으심과 부활과 재림이 중심내용이다. 이를 초대교회가 전파한 설교의 핵심 내용으로 케리그마[13]라고 한다. 다음의 말씀에서 그 내용을 볼 수 있다.

> 그들은 우리를 두고 이야기합니다. 우리가 여러분을 찾아갔을 때에 어떠한 영접을 받았는지, 어떻게 해서 여러분이 우상을 버리고 하나님께로 돌아와서 살아 계시고 참되신 하나님을 섬기는지, 어떻게 해서 여러분이, 하나님께서 죽은 사람 가운데서 살리신 그분의 아들, 곧 장차 닥쳐 올 진노에서 우리를 건져 주실 예수께서, 하늘로부터 내려오시기를 기다리는지를, 퍼뜨리고 있습니다.(살전 1:9-10)

> 내가 전해 받은 중요한 것을, 여러분에게 전해 드렸습니다. 그것은 곧, 그리스도께서 성경대로 우리 죄를 위하여 죽으셨다는 것과, 무덤에 묻히셨다는 것과, 성경대로 사흘째 되는 날에 살아나셨다는 것과, 게바에게 나타나시고 다음에 열두

---

13) 케리그마(Kerygma, κήρυγμα, kêrugma)는 '설교'(눅 4:18-19, 롬 10:14, 마 3:1)라는 말의 신약성경에서 사용한 그리스어다. 이와 관련한 헬라어 동사 'κηρύσσω'(kērússō)는 문자적으로 '전달자로서 선포하다'라는 의미다. 성서학자들은 이 용어를 초대교회가 예수에 관해 전하는 구전 내용의 핵심이라고 한다.

제자에게 나타나셨다고 하는 것입니다. (고전 15:3-5)

다마스쿠스에서 일어난 바울의 변화

미리 살펴보기

1. 다음을 읽어보고 바울이 어떤 인물이었을까를 이야기해 봅시다.

   행 21:39, 빌 3:5-6, 갈 1:14, 행 22:3, 28, 행 16:37-39

2. 누가가 전하는 바울의 다마스쿠스의 이야기를 읽어보고 세 번의 이
   야기의 차이점들을 찾아봅시다.

   행 9:1-19, 22:6-21, 26:4-20

누가가 기록한 사도행전에는 바울의 회심에 대한 기록이 세 번 나온다. 그러나 자세히 보면 그 세 번의 기록에서 상당한 차이점들을 발견할 수 있다. 하지만 바울의 이 기록은 바울이 예수와 대면하는 유일한 경험이며 바울 자신이 사도권을 주장하는 근거이기에 매우 중요하다.

바울은 예수의 적대자로 등장했다. 그는 예루살렘에 거주하는 크리스천을 박멸할 목적으로 대제사장의 명령을 가지고 다마스쿠스(다메섹)로 간다. 다마스쿠스에 숨어있는 크리스천들을 잡아서 예루살렘으로 끌고 오기 위해서다. 바로 다마스쿠스를 향해 가는 길에서 바울은 예수와 만난

다. 여기서 이루어진 바울의 회심은 과거의 잘못에 대한 회심이 아니다. 바울은 자신의 과거를 결코 나쁜 행위로 보지 않는다. 빌립보서 3:4-8, 11절에 자서전적 고백에 의하면 바울은 "열성으로는 교회를 박해한 사람"이라고 한다. 그러기에 바울의 회심은 단순히 지난날을 후회하는 것은 아니다.

바울의 회심은 단순한 종교적 개종사건 즉 신의 존재, 경외심, 종교심을 갖게 된 사건이 아니다. 그렇다고 바울이 회심을 통해서 새로운 가치체계나 사상적 선택을 한 것도 아니다. 그렇다면 바울은 무엇을 회심했는가, 그것은 가슴 속 심리현상인가, 머릿속 이해작용인가, 의지의 결단인가, 사람의 방향전환인가, 새로운 사상의 수용인가?

세 번의 다마스쿠스 경험의 진술은 하나님 아들의 나타나심과 현현사건에 대해 보도한다. 이런 현현은 베드로, 야고보와 제자들 심지어 500여 성도들에게 동시에 나타났고 마지막으로 바울 자신에게 나타났다고 한다. 바울은 이를 근거로 자신의 사도권을 주장한다. 여기에 나타나는 희랍어 동사 보다(오라오 ορaω)는 히브리 동사 보다(라아)는 뜻의 단순과거 수동태 형태인 오프쎄(ωφθη)로 쓰였다. 이 표현은 창세기 46:29에서 이집트의 대신이 된 요셉이 가뭄으로 식량을 구하러왔던 아버지에게 나타날 때, 출애굽기 10:29에 하나님께서 모세 앞에 나타날 때, 또는 사람이 하나님 앞에 나타날 때, 일 년에 몇 번 하나님께서 제사장 앞에 나타날 때 쓰인다. 즉, "역사적이고 결정적인 시간에 하나님의 현존이 나타날 때 쓰이는 동사"이다.[14]

---

14) 김창락, 『다마스쿠스 사건-무슨 일이 일어났는가?』 다산글방, 2002, pp.89-104.

바울은 예수 생전에는 한 번도 예수를 만나지 못했지만 그는 이방인의 사도로 부르심 받았다고 한다. 사도행전은 바울이 언급되기 훨씬 이전, 사도행전이 시작되는 마가의 다락방 사건(행 2:9-11)에서 이미 이방인들이 등장한다. 여기 나타나는 이방인 목록은 당시의 모든 세계가 다 포함되었다. 이것은 단순히 외국에 흩어진 유대인들이 절기를 맞아 예루살렘에 들린 것을 말하지 않는다. 목록 중에 유대인도 포함되는 것은 절기 순례와는 상관없는 이방인들도 그 다락방에 모였다는 설정으로 이미 사도행전이 가진 세계선교에 대한 방향과 비전(vision)을 축약한다고 보아야 한다.

새로운 소명의 사건

다마스쿠스에 일어난 사건을 '회개'(잘못을 뉘우치고 고치는 일)나 '회심'(마음을 돌려먹음)이라고 한다면 바울에게 일어난 다마스쿠스 사건을 오직 바울의 마음속에서 일어난 일로 보는 것이다. 마치 X광선으로 폐의 구석구석을 투시해 보듯이 마음속에서 일어난 변화에만 초점을 맞추는 것이다. 마음의 변화 없이 삶의 변화가 일어날 수 없지만 삶의 변화가 없는 마음의 변화는 허구이다. 내면의 변화는 삶의 변화와 분리되지 않는다. 그러니 이를 회개나 회심이라고 부르는 것은 다마스쿠스의 사건을 단지 개인의 내면의 변화로 왜곡할 우려가 있다.

다마스쿠스에서 일어난 일은 바울의 새로운 소명의 사건이다. 그것으로 단지 바울이 박해를 중단한 것이 아니라 새로운 삶이 시작되었다. 자신이 박멸하려고 애쓰던 그 일을 적극적으로 전개하는 운동에 투신한 계기였다.(갈 1:23) 이러한 변화는 그가 서 있던 사회적 자리를 바꾼 것을 뜻한다. 즉 바울은 사회적 강자인 기득권층의 처지에서 사회적 약자의 자리로 옮긴 것이다. 바울은 단지 사회적 자리를 옮긴 것에서 넘어서서 자기가 속해 있던 진영을 향해 진격하는 공격대의 최고사령관이 되었다. 바울의 사회적 자리바꿈은 그의 투쟁의 전선(戰線) 바꿈이었다. 바울의 이러한 변신을 잘 표현해 주는 적절한 용어가 없다. 억지로 찾아내자면 삶의 방향전환이라는 의미로 전향(轉向)이라는 용어를 사용할 수 있을 것이다.[15]

바울은 크리스천을 박멸하려했던 자신의 편협성을 깬다. 이것은 미래에 대한 회심이며, 새로운 실천 앞에 자신을 내놓는 것이다. 기득권층, 지식인, 유대인이었던 바울의 '자신의 포기'가 일어난 사건이 다마스커스의 회심사건이다. 우리 주변에서 자기포기는 다양한 실천으로 나타난다. 경제, 정치, 문화, 예술 모든 면에서 "나 중심의 삶을 변화시키는 전향"이 일어나는 것이다.

예를 들면 1992년에 관료사회의 비리를 고백한 한준수 군수의 고백과 1990년 기무사의 민간인 사찰 목록을 들고 나와서 양심선언을 했던 윤석양 일병, 1992년 총선 당시 군부대에서 자행되었던 부정 선거를 고발한 이지문 씨, 2016년에 현대차 부품 결함 은폐를 폭로한 김광호 부장 등은 관료사회, 군대와 기업에 만연해 있던 부정과 비리를 세상에 알리는 결정적 역할을 했다. 이런 사례는 자기 회심이 일어난 대표적인 사건이다.

다마스커스 경험의 신학적 의미

다마스쿠스에서 일어난 사건은 함께 사는 사회를 위한 개인적 변화들, 그것을 회심이라 부르든지 전향이라고 부르든지 이러한 개인적 변화들

---

15) *Ibid.*, pp. 110-114.

은 사회적 변화를 가져오고 우리를 새 하늘과 새 땅으로 인도한다.

바울의 전향 경험은 신학적으로 의미가 크다. 그 첫째 의미는 계시 경험의 변화이다. 계시가 어떤 객관적 증거에 의거하기 보다는 내면의 결단에 의해서 그리스도를 만나고 인식하는 것으로 확장되었다. 두 번째는 사도의 범주를 확장한다. 예수와 동시대의 경험을 가졌던 제자들에 한정되었던 사도권은 다음 세대에 오는 모든 사람들에게 개방한다는 중요한 의미가 있다.

적어도 바울의 회심은 새로운 종교를 받아들이는 회심은 아니다. 그는 누구보다도 철저한 유대교 신자였다. 그는 유대교를 위해 그리스도인들을 박멸할 계획을 세웠으나 다메섹에서 예수를 만난 후에 그의 방향을 전환한다. 그렇다고 바울의 다메섹 결단이 또 다른 종교, 그리스도교를 새롭게 창건한 출발점이었다고도 생각하지 않는다. 한 유대교 종교인이었고 누구보다 그 종교에 열심이었던 바울은 이제 종교의 울타리를 벗어나와 모든 율법의 핵심을 사랑으로 선포한 우주적인 큰 '사랑'의 신도가 되기로 한 것이다. 자신이 매달렸던 종교의 틀을 벗어나 종교, 민족, 인종, 성, 신분, 지역을 뛰어넘어 모두를 한 자녀로, 한 가족으로 보는 사랑의 품으로 안긴 것이다.

이방 선교의 최대 쟁점 : 할례

이방인의 사도라는 의미는 단순히 그들을 대상으로 하는 것이 아니고, 이방인에게 할례를 요구하느냐, 아니냐가 쟁점이다. 사도행전 15장의 예루살렘 회의에서 예루살렘 교회와 이방인 교회가 담판을 짓는다.

오순절 후 제자들은 성전에서 말씀을 전했다.^(행 3-4장) 그러다가 사울의 박해로 예루살렘 교회의 교인들은 눈물바다가 되었고 크게 절망하면서 사마리아로 쫓겨 도망갔다. 그런데 그것이 이방 선교의 계기가 되는 첫걸음이었다. 쫓겨난 빌립이 사마리아성에 복음을 전한 것이 첫 번째 이방인 선교였다.(행 8:1-8)

그리고 빌립이 남쪽으로 내려가다가 에디오피아의 여왕 간다게의 내시, 왕의 관직을 맡은 대신을 만나 세례를 준다.(행 8:26-40) 그런데 왜 하필 내시인가? 이것은 크리스천이 되는 조건으로 세례 외에도 할례를 요구하는 예루살렘 교회를 중심한 사도들의 요구에 문제를 제기하는 것이다. 만약 크리스천이 되는 조건으로 유대 전통의 할례의식이 포함되었다면 아마 인류의 반(여성)이 크리스천이 될 수 있는 기회는 없었을 것이다. 사도행전의 저자인 누가는 내시의 세례문제를 내세워서 아직 유대교의 풍습에서 벗어나지 못하고 있는 성기의 표식이 어떻게 구원의 표식이 되겠는가를 묻고 있다. 내시의 세례문제는 나아가 이방인과 여성의 세례로 확대되는 논리 전개를 위해 매우 중요한 디딤돌이다.

바울은 "앞으로는 아무도 나를 괴롭히지 마십시오. 내 몸에는 예수의 낙인이 찍혀있습니다."(갈 6:17)고 말한다. 여기서 낙인(표준새번역, 공동번역), 또는 흔적(개역)은 희랍어 스티그마(στιγμα, stigma)이다. 할례를 주장하며 육체의 보이는 모양으로 예수를 따르는 흔적으로 삼는 것에 대해 바울은 "겉치레만 일삼는 사람들이 할례를 강요하고 있는 것은 오직 그리스도의 십자가 때문에 받는 박해를 면하려고"(갈 6:12) 하는 것이라고 갈파한다. 예수를 따르는 흔적은 단순한 육체에 보이는 표식에만 머물 것이 아니라 우리가 평생 예수를 따라가는 삶의 흔적을 말한다.

사도행전은 11장까지는 베드로가 주인공이이지만 그 이후는 주인공은 바울로 바뀐다. 그 사이에 베드로가 본 환상이 연결 역할을 한다. 베드로가 본 환상은 이방 선교가 당연한 하나님의 명령이었으며, 당대에 기독교 선교의 두개의 축이었던 이방인과 유대인 선교가 서로 협력하는 가운데 이루어졌다는 것을 말한다. 이방인 선교가 예루살렘 교회의 승인아래서 이루어 졌다는 것을 강조하고 두 선교 세력 간의 통일성을 강조하려는 의도다.

　당시 쟁점은 이방인 개종시 할례 문제 뿐 아니라, 율법과 안식일에 관해서도 바울은 유대인의 관습을 넘어서는 것이 복음이라고 강조한다. 이 것이 이방인을 아무런 차별 없이 맞이하려고 바울이 전개한 용감한 싸움이었다. 바울은 여기에서 더 나아가 십자가를 헬라인과 유대인의 차별 철폐로 이해했고 이를 남과 여, 자유인과 종의 차별 철폐로 이해했다.

함께 생각나누기 »

* 유대교의 선교전략과 기독교의 선교에 대해서 이야기해봅시다.

* 바울에게 가해지는 비판과 바울이 세운 공헌에 대해서 이야기 해봅시다.

* 사도들을 중심한 유대계 기독교인과 바울을 중심한 이방인 기독교와의 차이점은 무엇입니까?

* 바울이 다마스쿠스 언덕에서 예수를 만나면서 그에게 어떠한 변화가 일어났는지 이야기 합시다.

* 각자 우리들의 삶에서 일어났던 중대한 변화에 대한 경험을 나누어 봅시다.

우리의 발걸음을 인도하시는 분

계획은 사람이 세우지만, 결정은 주께서 하신다. 사람의 행위는 자기 눈에는 모두 깨끗하게 보이나, 주께서는 속마음을 꿰뚫어 보신다. 네가 하는 일을 주께 맡기면, 계획하는 일이 이루어질 것이다. 주께서는 모든 것을 그 쓰임에 알맞게 만드셨으니, 악인은 재앙의 날에 쓰일 것이다. 주께서는 마음이 거만한 모든 사람을 역겨워하시니, 그들은 틀림없이 벌을 받을 것이다. 사람이 어질고 진실하게 살면 죄를 용서받고, 주님을 경외하면 재앙을 피할 수 있다. 사람의 행실이 주님을 기쁘시게 하면, 그의 원수라도 그와 화목하게 하여 주신다. 의롭게 살며 적게 버는 것이, 불의하게 살며 많이 버는 것보다 낫다. 사람이 마음으로 자기의 앞길을 계획하지만, 그 발걸음을 인도하시는 분은 주님이시다.(잠 16:1-9)

일이 자기 뜻대로 되지 않을 때 우리는 조급한 마음으로 실망하기 쉽다. 그러나 우리 마음과 같지는 않을 지라도 그 안에 숨겨있는 하나님의 뜻이 있는가를 믿음의 눈으로 살펴보아야 한다. 우리가 미처 깨닫지 못한 주님의 인도하심을 새롭게 찾아내는 것이 신앙의 길이다. 멀리 보게 되면 그 또한 주님의 계획 가운데 있음을 삶의 경험을 통해서 느낀다.

우리 앞에 무슨 일이 벌어질지는 아무도 모른다. 위협적 상황이 널려 있는 현실 속에서 누구든 내일 자신의 행복이 보장되는 것들을 손에 쥐고 싶어 한다. 그러나 우리가 편안하다고 생각하는 것들이 그렇지 않을 수 있다. 하나님은 우리가 마음의 닻을 내릴 곳이 그곳이 아니라고 일러주신다. 내일 어찌 될지 몰라도 오늘 우리가 오직 신뢰할 분은 단지 하나님뿐이라고, 그분 외에는 아무것도 그 자리에 놓지 말라고 요구하신다.

물은 99도 까지 온도가 올라가도록 아무 변화가 없다. 그러나 마지막 1도가 채워져 100도가 되면 전혀 질이 다른 수증기로 변하기 시작한다. 그 마지막 1도가 차기까지, 99도에 이르기까지 꾸준히, 멈춤 없이 요구되는 것은 기다림이고 믿음이다.

성서의 인물들은 다 역전 드라마를 보여준 사람들이다. 처음부터 잘 나가고 잘 풀린 사람들이 아니다. 아마 처음부터 잘 나간 사람들이라면 그들이 하나님을 찾지도 않았고 결코 믿음의 본을 보여줄 만한 사람들도 아니었을 것이다. 아브라함, 야곱, 요셉 등은 다 마지막에 뒤집은 사람들이다. 그들에게 결과가 나타나기 전 까지는 보이지 않는 것들을 바라고 믿으며 살아간 삶이 있었을 뿐이다.

천상(天上)에서 이루어진 대화의 한 토막이다. 하나님이 세상에 외출하고 온 천사에게 물었다.

"외출을 마치고 돌아온 소감을 말해 보거라."
"별로 즐겁지 못했습니다. 그저 지긋지긋하기만 했습니다."
"왜 즐기지 못했느냐?"
"누릴 만한 것이 거의 없었습니다."
"네가 외출했을 때, 나는 이미 네가 누릴 만한 모든 것을 선물로 주었다."
"정말입니까? 그런데 왜 저는 아무 것도 누리지 못했을까요?"
"네가 눈을 뜨지 못했기 때문이지."

"저는 항상 눈을 뜨고 보았는데요?"

"아니지, 너의 눈은 네게 주어진 선물에 가 있었던 것이 아니라, 너에게 없는 것에만 가 있었거든."

"그러면 제게 주어진 그것이 잔칫상이었단 말입니까?"

"그렇지. 네가 삶을 누리지 못하고 지루함만을 느꼈던 것은, 네가 잔칫상을 받고도 그것이 잔칫상임을 깨닫지 못했기 때문이야."

시인은 평범한 자연에서, 일상에서 우리들의 마음이 움직이는 말들을 찾아낸다. 마치 숨은 그림 찾기와 같이 볼 것, 말할 것을 찾아낸다. 우리 신앙인들의 삶이란 숨어있는 하나님의 은총을 찾는 것이다. 예수님도 마찬가지셨다. 돈 많고 권력 있는 사람이 드러나는 것은 어느 시대건 마찬가지이나, 이천 년 전 예수님은 누구나 다 기피하고 싶은 사람들, 힘없고 가난하고 병든 사람들을 찾아내어 그들의 아픔과 공감하시고 그들이야말로 하나님 나라의 주인이라고 말씀하셨다. 일상의 쳇바퀴 속에서 영의 눈을 떠 보잘 것 없는 것에서 의미를 발견하는 것, 그것이 참된 신앙 살이요, 삶의 지혜 아니겠는가?

제가 학생 때, 금지 도서인 김형욱 회고록을 보았다. 김형욱은 박정희 때 국정원 전신인 중앙정보부장을 했던 인물로, 무슨 일로 박정희의 눈밖에 나서 외국을 떠돌다가 프랑스에서 흔적도 없이 사라진 인물이다. 그가 회고록 하나를 남겼는데 우연히 그 책에서 아주 가까운 곳에 계신 스승의 흔적을 발견했다. 저의 지도교수였던 김찬국 교수의 이야기였다.

유신 때 탱크가 학교에 들어오고 착검한 총을 허리에 찬 군인들이 교내에 늘어서 있는 때였다. 김찬국 교수는 학생회관에 군인들이 들어 올 때 유일하게 탱크 앞에 나가 "이런 것이 학교로 들어와서는 안 된다."며 "탱크를 몰고 나가라"고 소리쳤다. 김형욱은 당시 중앙정보부장이지만 전국에서 유일하게 탱크에 맞서 저항한 김찬국교수야 말로 참교수라는 의미로 이 에피소드를 기록했다. 적을 통해 듣는 진실이었다.

김찬국교수는 당시 박정희의 조작 간첩사건인 민청학련 사건과 연루되어 감옥살이를 하셨다. 당시 미국 유학은 지금 보다 매우 힘든 조건이었다. 사모님이 보따리 장사를 해가며 학비를 대었고, 미국서 고생하며 공부하고 와서 그렇게 바라던 모교 교수가 되었는데 감옥살이가 그 결과로 주어졌다.

그는 너무나 억울해서 견딜 수 없었다고 한다. 나는 공부한 것을 한번 나누지도 못하고 이대로 사람들에게 잊혀지는가? 식음을 전폐하고 절망하는 가운데, 감옥에 수감된 학생들이 통방을 통해 연락을 전해왔다. 그들도 같은 절망감과 두려움을 가지고 있었고, 잡범들로 수감된 사람들도 나름의 인생에 대한 무게들로 고민하며 상담을 요청했다. 교수님이 큰 절망감에 쌓여 있던 어느날 문득 '하나님께서 나를 여기 아무도 돌보지 않는 감옥으로 파송하셨다.'는 생각이 무슨 음성이 들려오듯 가슴을 울렸다. 그는 무릎을 꿇고 눈물을 흘리며 그 안에서 다시 기운을 차렸다. 기회가 있는 대로 주변 사람들을 상담하고 위해서 기도하는 것을 소명으로 여겼다. 그는 감옥 안에서 더욱 바쁘게 활동하셨고 몸과 마음에 다시 생기가 돌게 되었다.

출옥 후 학교에 출옥환영회를 가졌는데 교수님께서는 "신학을 하고 목회한다는 것은 '의미화'하는 것이다"고 말씀하셨다. 절망 가운데 있는 이들과 함께하고 그들이 자기 삶에서 새로운 의미를 발견하게 돕는 역할이 목회라고 하셨다. 그는 출옥 후에도 일생 감옥에 성경 책 보내기 운동을 전개하셨다.

우리들이 계획을 세우고 목표를 이루어 보려고 하지만, 뜻대로 이루어지지 않더라도 좌절할 필요는 없다. 보다 넓은 시선으로 하나님께서 우리에게 베풀어주신 잔치상을 보아야 한다. 우리의 발걸음을 인도하시는 그분의 넉넉한 품이 보일 것이다. 나에게 전개되는 삶은 나를 곤경에 빠뜨리고 나를 실망시키기 위한 것들이 아니다. 그 안에는 놀라운 하나님의 계획이 숨어 있고, 그 분의 인도하심이 들어 있다. 그것을 발견할 때, 우리는 삶의 의미를 찾고 새로운 힘을 얻을 것이다. 우리는 그 길을 뚜벅뚜벅 가면 된다. 그렇게 하는 사람은 바로 자기의 삶이 잔칫상이었음을 알게 될 것이다.

새해를 맞이하면서 중대재해처벌법이 만신창이가 된 채 제정되었다. 목숨을 잃은 김용균씨 부모님을 비롯해서 예수살기의 양재성 목사 등 수많은 사람들이 단식과 동조단식에 참여했다. 성주에서도, 각 노동 현장에서도 이 혹한의 겨울을 외롭게 투쟁하는 이들이 있다. 촛불 혁명으로 새 정부가 들어서면 뭐 좀 나아지려니 기대를 했지만 혹시나 하는 기대는 실망으로 바뀌고 있다. 하지만 혹한 속에서도 외로운 투쟁의 길을 가고 있는 분들의 예언자적 외침은 지금 분명 이 역사의 새 길을 내고 있는 것이다.

중국의 사상가 루쉰(魯迅)의 글로 마친다.

희망이란 본래 있다고도 할 수 없고, 없다고도 할 수 없다. 그것은 땅위의 길과 같다. 본래 땅위에는 길이 없었다. 걸어가는 사람이 많아지면 그것은 곧 길이 되는 것이다.

» 강남향린교회 새해맞이 설교

4

그리스도 안에[1]

복음은 단지 예수가 역사적으로 훌륭한 일을 하신 분이라는 것을 인정하는 것에 그치지 않는다. 복음은 내가 그리스도와 새로운 관계 안으로 들어가는 것을 말한다. 바울에게 그리스도 안에(엔 그리스도)의 신학은 이런 관계 설정의 원리를 보여준다. 바울은 다마스쿠스(다메섹)의 경험 이후 철저하게 '자기 자신은 죽고 그리스도 안에 사는 사람'으로 새 삶의 길을 걸어갔다.

나와 그리스도의 관계

역사적인 예수가 아무리 훌륭해도 그분과 나와의 관계가 설정되지 않으면 아무 소용이 없다. 단지 예수를 감상하고 "좋은 분이네"하고 끝난다면 예수를 안다는 것이 허무한 지식에 불과할 것이다. 그런 의미에서 역

---

1) 이 장은 바울의 신학의 핵심인 "그리스도 안에"(엔 그리스도)의 신학에 대해서 다루며 이론적인 설명보다는 자기를 성찰하는 수련(피정)의 프로그램으로 만들었다. 필자가 목회하던 교회에서 사흘간의 수련회 프로그램으로 사용하였는데, 개인이 사흘정도의 묵언수행(默言修行)으로 가져도 좋다.

사적인 예수의 모습, 예수상에 대한 연구는 우리가 예수를 주님으로 고백하고 나와 그리스도와의 신앙적인 관계를 전제할 때라야 의미 있다.

그러므로 바울은 역사적 예수가 누구인지를 밝히고 파고 들어가는 것보다 지금 현존하는 우리가 예수와 어떤 관계를 맺는가에 초점을 맞추었다. 그는 예수의 십자가에 대해 고백한다.

> 나는 그리스도와 함께 십자가에 못박혔습니다. 이제 살고 있는 것은 내가 아닙니다. 그리스도께서 내 안에서 살고 계십니다. 내가 지금 육신 안에서 살고 있는 삶은 나를 사랑하셔서 나를 위하여 자기 몸을 내어주신 하나님의 아들을 믿는 믿음 안에서 살아가는 것입니다.(갈 2:20)

이 고백을 통해서 예수의 역사적 십자가가 내면적이고 신앙적인 자기 혁신의 십자가가 된다. 예수께서 행하신 역사적 사건이 바울의 고백을 통해서 시간과 공간적으로 멀리 떨어져 있더라도 그 사람을 예수의 삶과 실천 가운데로 가져온다. 그런 의미에서 이 바울의 고백은 역사적 예수를 종교화하고 신앙화할 수 있는 중요업적이다.

예수는 십자가에서 처형되었지만, 바울은 그렇지 않았다. 그 은유적인 의미, 문자적인 의미 이상의 뜻은 분명하다. 바울은 내면적인 십자가처형, 내적인 죽음을 경험했다는 뜻이다. 이것은 "정체성의 이식"(identity transplant)로 "그리스도 안에서" 새로운 정체성으로 대체된 것이다. 이것은 현대 의학의 심장 이식과 같다. 이 수술을 통해 옛 심장이 새로운 심장으

로 대체된다.[2]

그리스도 안에(엔 그리스도)

"그리스도 안에"($\varepsilon\nu$ $X\rho\iota\sigma\tau o s$)는 바울에게 있어서 가장 핵심적인 주제이다. 이것은 신약성서에 92회, 진정한 바울 서신에 55회, 제2바울서신에 32회, 공동서신에 5회가 나타난다. 그리고 그 동의어로 "성령 안에서"라는 말도 15회 이상 사용하고 있다.

케제만은 엔 그리스도를 '그리스도의 몸 안에', '교회 안에'로 이해했다. 부쉘(Buchsel)와 부띠에(Bouttier)는 그리스도 안에(en Christos)를 그리스도를 통하여(dia Christos) 구원을 얻는다는 것으로 이해했다. 고펠트는 en을 원인과 수단으로 이해했다. 세례를 받고 믿음의 공도에 안으로 들어온 사람, 그리스도로 말미암아 삶이 결정된 사람을 의미한다고 했다.

그리스도는 끊임없이 우리 안에서 우리들의 자기(The Self)가 되신다. 이런 집단적인 그리스도를 각자 개개인은 한사람 안에 내주하는 그리스도(indwelling of Christ)로 경험한다.[3]

이것은 새것이 되는 체험, 새사람을 입고 거듭나는 체험을 말한다. 이러한 체험은 크리스천의 모든 실천에 앞선다. 이러한 체험이 없을 때 그리스도를 따르는 삶의 실천은 윤리적인 속박일 뿐이다. 나 자신과 예수와의 관계가 설정되지 않은 상태에서 예수가 아무리 훌륭한 분이라도 나하고는 관계가 없다. "아 그분 참 훌륭한 분이네 하고, 지나가는 길목에

---

2) Marcus J. Borg & John Dominic Crossan, *The First Paul*, op.cit., pp.186-187.

3) Walter Wink, The Human Being: *Jesus and the Enigma of the Son of the Man*, 『참사람』 한성수 역, 한국기독교연구소, 2014, 431.

잘된 그림 하나를 감상하듯이 지나칠 뿐이다. 아, 그분 안중근 의사나 안창호 선생 같이 훌륭한 분이라며 머리로 인식할 뿐, 내 삶과는 별 상관없는 존재가 된다. 더욱이 예수 시대와는 까마득한 공간, 시간적 간격을 가지고 있는 우리에게 예수는 낯 설고 머나 먼 존재일 뿐이다. 하지만 바울의 엔 그리스도는 우리 자신을 예수 안의 존재로 받아들이는 이론적 근거를 마련하고 우리들 자신이 그분의 삶 속으로 들어가기를, 그런 결단을 하도록 촉구한다.

그리스도께서 이끄시는 대로

갈라디아서 2장 20절이 말하는 이 체험은 무엇일까? 바울이 다마스쿠스 언덕에서 맞이했던 극적인 전환과 변화를 뜻한다. 바울은 언덕을 올라갈 때는 모든 크리스천을 잡아서 넘기겠다는 신념에 가득차서 다마스쿠스로 갔다. 그러나 그 언덕 위에서 예수를 만난 바울은 눈이 보이지 않게 되었다. 그가 언덕을 올라갈 때는 자신이 사람들을 이끌고 올라갔지만, 언덕을 내려올 때는 주변의 사람들이 이끄는 대로 한 걸음 한 걸음을 옮길 수밖에 없었다. 신념이 가득하고 의기에 넘쳤던 바울을 하나님께서는 사로잡으셨다. 그 언덕 위에서 바울은 하나님께 체포되었다. 그는 하나님의 강제에 의해서 자신의 의지를 내려놓을 수밖에 없었다. 그 이후 바울은 전적으로 자신의 의지를 내려놓고 주변에 의해 이끌려 언덕을 내려왔듯이 평생 자신은 죽은 것으로 여기고 한 걸음 한 걸음 그분의 음성을 청종하면서 그리스도께 자신의 삶을 인도받았다.

루스드라에서 생긴 일

바울의 이런 삶의 한 모습을 사도행전 14장 루스드라에서 겪은 일 가운데서 볼 수 있다. 바울이 다리를 쓰지 못하고 앉아있는 장애인을 고치자 사람들은 하늘에서 신이 내려왔다며 바울을 위해 제사를 지내고 신으로 모시려고 한다. 바울은 이를 극구 만류했지만 이를 본 유대인들은 오해를 했다. 바울 자신이 신처럼 대우받기를 자처한 것으로 알고 바울을 돌로 쳤다. 결국 바울이 피를 흘리며 쓰러지고, 유대인들은 바울이 죽은 줄 알고 성 밖에 있는 쓰레기장에 내다 버렸다. 어처구니없는 일을 당한 바울의 제자들이 그를 둘러싸고 애도하고 있을 때, 바울은 깨어났다. 그가 다시 기력을 회복하고 일어난 것이다. 이 일에 대해 사도행전은 "그는 일어나 다시 성 안으로 들어갔다"(14:20)고 담담하게 전한다. 죽은 것으로 알고 쓰레기장에 내다 버렸던 사람이 다시 깨어난 것도 기적이지만, 바울이 자신을 해하려 했던 사람들이 득실거리는 성안으로 다시 들어갔다는 것은 더 놀라운 기적이다. 죽다가 깨어나 정신을 차리자마자 그는 자신의 몸을 추스를 여유도 갖지 않은 채, '다시 그 성안으로 들어갔다'고 한다. 아무런 감정이 담기지 않은 이 담백한 보고 앞에 우리는 얼어붙을 수밖에 없다. 그야 말로 바울은 자기 자신을 눈곱만큼도 돌보지 않았다. 순간 순간 "나는 그리스도와 함께 죽었고 지금 내가 사는 것은 그리스도께서 내 안에 사신 것이라"는 자신의 고백에 충실하게 살았다.

자신에 대한 사형선고

바울의 생을 지배하는 행동원칙은 "자기 자신은 죽었다. 자연인, 옛사람 아무 아무개는 예수와 함께 십자가에 못 박혀 죽었다."는 것이었다. 바울은 이를 철저하게 인식하며 살아갔다. 사람들이 머리로 느끼고 감동하여 마음이 움직였다고 하더라도 그것이 삶의 실천으로 바뀌는 것은 또 다른 일이다. 몸의 훈련이 되어 있지 않으면 백번 동의하고 감동하더라도 그의 행동은 매일 그 자리일 뿐이다. 목회를 하면서 자주 느끼는 좌절이기도 하다. 설교로 과연 사람이 변화될까? 말로 사람이 바뀌는 것은 어렵다. 말 보다는 가슴이 움직여야 하고, 가슴 보다는 행동이 변화되어야 하는데 누가 억지로 변화시킬 수는 없다. 그야말로 하나님께서 그를 사로잡아 주셔야 가능하다. 그러니 단지 변화의 대상을 놓고 간절히 기도할 뿐이다. 설교를 듣고 마음이 움직이는 것은 잠시 그의 마음이 동했고 눈시울이 뜨거워졌을 뿐이다.

그러나 바울은 자기 자신에 대한 사형선고를 내려놓고 살았다. 그는 자기 자신을 파헤쳐서 자신과 관계 맺고 있는 모든 것을 내어던졌다. 자연인 아무아무개가 존재의 변화를 가져오는 것은 하나님의 은총에 의한 것이다. 이러한 존재의 변화는 인식의 변화를 가져오고, 그 다음 감정의 변화를 수반하며, 마지막에는 삶의 실천의 변화가 뒤따르게 된다. 자신의 변화가 몸의 실천으로 나타나는 것이 그의 변화, 회심의 최종 종착역이다. 루스드라에서의 사건은 철저하게 그리스도 안에서 살아가는 바울의 한 모습이다.

그리스도 안에 자기 살피기

그리스도 안에 살아가기로 한 나의 삶을 성찰(피정)한다면 그 원리는 그리스도 안의 삶, 엔 그리스도의 삶이 기준이다. 나 자신은 나의 과거에 대해서 스스로 어떻게 평가하는가, 내가 세운 미래의 계획들은 어떻게 그리스도 안에서 거룩함을 입겠는가, 나의 하루, 하루 반복되는 일과들을 주관하는 것은 나 자신인가, 그리스도인가, 그리스도가 주관하는 삶으로 변화될 때, 나의 일상에는 어떤 변화가 올 것인가를 성찰해 보자. 자기를 살피는 성찰(피정)의 기준은 자기네가 만든 척도와 표준으로는 기준을 삼을 수 없다.

> 우리는, 자기를 내세우는 사람들 축에 스스로를 끼어 넣거나, 그들과 견주어 보려고 하지 않습니다. 그러나 그들은, 자기네가 만든 척도로 자기네 스스로를 재고, 자기네가 세운 표준에다가 자기네 스스로를 견주어 보고 있으니, 어리석기 짝이 없습니다.(고후 10:12)

나 자신을 파헤쳐서 내가 관계하고 있던 모든 것을 벗어던지는 성찰을 위해 조용한 시간과 조용한 장소, 그리고 적어도 사흘 이상의 여유 시간을 만들어 보자. 첫째 날은 내가 가진 부정적인 요소에 대해서 둘째 날은 내가 가진 장점에 대해서 셋째 날은 자신의 과거, 현재, 미래에 대해서 성찰하여 나 자신과 관계 하고 있는 모든 것을 벗어던져서 온전히 내 안에 그리스도께서 충만해 질 수 있도록 하는 성찰이다.

나의 부정적인 요소에 대하여

첫째 날의 수련으로, 우리의 존재와 걸맞지 않는 악행, 나쁜 습관, 교만 등등 내 안에 있는 모든 부정적인 요소를 성찰하고 미세한 부분까지 살피고 적어가며 그로부터 벗어나기를 결단하고 기도한다.

이와 같이 여러분도, 여러분 스스로가 죄에 대하여는 죽은 사람이요, 하나님께 대하여는 그리스도 예수 안에서 살아 있는 사람이라는 것을 알아야 합니다. 그러므로 죄가 여러분의 죽을 몸을 지배하지 못하게 해서, 여러분이 몸의 정욕에 굴복하는 일이 없도록 하십시오. 그러므로 여러분은 여러분의 지체를 죄에 내맡겨서 불의의 연장이 되게 하지 마십시오. 오히려 여러분은 죽은 사람들 가운데서 살아난 사람답게, 여러분을 하나님께 바치고, 여러분의 지체를 의의 연장으로 하나님께 바치십시오. 여러분은 율법 아래 있지 않고, 은혜 아래 있으므로, 죄가 여러분을 다스릴 수 없을 것입니다.(롬 6:11-14)

예수는 우리의 범죄 때문에 죽임을 당하시고, 또한 우리를 의롭게 하시려고 살아 나셨습니다.(롬 4:25)

우리가 아직 약할 때에, 그리스도께서 때를 맞추어서, 경건하지 못한 사람을 위하여 이미 죽으셨습니다. 의로운 사람을 위해서라도 죽을 사람은 거의 없습니다. 선한 사람을 위해서라도 감히 죽을 사람은 드뭅니다. 그러나 우리가 아직 죄인으로 있을 때에, 그리스도께서는 우리를 위하여 죽으심으로써, 하나님께서 우리에게 주시는 사랑을 나타내셨습니다. 그러므로 지금 우리가 그리스도의 피로 의롭게 되었으니, 그리스도로 말미암아 하나님의 진노에서 구원을 받으리라는 것은 더욱 확실합니다.(롬 5:6-9)

나의 장점, 자랑으로 여기는 것에 대하여

둘째 날의 수련으로, 글을 읽기 전에 이제까지 나의 장점 나의 자랑거리로 삼던 것들에 대하여 깊이 성찰하고 자세하게 적어본다.

　바울 사도에 의하면 나의 자랑할 것이라도 그것이 나 자신과 관계 맺고 있다면 그것 역시 나의 옛사람이다. 그리스도 안에서 새사람이 된 나는 아직 나 자신에 대해서 잘 알지 못한다. 나의 존재가 변화된 것을 눈치 채지 못하고 여전히 옛사람의 관행대로 움직이고 옛사람의 타성에 젖어 움직인다. 그러나 나의 변화를 인정하고 원한다면 철저하게 나의 인식을 통해서 나를 변화시킬 필요가 있다.

　그리스도 안에 있는 나에게 나 자신이 주체가 되어 행하는 것은 그것이 좋은 일이고 자랑할 만한 일이라도 벗어 던져야 한다. 나 자신이 주체가 되는 모든 것, 예를 들면 "내가 이웃을 위해 산다.", "내가 민중과 함께 한다.", "내가 정의를 지킨다."는 것들도 만약 나 자신이 주체가 될 때는 반드시 보상을 바라고, 명예를 구하게 되어 결과적으로 자신의 이름을 드러내는데 쓰인다. 그러기에 나쁜 것 뿐 아니라 좋은 것, 자랑할 것도 나의 존재와 인연 맺고 있다면 철저하게 뿌리 뽑고 극복해야 한다.

> 　자랑하려는 사람은 주님 안에서 자랑하여야 합니다. 참으로 인정을 받는 사람은, 스스로 자기를 내세우는 사람이 아니라, 주께서 내세워 주시는 사람입니다.(고후 10:17-18)

> 꼭 자랑을 해야 하면, 나는 내 약점들을 자랑하겠습니다.(고후 11:30)

> 그러나 주께서는 "내 은혜가 네게 족하다. 내 능력은 약한 데에서 완전하게 된

다" 하고 말씀하셨습니다. 그러므로 그리스도의 능력이 내게 머무르게 하려고, 나는 더욱더 기쁜 마음으로 내 약점들을 자랑하려고 합니다. 그러므로 나는 그리스도를 위하여 병약함과 모욕과 궁핍과 박해와 곤란을 겪는 것을 기뻐합니다. 그것은 내가 약할 그 때에, 오히려 내가 강하기 때문입니다.(고후 12:9-10)

그러나 나는 그리스도 때문에, 나에게 이로웠던 것은 무엇이든지 해로운 것으로 여기게 되었습니다. 그뿐만 아니라, 나의 주 예수 그리스도를 아는 지식이 가장 고귀하므로, 나는 그 밖의 모든 것은 해로 여깁니다. 나는 그리스도 때문에 모든 것을 잃었고, 그것들을 오물로 여깁니다. 그것은 내가 그리스도를 얻고, 그리스도 안에 있음을 인정받으려는 것입니다. 그리고 율법에서 오는 나 스스로의 의가 아니라, 그리스도를 믿는 믿음으로 말미암아 오는 의, 곧 믿음에 근거하여 하나님께로부터 오는 의를 가지려는 것입니다. 내가 바라는 것은 그리스도를 알고, 그분의 부활의 능력을 깨닫고, 그분의 고난에 동참하여 그분의 죽으심을 본받는 것입니다. 그리하여 나는 어떻게 해서든지, 죽은 사람들 가운데서 살아나는 부활에 이르고 싶습니다.(빌 3:7-11)

그리스도 안에서 나를 재창조하기

셋째 날의 수련으로, 나의 과거, 현재, 미래의 모습에 대해서 성찰하고 교정하는 시간을 갖는다. 자신이 평가하는 과거에 지내온 이력과 후회되는 일, 미래에 내가 소망하는 나의 계획에 대해서 적어보자. 자신의 현재 하루일과, 눈 뜨고 다시 자리에 누울 때까지의 일상을 적어 보자. 그리고 내가 적어 본, 스스로의 평가들, 나의 과거, 미래, 현재의 모습에 대한 나 자신의 평가들을 그리스도 안에서 다시 평가해 보자.

거기에 나 자신이 드러나고 있는가? 아니면 그리스도께서 내 안에 살아 움직이시는가를 성찰하자. 나의 과거에 대한 흔적들이 나 자신을 드러내기 위한 삶이거나, 그리스도 없이 나 혼자 살아 왔던 것은 아닌가? 그동안 보이지 않게 나를 이끌어 오신 그리스도 안에서 그분의 손길을 느끼고 더듬어 볼 때, 나에 대한 과거의 평가에서 달라져야 할 것들은 없는가? 또 내가 계획하고 있는 미래가 온전히 나 자신만을 위한 계획이 아닌지 살펴보고 거기에 그리스도께서 함께 움직이신다면 나의 미래의 계획은 어떻게 영향을 받겠는가 성찰하자. 나의 오늘 하루의 일과를 살펴보고 반복과 습관에 의해 행하는 나의 일상을 나열해 보자. 그 속에 그리스도의 손길이 얼마만큼 느껴지는지 살펴보고 나의 삶을 재창조해 보자.

그리스도 안에서 나를 새롭게 하는 것은 내부로 부터의 혁명이다. 우리의 삶을 송두리째 뒤바꾸어 놓는 것이다. 이것은 내가 그리스도를 바라보는 것이 아니라, 나를 비우고, 그리스도를 통해서 나를 조명해 보는 것이다. 내가 그분을 보기를 멈추고, 그 시좌를 바꾸어서 그리스도를 통해서 나를 사고하며, 그리스도를 통해서 나를 판단하고 그 분을 통해서 행동하는 것이다.

우리가 자기를 비울 때, 참다운 이웃이 보이고, 민중이 보이고, 고통 받는 그리스도가 보인다. 이것은 나를 고집하고 내가 살아 나를 만족시키는 자유와 기쁨이 아니라 나를 포기할 때 그리스도 안에 누리게 되는 참된 자유와 기쁨이다.

그분은 하나님의 모습을 지니셨으나, 하나님과 동등함을 당연하게 생각하지 않으시고, 오히려 자기를 비워서 종의 모습을 취하시고, 사람과 같이 되셨습니다. 그는 사람의 모양으로 나타나셔서, 자기를 낮추시고, 죽기까지 순종하셨으니, 곧 십자가에 죽기까지 하셨습니다.(빌 2:6-8)

그리스도를 덧입다

그리스도 안에서 새롭게 되는 과정을 그리스도를 덧입는다고 표현한다. 바울은 이런 삶을 그리스도의 부활과 연합한 삶이라고 했다. 그리스도 안에 변화된 새 인간상은 우리가 조금씩 노력해서 획득하는 것이 아니라 하늘에서 내려온 옷을 덧입듯 우리에게 주어지는 은총이며, 그리스도로부터 유래한 새로운 품성이다. 이것은 우리가 사는 사회를 변화시키는 원동력이기도 하다.

인간이 공기 속에 살듯이 크리스천은 '그리스도 안에서' 살아간다. 그리스도인이 그리스도 안에서 새롭게 되는 과정을 그리스도를 덧입는다고 표현한다. 이것은 두루마기를 입으면 그 사람의 모든 것이 가려지듯이 일시에 변화되는 삶을 말한다. 우리의 삶을 조금씩 개선해서 그리스도를 닮아가는 것이 아니다. 나의 존재가 그대로 있으면서 그리스도를 따라가는 것이 아니다. 그리스도를 만난 순간 우리의 삶을 중지하고 그분이 송두리째 우리를 차지해서 그분으로 하여금 나를 파헤치고 새로운 삶을 향해 끌고 가시도록 나를 개방하는 것이다. 이것은 나를 전적으로 그리스도에게 내어 맡기는 것을 말하며, 말 그대로 "그리스도께 우리가 사로잡히게 되는 것"을 말한다.

주 예수 그리스도로 옷을 입으십시오. 정욕을 채우려고 육신의 일을 꾀하지 마십시오.(롬 13:14)

누구든지 그리스도와 연합하여 세례를 받은 사람은, 그리스도로 옷을 입은 사람입니다.(갈 3:27)

나의 자녀 여러분, 나는 여러분 속에 그리스도의 형상이 이루어지기까지 다시 해산의 고통을 겪습니다.(갈 4:19)

우리는 언제나 예수의 죽임 당하심을 우리 몸에 짊어지고 다닙니다. 그것은 예수의 생명을, 우리 몸에 나타나게 하려고 하는 것입니다. 우리는 살아 있으나, 예수를 위하여 늘 몸을 죽음에 내맡깁니다. 그것은 예수의 생명이 우리의 죽을 몸에 나타나게 하려고 하는 것입니다. 그래서 우리에게서는 죽음이 힘을 떨치고, 여러분에게서는 생명이 힘을 떨칩니다.(고후 4:10-12)

부활과 연합한 삶

우리가 그리스도 안에서 철저한 자기 자신의 죽음을 경험하는 것은 또한 그 분의 부활에 함께 참여하는 것을 뜻한다.

그러면 우리가 무엇이라고 말을 해야 하겠습니까? 은혜를 더하게 하려고, 여전히 죄 가운데 머물러 있어야 하겠습니까? 그럴 수 없습니다. 우리는 죄에는 죽은 사람인데, 어떻게 죄 가운데서 그대로 살 수 있겠습니까? 여러분은, 그리스도 예수와 연합하는 세례를 받은 우리 모두가, 그분의 죽으심과 연합하는 세례를 받았다는 것을 알지 못합니까? 그러므로 우리는 그분의 죽으심과 연합하는 세례를 받음으로써, 그분과 함께 묻혔습니다. 이것은, 그리스도께서 죽은 사람들 가운데서 아버지의 영광으로 살리심을 받은 것과 같이, 우리도 새로운 생명 가운데서 살아가게 하려는 것입니다. 우리가 그의 죽으심과 같은 죽음으로 그와 연합하는 사람이 되었으면, 또한 분명히, 그의 부활하심과 같은 부활로 그와 연합하는 사람이 될 것입니다. 우리는, 우리의 옛사람이 그리스도와 함께 십자가에 달려서 죽은 것이, 죄의 몸을 멸하여서, 우리가 다시는 죄의 노예가 되지 않게 하려는 것임을 압니다. 죽은 사람은 이미 죄의 세력에서 해방되었습니다. 우리가 그리스도와 함께 죽었으면, 그와 함께 우리도 또한 살아날 것임을 믿습니다.(롬 6:1-8)

그리스도 안에서 이루어지는 변화가 갑자기 찾아오는 전적인 변화, 혁명적인 변화인가, 아니면 점진적으로 이루어지는 개선, 개혁인가, 마치 불교의 돈오점수(頓悟漸修, 점차적으로 깨달음에 이른다), 돈오돈수(頓悟頓修 일순간에 깨달음에 이른다)의 논쟁과 같다. 우리가 전적으로 혁명적으로 우리의 삶을 바꾼다고 결심하고 추진하더라도 겉으로 드러나 실천이 변화되는 것은 어차피 점진적이다. 그러나 처음부터 '조금씩 고치겠다.'는 것은 사실상 변화를 원치 않고 지금 이대로가 좋다고 생각하기 때문이며 그 방향의 전환을 싫어하기 때문이다.

그리스도 안에서 이루는 삶을 통해서 우리는 그리스도의 뜻을 따르는 많은 형제, 자매들을 만나게 된다. 우리는 그들과 한 몸의 구조를 이룬다, 우리는 서로 피가 통하고, 서로 애정이 통하고, 서로 눈물이 통하는 공동체 안에서 만나게 된다.

바울이 말하는 십자가 처형과 부활, 죽었다가 다시 부활하는 것은 내적인 변화에 대한 급진적인 이미지들이다. 예수가 "모든 사람을 위해" 죽으셨다는 것은 더 이상 자기 자신을 위하여 살아가도록 하려는 것이 아니라, "그리스도 안에서" 살아가는 사람이 됨으로써, "그분을 위하여 살아가도록 하려는 것"이다.[4]

> 그리스도께서 모든 사람을 대신하여 죽으신 것은, 살아 있는 사람들이 이제부터는 자기들 스스로를 위하여 살지 않고, 자기들을 대신하여 죽으셨다가 살아나신 그를 위하여 살게 하려는 것입니다.(고후 5:15)

대속의 의미

대속 제물의 핵심에는 하나님께서 죄에 대해서 변상을 요구하는 재판장이라는 개념이 깔려있다. 이것은 하나님의 진노를 강조한다. 하나님의 분노는 달래야 하며, 진정시키고 만족시킬 필요가 있다는 뜻이다. 엄밀히 말하면 하나님께서 예수의 죽음을 요구하셨다는 뜻이며, 예수가 살해된 것은 바로 하나님의 의지이며 계획이었다는 뜻이다.

이 모든 것이 도대체 하나님의 성격에 관해, 무슨 의미를 갖는지 생각해 보라. 하나님은 엄격한 부모인가? 가차 없이 변상시키는 재판장인가? 지나치게 요구를 많이 하는 부모인가? 대속 제물은 하나님이 관대하고

---

4) Marcus J. Borg & John Dominic Crossan, *The First Paul*, op.cit., 195.

은총이 넘치며 사랑이 많으신 분이라는 메시지를 정반대로 뒤집는다. 대속제물이라는 개념은 바울이 하나님을 말하는 방식이다. 곧 하나님은 예수 안에서 알려졌으며, 십자가에 달리고 부활하신 그리스도를 통해서 알려지신 분이라고 말한다.5)

속죄는 예수가 우리를 위하여 죽으셨기 때문에 우리가 죽을 필요가 없다는 뜻이 아니다. 오히려 참여하는 속죄는 우리가 그리스도와 함께 죽고 부활해야 한다는 뜻이다. 그것은 철저한 내면적인 변화의 과정을 가리키는 은유이다.6)

그리스도 안에서 변화된 새 인간상

인간은 사회적 존재라고 한다. 확실히 인간은 자신이 살아가는 사회에 의해서 주조되고 영향을 받는다. 그렇다고 해서 "사회가 변하지 않는 이상 인간의 변화가 없다"면 인간의 변화는 이루어지기 어렵다. 그러나 우리 안에서 새롭게 선언되는 새 인간성은 우리가 속한 사회를 바꾸고 이 우주를 변화시키는 중요한 동력이다. 우리에게 덧 입혀진 그리스도의 인격은 우리들이 가져야 할 변화된 품성이며, 미래의 품성인 동시에 또한 그것은 우리가 오늘 덧입도록 도전 받는다는 의미에서 현재의 품성이다.

새 인간상은 사회에 의해서 주조되는 수동적 성격이 있지만, 동시에 능동적으로 낡은 사회를 심판하고, 이 사회를 하나님 나라로 변화시키도록 우리를 충동한다. 우리가 그리스도 안에서 변화되었다고 하지만 여전히 옛 사람의 타성에 젖어서 옛 사람의 일을 계속하기 쉽다. 바울은 그러기

---

5) *Ibid.*, 200.

6) *Ibid.*, 186.

에 그리스도 안에서 날마다 죽고 날마다 다시 부활에 이른다고 한다. 우리는 옛 사람이 살아오던 타성을 벗고 변화된 그리스도의 품성으로, 새로운 존재답게 살아가도록 요청받고 있다.

> 자기를 속이지 마십시오. 하나님은 조롱을 받으실 분이 아니십니다. 사람은 무엇을 심든지, 심은 대로 거둘 것입니다. 자기 육체의 욕망을 따라 심는 사람은 육체로부터 썩을 것을 거두고, 성령의 뜻을 따라 심는 사람은 성령으로부터 영생을 거둘 것입니다.(갈 6:7-8)

> 그런데 내게는 우리 주 예수 그리스도의 십자가 밖에는, 자랑할 것이 아무것도 없습니다. 그리스도로 말미암아, 내 쪽에서 보면 세상이 죽었고, 세상 쪽에서 보면 내가 죽었습니다.(갈 6:14)

어떻게 이런 존재로 거듭날 수 있을까?

'어떻게'라는 것이 우리가 마땅히 해야 할 무슨 행위를 말하지 않는다. 아무 것도 요구하지 않기에 오직 은총에 의한다고 말한다.

> 여러분은 믿음으로 말미암아 은혜로 구원을 받았습니다. 이것은, 여러분에게서 난 것이 아니요, 하나님의 선물입니다. 구원이 행위에서 난 것이 아님은, 아무도 그것을 자랑할 수 없게 하려고 하시는 것입니다.(엡 2:8-9)

그리고 이것은 우리의 믿음과 고백에 의해서 가능하다.

사람은 마음으로 믿어서 의에 이르고, 입으로 고백해서 구원에 이릅니다.(롬 10:10)

결혼하는 신랑 신부가 많은 회중들 앞에서 자신의 다짐을 고백하고 하객들을 증인으로 삼듯이 하나님 앞에서 우리의 내면적인 신앙을 공적으로 고백하고 증인으로 삼는 행위가 바로 세례이다. 또한 세례를 받은 사람들이 성찬에 참여함으로 그리스도와 한 몸임을 확인하고 동시에 성찬에 참여하는 모든 사람이 서로 한 몸, 한 피를 나눈 존재임을 확인함으로써 그리스도의 몸에 참여하는 지체가 된다. 나 자신의 의지와 결단만으로는 이 결단을 계속 유지하기 힘들다. 건강한 공동체의 일원이 되어 함께 그리스도의 몸을 이루어 갈 때라야 마음의 결단이 몸의 훈련으로 성장하고 생활의 변화로 이어질 수 있다.

함께 생각나누기 »

* 바울 신학의 중심개념인 "그리스도 안에서(엔 그리스도)"에 대해서 이야기 해
  봅시다.

* 예수는 어떤 분이라고 생각하며 나는 그분을 무엇이라고 고백하는지 서로의
  생각을 나눕시다.

* 예수가 매우 훌륭한 분이라는 인식도 중요하지만 예수와 그분이 나와 어떤
  관계를 맺고 있는가는 내가 크리스천이 되는 중요한 분기점이다. 그리스도
  와 나 자신의 관계는 어떻게 시작될 수 있는지에 대해 이야기 합시다.

* 만약 바울이 아니었다면 기독교는 매우 윤리적이지만 수많은 사람들이 그리
  스도를 따르는 종교가 되기 힘들었을 것이다. 기독교가 가지는 윤리성과 종
  교성에 대해서 이야기해 봅시다.

골방에서 만나는 거룩함

너희는, 남에게 보이려고 의로운 일을 사람들 앞에서 하지 않도록 조심하여라. 그렇지 않으면, 너희는 하늘에 계신 너희 아버지에게서 상을 받지 못한다. 그러므로 네가 자선을 베풀 때에는, 위선자들이 사람들에게 칭찬을 받으려고 회당과 거리에서 하듯이, 네 앞에서 나팔을 불지 말아라. 내가 진정으로 너희에게 말한다. 그들은 자기네 상을 이미 다 받았다. 너는 자선을 베풀 때에는, 네 오른손이 무엇을 하는지를 네 왼손이 모르게 해야 한다. 이렇게 하여, 네 자선을 숨겨 두어라. 그러면 은밀한 일도 보시는 네 아버지께서 갚아 주실 것이다. 너희는 기도할 때에, 위선자들처럼 하지 말아라. 그들은 사람에게 보이려고, 회당과 큰길 모퉁이에 서서 기도하기를 좋아한다. 내가 진정으로 너희에게 말한다. 그들은 자기네 상을 이미 다 받았다. 너는 기도할 때에, 골방에 들어가 문을 닫고서, 은밀하게 계시는 네 아버지께 기도하여라. 그러면 숨은 일도 보시는 네 아버지께서 갚아 주실 것이다.(마 6:1-6)

올해 하반기부터는 코로나가 풀리고 대면 예배가 가능하리라 기대를 했었는데 오히려 상황이 더 악화되었다. 최고 단계인 4단계가 되어서 더욱 골방 안으로 숨어들어가야 하는 상황이다. 그래서 여러분들을 예배에서 만나지는 못하지만 '골방에서 만나는 거룩함'이란 제목으로 말씀을 나눈다.

본문의 말씀으로 보면, 하나님과의 관계는 보이지 않게, 드러나지 않게, 은밀하게 해야 시작된다고 한다. '구제할 때에 오른손이 하는 것을 왼손이 모르게 할 때, 너의 아버지께서 갚으신다고 한다. 기도할 때에 네 골방에 들어가 문을 닫고 은밀한 중에 기도하면, 그 때 하나님께서 갚으신다.'고 한다.

우리가 드러내고 싶은 일들을 숨어서 행하며 드러나지 않게 할 때, 비로소 하나님과의 관계가 시작된다. 모든 일들이 다 관계를 통해 일어나지만 하나님과의 관계는 인간의 관계를 초월한 곳에서 이루어진다. 드러내거나 어떤 효과를 기대해서 의도적으로 행할 때는 사람만이 앞에 있지 하나님은 보이지 않기 때문이다. 주변을 의식하지 않은 마음속 깊은 동기의 순수함, 마음의 진실을 보신다는 말이다. 그 사람의 진심을 누가 알겠는가? 오직 하나님과 나만이 알 뿐이다.

기껏 좋은 일 하는데 아무도 알아주지 않으면 무슨 맛으로 하겠느냐는 것이 일반적인 생각이다. 그러나 드러내지 않고 하는 일에도 기쁨이 있다. 여러분들이 아무도 모르게 의로운 일을 하고 그날 밤에 하나님께 "하나님, 저 잘했지요? 주님, 세상은 모르지만 하나님은 저를 칭찬해 주세요."라고 기도한다면 사람들이 해주는 칭찬보다도 정말 꼬리뼈부터 시원해지는 기쁨이 사로잡을 것이다. 그러면 하나님께서도 미소를 머금고 우리를 품어 주실 것이다.

나와 하나님과의 관계는 꼭 윤리적인 영역 안에 있는 것은 아니다. 진보적인 크리스천은 신앙에서 윤리적인 측면을 강조한다. 하지만 꼭 신앙이 윤리적이고 도덕적인 당위성 안에만 있는 것은 아니다. 오히려 그것보다 훨씬 더 강한 동기가 종교성 안에 존재한다. 종교성이 무엇일까?

교회에 들어와서 기도할 때, 백이면 백 공통된 것이 있다. 앞에 십자가가 있는 쪽을 향해서 앉아 기도하지 뒤에 출입구를 향해서 기도하는 사람은 없다. 우리는 의자가 미리 방향을 잡고 있지만 아무런 의자 없이 마루에 앉는 곳도 마찬가지다. 그것은 우리의 마음속에 이미 거룩한 방향이 있다는 것이다. 우리에게는 내가 머리를 조아릴 수 있는 거룩한 곳이 있고, 거룩한 시간이 있다. 사람들을 만나든지, 만나지 않든지, 교회에 나가든지 아니든지 여전히 하나님과 나와의 관계는 존재하고, 그분의 현존, 거룩하심 앞에 무릎을 꿇게 되는 종교성은 나에게 존재한다. 이것은 윤리적인 영역과는 다르게 나의 신앙 속에 존재하는 거룩함이다.

어떤 사람이 나뭇가지를 꺾어서 세워 놓고 그 앞에 정성을 들여서 기도한다고 하자 실제로 그런 신앙을 토테미즘이라고 한다. 그런 광경을 보고, 보다 문명화된 사회의 사람은 한심하다고 비웃을지도 모른다. 그러나 나뭇가지를 세워 놓고 기도하는 사람이 보는 나뭇가지와 그것을 비난하는 사람이 보는 나뭇가지는 천지 차이다. 그 앞에서 기도하는 사람은 다른 곳에서 경험하지 못하는 거룩함을 그 나뭇가지에서 느낀다. 다른 곳에서는 찾을 수 없는 특별한 의미를 발견하는 것이다. 때로는 그 나뭇가지가 마을 입구의 장승이 될 수도 있고, 부처의 형상이 될 수도 있으며 십자가상이 될 수도 있다. 이것이 종교성이다. 윤리적인 입장으로만 종교를 볼 수는 없다.

루돌프 오토의 『거룩한 것』(Das Heilige)이란 책이 나와서 신학계에 커다란 바람을 일으켰다. 이 책이 나올 당시는 계몽주의의 여파로 이성, 합리주의가 판을 칠 때이다. 그때는 종교에서 말하는 '거룩한 것' 따위는 결국 미개(무지)한 눈에서 온 것이고, 종교의 핵심은 윤리적(이상적)인 교훈이라는 결론이 그 시대의 주된 관점이었다.

이에 대해 오토는 인간세계에는 윤리적이고 이상적인 것도 있으나 그 것으로 포괄할 수 없는 엄연한 또 하나의 현실이 있는데, 그것을 오토는 누미노제(Numinose)라고 불렀다. 이것은 거룩한 것의 체험이라고 옮길 수 있다. 이 거룩한 체험이 인간의 경험 속에 들어오면 그것은 절대적인 것 이 된다.

누미노제에는 두 가지가 있는데 하나는 아주 놀라운 사건으로 이성으 로는 설명되지 않는 경이의 대상이다. 그것은 초자연적인 힘으로서 때로 공포의 대상 또는 진노를 나타낸다. 또 하나는 경탄의 대상이다. 이것은 인간을 황홀경에 넣고 모든 사물을 꿰뚫어 새롭게 보게 하므로 생의 의미 를 전적으로 전환시킨다. 뿐만 아니라 새로운 방향 전환을 전개한다. 이 런 것을 한마디로 하면 '거룩한 것'과의 만남이다. 이런 누미노제가 개인 의 경험 속에 들어오면 놀라운 일들이 벌어진다. 루델프 오토는 이를 존 재를 흔드는 어마어마한 신비(mysterium tremendum)라고 했다. 멀리 외딴 곳 에 있어서 침범할 수 없지만 동시에 우리의 일상세계에 파고드는 매혹적 인 힘이며 이 엄청난 힘에 대한 어리둥절한 느낌이다. 이것은 우리의 평 가와 이해를 초월한 힘이고 일체의 구분을 초월한다. 인간의 모든 구분과 분리가 사라지고 예배의 충동을 일으키는 감정과 신비함이라고 했다.[7]

토마스 머튼은 하나님의 일을 한다고 하면서 우리 안에 가진 분노를 해 결하지 못한다면 결국 우리는 이 세상에 또 다른 형태의 분노를 쌓는 것

---

7) J. Muilenburg, "holiness", *Interpreter's Dictionary of the Bible, Vol II*, 617.

이라고 했다. 윤리성을 강하게 주장하는 사람들은 현실이 그렇지 못하기에 마음에 분노가 쌓인다. 그런데 우리들의 신앙의 동기가 분노에서 출발하는 것은 한계가 있다. 그는 "현대인의 급하게 쫓기는 삶은 그의 내면에 도사린 아마도 가장 보편적인 폭력의 한 표출이다. 서로 충돌하는 가치관 사이에서 해야 할 일은 자꾸 쌓이고 여기저기 요청들은 쇄도하는데 모든 경우에 모든 사람을 도와야 한다는 강박관념은 마침내 그들로 하여금 폭력 앞에 무릎을 꿇게 만든다. 그렇게 해서 활동가들 속에 쌓여진 분노가 평화를 이루기 위한 그들의 노력을 무효로 만든다."고 했다.

우리가 무슨 일을 하기 전에 먼저 우리 안에 평화를 찾는 일이 가장 중요하다. 그렇지 못할 때 우리가 가진 폭력성이 공연히 많은 사람들에게 생채기를 내기 쉽다. 머리가 깨고 비판의식이 남보다 높은 사람의 폭력은 더욱 혹독해서 어느 누구도 견디지 못하게 만들 수 있다.

여러분들께서 인간의 관계를 넘어있는 하나님과의 관계, 거룩한 만남으로 삶의 긴장을 이어가시길 바란다. 하나님께 이끌려 사시길 바란다. 지금은 신앙을 지키기 매우 어려운 시기이다. 주일에 한번 교회 나오는 것조차 2년씩이나 중단되었으니 내가 신앙인인지 아닌지 조차 잊어버린 사람들도 있을 것이다. 아마도 하나님께서 각자 우리들 개인의 신앙의 무게를 달아보시는 시간일지도 모른다. 코로나는 잠깐이지만 우리의 신앙은 영원하다. 여러분들이 한 평생 주님과 동행할 수 있는 거룩함을 여러분 안에 잃지 않기를 바란다. 우리 안에 있는 신령과 진리가 예배에 가장 중요한 요소이지 어느 곳인지는 본질이 아니다. 예수님께서 사마리아 여인과의 대화에서 하신 말씀으로 맺는다.

참되게 예배를 드리는 사람들이, 영과 진리로 아버지께 예배를 드릴 때가 온다. 지금이 바로 그 때다. 아버지께서는 이렇게 예배를 드리는 사람들을 찾으신다. 하나님은 영이시다. 그러므로 하나님께 예배를 드리는 사람은 영과 진리로 예배를 드려야 한다.(요 4:23-24)

여러분들이 집에 머물지만 여러분들의 일상성과 구별되는 거룩한 영역을 잊지 말기를 간절히 기도한다.

» 강남향린교회 강단중에서

바울과 묵시문학

바울은 유대인으로 유대신앙에 충실했다. 당시 유대인들이 강력하게 소망했던 묵시문학적 세계관은 그대로 바울 신학의 중심을 차지하고 있다. 바울 서신에 깊게 배여 있는 당시 묵시문학적 세계관과 역사관을 살펴본다.

바울 신학의 큰 주제들

바울 신학의 주제를 큰 갈래로 나누어 살펴보면 세가지 주제를 떠올릴 수 있다.

첫째는 실존적인 이해로 접근하는 것이다. 우리의 일상 속에서 매일 매일 예수의 십자가의 죽음과 부활을 경험한다. 그리스도 안에서의 삶을 통해 매일 우리의 옛사람이 죽고 그리스도 안에서 다시 살아나는 삶으로 이해하는 것으로 앞선 장에서 살펴보았다. 기독교를 단순한 윤리적 교훈이 아니라 새로운 종교가 되게 하는 중요한 특징이라 하겠다.

둘째는 묵시론적 이해이다. 바울은 유대인으로 유대 신앙에 충실하였다. 그는 유대인들이 가지고 있던 희망인 묵시문학적 희망의 끈을 놓지 않았다. 그러나 우리 안에서 이루어지는 실존적 변화나 교회론적인 이해들은 지금 바울 신학의 주류로 남아있지만 묵시론적 이해는 기독교 주류 신학에서 뒤로 물러났고 단지 소종파들에 의해서만 유지되었다. 묵시문학의 급격한 변혁을 희망하는 특성 때문인지 조직과 안정성을 추구하는 주류들에 의해서 제거되었다. 이장에서는 바울이 가진 묵시문학적 주제에 대해 살펴보겠다.

셋째는 교회론적 이해이다. 바울신학의 중요한 주제로 그의 통합적인 인간관이 스며있는 몸(소마)의 신학을 들 수 있다. 바울은 유기체적인 몸의 신학을 중시한다. 그리스도를 중심으로 하는 통합성을 생명으로 하는 몸의 신학이 바울의 교회론으로 확립된다. 바울은 새로운 기독교 공동체, 교회를 그리스도의 부활한 몸과 동일시한다.

누가복음과 사도행전의 저자인 누가는 바울 신학의 이러한 요소들을 창조적으로 결합하였다. 이 역사 안에 다가올 임박한 하나님 나라에 대한 꿈, 즉 종말론을 교회론으로 연결해서 이해했다. 누가는 바울의 묵시문학적 종말론과 바울의 몸의 신학, 그리스도의 몸을 중심한 바울의 교회론을 연결한다. 궁극적인 하나님 나라는 교회의 조직적 성장을 통해서 이루어진다고 보았다. 누가는 바울의 임박한 종말에 대한 성취를 교회의 선교가 전세계적으로 완성되는 역사의 먼 지평의 끝으로 미루어 놓고 그 사이의 시간을 교회의 시간, 선교의 시간으로 보았다. 누가는 바울의 묵시문학적 종말론, 하나님 나라의 완성을 역사의 긴 축 안에서 이루어가는 교회론, 선교론으로 이어갔다.

바울에게 임박한 종말의 의식

바울은 임박한 종말에 대한 기대를 가지고 있었다. 바울의 이러한 기대를 다음의 말씀들을 통해 볼 수 있다.

형제자매 여러분, 우리는 여러분이 잠든 사람들의 문제를 모르고 지내는 것을 바라지 않습니다. 이는 여러분이, 소망을 가지지 못한 다른 사람과 같이 슬퍼하지 않게 하려고 하는 것입니다. 우리는 예수께서 죽으셨다가 살아나신 것을 믿습니다. 이와 같이, 하나님께서 예수 안에서 잠든 사람들도 예수와 함께 데리고 오실 것입니다. 우리가 주님의 말씀으로 여러분에게 이것을 말합니다. 주께서 오실 때까지, 살아남아 있는 우리가 이미 잠든 사람들보다, 절대로 앞서지 못할 것입니다. 주께서 호령과 천사장의 소리와 하나님의 나팔 소리와 함께, 친히 하늘로부터 내려오실 것이니, 그리스도 안에서 죽은 사람들이 먼저 일어나고, 그 다음에, 살아남아 있는 우리가 그들과 함께 구름 속으로 이끌려 올라가서, 공중에서 주님을 영접할 것입니다. 그리하여 우리가 항상 주와 함께 있을 것입니다. 그러므로 여러분은 이런 말로 서로 위로하십시오.(살전 4:13-18)

보십시오, 내가 여러분에게 비밀을 하나 말씀드리겠습니다. 우리가 다 잠들 것이 아니라, 다 변화할 것인데, 마지막 나팔이 울릴 때에, 눈 깜박할 사이에, 홀연히 그렇게 될 것입니다. 나팔소리가 나면, 죽은 사람은 썩지 않을 몸으로 살아나고, 우리는 변화할 것입니다. 썩을 몸이 썩지 않을 것을 입어야 하고, 죽을 몸이 죽지 않을 것을 입어야 합니다.(고전 15:51-53)

땅에 있는 우리의 장막 집이 무너질 때에는, 하나님께서 마련하신 집, 곧 사람의 손으로 지은 것이 아닌, 하늘에 있는 영원한 집이 우리에게 있는 줄을 압니다. 우리는 이 장막 집에서 신음하며, 하늘로부터 오는 우리의 집으로 덧입기를 갈망하고 있습니다. 우리가 이 장막 집을 벗을지라도 벌거벗은 몸으로 드러나지 않을 것입니다... 우리는 마음이 든든합니다. 우리는 차라리 몸을 떠나서, 주님과 함께 살기를 바랍니다. 그러므로 우리가 몸 안에 머물러 있든지, 몸을 떠나서 있든지, 우리가 바라는 것은, 주님을 기쁘게 해 드리는 사람이 되는 것입니다. 우리는 모두 그리스도의 심판대 앞에 나타나야 합니다. 그래서 각 사람은, 선한 일이든지 악한 일이든지, 몸으로 행한 모든 일에 따라, 마땅한 보응을 받아야 합니다.(고후 5:1-10)

그러므로 하나님께서는 그를 지극히 높이시고, 모든 이름 위에 뛰어난 이름을 그에게 주셨습니다. 그리하여 하나님께서, 하늘과 땅 위와 땅 아래에 있는 이들 모두가 예수의 이름 앞에 무릎을 꿇게 하시고, 모두가 예수 그리스도는 주님이시라고 고백하게 하셔서, 하나님 아버지께 영광을 돌리게 하셨습니다.(빌 2:9-11)

마라나타, 우리 주여 오소서.(고전 16:22)

너희가 이 떡을 먹으며 이 잔을 마실 때 마다 주의 죽으심을 오실 때까지 전하는 것이라.(성만찬 예식문, 고전 11:26)

주 안에서 항상 기뻐하라 내가 다시 말하노니 항상 기뻐하라 너희 관용을 모든

사람에게 알게 하라, 주께서 가까우시느니라.(빌 4:4-5)

너희 속에 착한 일을 시작하신 이가 그리스도 예수의 날까지 이루실 줄을 우리가 확신하노라.(빌 1:6)

이러한 말씀들을 보면 바울은 종말(하나님의 나라)이 임박했다는 희망을 확신했다. 바울은 이 세상 구조들에서 성급하게 이탈할 것을 권한다.

형제자매 여러분, 내가 말하려는 것은 이것입니다. 때가 얼마 남지 않았으니, 이제부터는 아내 있는 사람은 없는 사람처럼 하고, 우는 사람은 울지 않는 사람처럼 하고, 기쁜 사람은 기쁘지 않은 사람처럼 하고, 무엇을 산 사람은 그것을 가지고 있지 않은 사람처럼 하고, 세상을 이용하는 사람은 그렇게 하지 않는 사람처럼 하십시오. 이 세상의 모습은 사라져 버리기 때문입니다.(고전 7:29-31)

바울이 결혼하지 않은 사람은 결혼하지 말 것을 권고하는 것도 주님께서 나타나실 날이 임박했다고 생각했기 때문이다.(고전 7장) 그는 결혼한 사람은 아내를 기쁘게 하지만 결혼하지 않은 사람은 그 나라가 임박했으니 되도록 결혼하지 말고 주님을 맞이해 온전히 주님만을 기쁘게 하라고 권하기도 했다.[1]

---

[1] 윙크는 바울이 결혼을 금지하는 권고는 혈육관계를 없애자는 것이 아니라, 그것을 변화시켜서 사랑으로 상호 관계된 비가부장적(nonpatriarchal) 공동체로 만들자는 의미로 받아들인다. 바울은 단순히 곧 역사가 끝날 것을 기대한 것이 아니라 어떤 여인들은 가사에만 매여 사는 삶, 당시 대부분의 여인들이 7-8명의 아이를 낳다가 죽어갔기에, 무제한의 숫자로 아이를 낳아야하는 것, 결혼을 해야만 하는 의무감에서 해방되는 안도감을 발견하였을 것이라고 한다. Walter Wink, Engaging the Power, 『사탄의 체제와 예수의 비

표적과 기사와 기적도 마지막 때에 나타나는 묵시적 징조인데 바울은 다가오는 하나님의 영광에 대해서 황홀한 기대를 가지고 있었고 누구보다도 많은 징표를 가지고 있었다. 그는 누구보다도 많은 방언을 했고(고전 14:18), 표적과 기적을 행했다.

> 나는 여러분 가운데서 일일이 참으면서, 표적과 기사와 기적으로써 사도가 된 표적을 나타냈습니다.(고후 12:12)

바울은 재림이 지연되고 있으니 각자 생업에 종사하라고 하며 기다릴 것을 부탁한다. 초기에 임박한 종말(재림)을 기대했던 바울은 참고 기다릴 것을 권한다.

> 우리가 보이지 않는 것을 바라면, 참으면서 기다려야 합니다.(롬 8:25)

바울은 재림의 지연을 말하지만 유대의 묵시론자들이 분명하게 가지고 있었던 소망을 가지고 있었다. 역사 안에서 이루어지는 하나님의 도래와 급격하게 이루어질 변혁에 대한 소망이다. 그는 그리스도의 부활은 죽은 자들에게 임할 부활에 앞선 것이라고 희망하며 역사의 끝에 있을 종말, 즉 하나님의 우주적 승리에 대한 희망을 놓치지 않았다.

> 그러나 이제 그리스도께서는 죽은 사람들 가운데서 살아나셔서, 잠든 사람들의

폭력』 한성수 역, 한국기독교연구소, 2009, 233.

첫 열매가 되셨습니다. 한 사람으로 말미암아 죽음이 들어왔으니, 또 한 사람으로 말미암아 죽은 사람의 부활도 옵니다. 아담 안에서 모든 사람이 죽는 것과 같이, 그리스도 안에서 모든 사람이 삶을 얻을 것입니다. 그러나 각각 제 차례대로 그렇게 될 것입니다. 첫째는 첫 열매이신 그리스도요, 그 다음은 그리스도께서 재림하실 때에, 그리스도께 속한 사람들입니다. 그 다음에는 마지막이 올 것인데, 그 때에 그리스도께서 모든 통치와 권위와 권력을 폐하시고, 그 나라를 하나님 아버지께 바치실 것입니다. 하나님께서 모든 원수를 그리스도의 발아래에 두실 때까지, 그리스도께서 다스리셔야 합니다.(고전 15:20-24)

바울은 그리스도의 부활을 이 역사 안에서 일어나는 변혁으로 이해한다. 그는 부활의 첫 열매가 되셔서 그리스도의 부활과 재림 사이의 시간에서 왕 노릇하는 모든 통치와 모든 권위와 권력을 폐하실 것이다.

예수 당시의 유대인들은 "인간사의 사건들 배후에는 악의 세력과 하나님의 우주적 투쟁이 놓여있다"고 보며, "영적인 세력이 지상의 구체적 인물, 정치적 세력의 배후에 있다"고 보는 묵시적 경향이 지배했다. 부활장인 고린도전서 15장은 "그 후에는 마지막이니 그가 모든 통치와 모든 권세와 능력을 멸하시고, 나라를 아버지 하나님께 바치실 것"(24절)이라고 한다.

"모든 통치와 권세와 능력"은 다니엘서에서 마지막에 하나님이 한 나라를 세우셔서 다른 세상에 속한 나라들이 산산이 부숴질 때 까지(단 2:44) 하나님께서 지상의 임금들에게 잠시 허락하시는 "통치", "주권", "권력", "명예", "영광"을 말한다. 이들이 지배하는 현재의 시간은 악한 통치자들의 지배 아래 있다. 여전히 세상의 권력들이 왕 노릇할 수 있는 것은 궁극적인 원수인 '사망'에 대한 공포 때문이다(26절). 당시의 이런 생각을 묵시문학적 세계관이라고 일컬었다.

그러나 확실한 사실은 이미 부활하신 그리스도에게서 사망의 세력은 극복되었다는 것이다. 바울은 "멸망할 자들(세상의 통치자들)"이 궁극적으로 십자가에서 멸망하기 시작한 것을 본다. 완전한 하나님의 통치가 이루어질 때까지 우리는 중간시간에 살고 있다. 이 중간시간은 단지 기다리는 시간이 아니라 우리가 선택하는 시간이다. 우리가 기다리는 것이 아니라 하나님께서 기다리신다. 구원받는 사람들이 늘어나기를 바라며 하나님께서 그 시간을 연장하시고 기다리신다. 이 시간동안 우리는 여전히 세상의 권세를 따라 살 것인지, 부활하신 그리스도를 따라 살 것인지를, 우리가 누구의 종이 되어 사는가, 어떤 분을 우리의 왕으로 모실 것인가를 선택할 수 있다.

제국에 대항하는 신학

묵시문학은 박해 시대의 산물이다. 묵시문학은 새 역사에 대한 강한 열망에서 시작해서 악한 세대의 청산과 새 시대의 도래로 마감한다. 하지만 기독교가 로마에 의해 공인되고 교회가 최고의 권력을 가지면서 묵시문학이 가지는 혁명성은 이리저리 삭감되고 지극히 개인적이고 초월적인 신앙으로 대체되었다. 묵시문학이 가진 새 역사에 대한 기대가 후대에 어떻게 변질했을까?

고린도전서 2장 8절은 "이 세상의 통치자들 가운데는, 이 지혜를 안 사람이 하나도 없다. 그들이 알았더라면, 영광의 주를 십자가에 못 박지 않았을 것"이라 한다. 예수 당시 묵시문학은 이 세상을 악의 권력과 하늘의 권력의 싸움으로 보고, 이 땅의 권력에 어떠한 희망도 두지 않는다. 묵시문학은 이 세상의 질서가 복권되고 재생하는 것을 고려치 않는다. 이 땅의 세력은 자체 소생 가능성이 없다. 철저하게 망하고 무너져야 새 것이 나온다. 이것은 당시 로마의 제국체제에 대한 비판이며 단지 정치권력으로서의 제국뿐만이 아니라, 제국의 체제를 당연하게 받아들이는 일상의 생활로부터의 탈출을 의미한다.

로마 당국에 의해 처형된 이 예수를 하나님께서 주님과 그리스도가 되게 하셨다.(행 2:36) 따라서 "십자가에 달리신 그리스도"와 "예수는 주님이시다"는 선언은 사람들로 하여금 그들의 삶을 이 세상 파라오의 지배 아래 살기보다는 하나님을 중심으로 살도록 요청한 선언이다. 출애굽 이야기와 마찬가지로, 이 선언의 의도도 개인적이며 동시에 정치적이다. 바울이 그의 청중들로 하여금 이 세상의 지혜를 받아들이고 그에 따라 살기보다는 예수 안에서 드러난 하나님을 자신들의 삶의 중심에 모시고 살도록 요청했다는 점에서 개인적이다.[2]

"십자가에 달리신 그리스도"를 전파하는 것은 즉시 예수가 반제국적인 인물이었으며, 바울의 복음이 반제국적인 복음이라는 것을 알리는 것이었다. 제국이 예수를 살해했다. 십자가는 로마 제국이 예수에 대해 "틀렸다(no)"를 선고한 것이다. 그러나 하나님께서는 그를 다시 살리셨다. 부활은 하나님께서 예수에 대해서 "옳았다(yes)"고 하신 것이며, 예수의 정당성(결백)에 대해 확증한 것이기 때문에, 그를 살해한 권력에 대해 "틀렸다(no)"고 선언한 것이다.[3]

---

2) Marcus J. Borg & John Dominic Crossan, *The First Paul*, op.cit., 185.
3) Ibid., 178.

종말이라는 말은 우주와 자연의 마지막 때가 아니다. 공중에 권세 잡은 자들이 종말을 맞이하는 것을 말한다. 그들이 잠시 중간의 시간을 맡도록 허용되었지만, 결국은 세상의 권세와 악한 질서가 심판 받고 종말을 맞이하는 시간이 도래한다. 그래서 종말은 하나님의 대 청소이며 세상의 질서에 대한 사형 선고이다.

바울은 십자가의 사건을 세계화하였다. 그는 예수의 십자가 사건을 하나님을 적대하는 악의 세력과의 마지막 결전이라는 우주적 차원에서 보았다. 그는 "마지막으로 멸망 받을 원수는 죽음입니다."(새번역) "맨 나중에 멸망 받을 원수는 사망이니라."(개역, 고전 15:26)고 한다. 그는 이 세상의 악한 통치자들이 우리를 위협할 수 있는 가장 큰 무기가 바로 죽음이라고 보았다. 바울은 우주적 권세를 잡은 마지막 적을 모든 인간의 내면에 있는 적, "사망"으로 파악한다.

그것은 하나님에게 저항하는 마지막 영적 세력이고, 적대적 권세이다. 왜 죽음이 마지막의 적인가? 죽음을 강요하고 거짓 평화를 강요하는 황제가, 이 세상의 지배자들이 무기로 삼는 것은 죽음이라는 세력이다. 황제자체가 두려운 것이 아니고 그가 휘두르는 죽음의 공포가 무기이다. 세상의 권력자들이 십자가로 노리는 것은 죽음의 공포이다. 그들은 죽음을 담보로 해서 우리를 겁주고 비겁하게 만들고 죽음을 무기로 하여 우리를 길들인다. 그들은 죽음으로 위협하며 우리를 하나님과 등지게 만들고, 우리를 배반의 자리, 거짓의 자리로 몰아넣는다.

이 세상의 통치자들이 우리를 겁주고 협박하는 가장 강력하고 최종적인 무기는 죽음이다. 세상의 권력은 죽음을 무기로 하여 우리들이 죄의 세력과 타협하게 만들고, 비겁하게 굴종의 삶을 살도록 요구한다. 바울은 이를 '죽음의 쏘는 것'(개역 고전15:55), '죽음의 독침'(새번역)이라 했고 이를 사망권세, 죽음의 세력으로 보았는데 이는 죽음 후에 영향을 미치는 것이 아니라 살아있는 우리들 안에 존재하는 최후의 적이다.

그러나 그리스도께서 부활하셨다. 예수는 죽음의 세력에 굴종하지 아니하고, 죽음에서 일어나 부활의 승리를 우리에게 보여주셨다. 그러기에 부활은 우리가 살아가는 동안 우리에게 영향을 미치는 죽음의 세력을 극복하고 우리에게 궁극적인 승리의 삶을 살게 해준다. 그래서 마지막에 모든 것이 하나님께 굴복당할 그 때에 예수는 만물이 주인이신 하나님을 섬기게 하고, 자신도 하나님께 복종할 것인데 그 때에 하나님은 만유의 주님으로 군림하실 것이다. 하나님께 모든 권세가 복종한다는 것은 비로소 하나님의 통치가 시작되고 모든 거짓과 불의가 사라지게 됨을 의미한다.

하지만 기독교 신학에서 이런 임박한 종말과 재림에 대한 기대는 사라지고 먼 역사의 지평선 끝에서 피어나는 아지랑이처럼 희미해지거나 아무도 소망하지 않는 신기루가 되어 버렸다. 역사의 변혁에 대한 본래의 소망이 없어진 자리에 교회의 조직과 확장을 절대화하는 돌연변이가 생겼다. 하나님은 사라지고 하나님 대신 하나님의 권위를 누리며 세상의 통치자들과 벗하고 함께 권세를 마음껏 누리는 이상한 변종들이 자리 잡았다.

묵시문학적 사고의 포기가 가져온 결과들

기독교가 묵시문학적 사고들을 포기하게 됨으로 여러 가지 변화들이 생겼다. 이것은 본래 예수님과 바울의 메시지에서 많은 이탈을 가져오게 되는 실로 큰 변화이다.

첫째, 유대적 기반으로부터의 소외이다.

이스라엘은 분명하게 역사 안에서 이루어질 변화를 소망했다. 그것은 구약 성서에 나타나는 하나님의 약속과 유대교의 메시아적 기대로부터 유래한다. 이 약속들은 수많은 사건을 일으키며 유대 역사 안에서 현재화되었으며 그대로 기독교의 중요한 유산으로 이어졌다. 그것은 제국의 폭력에 맞서는 약자들의 정의로운 희망이었다. 그러나 기독교가 묵시적인 기대를 버림으로 동시에 역사 변혁에 대한 소망들도 초월한 세상으로 던져버렸다. 이렇게 비 묵시문학적인 기독론으로 전환시켜 버린 기독교는 아무런 변화도 일으키지 못하고, 아무런 힘도 가지지 못하는 종교가 되었다. 기독교는 세상 안에 존재하지만 세상과는 다른 별개의 집단이 되어버렸다.

둘째, 복음의 영적 해석을 산출했다.

하나님은 개인의 영혼을 구원하는 역할로 축소되었다. 이 세상의 본성과 구조에 대한 성찰과 세상을 새롭게 할 구원은 사라졌다. 하나님께서 모든 피조물을 새롭게 하실 것이라는 소망과 그가 새롭게 우리에게 오실 것이라는 메시아적 기대는 없어지고 하나님은 오직 개인에게만 영향력을 미치는 존재로 강조된다.

셋째, 그리스도 사건이 하나님 나라의 '첫 열매'라기 보다는 완성으로 여겨지며 "신성의 충만함"으로 대체되었다.(골 1:18-19)

구약성서에서 예언된 하나님의 약속이 성취되는 것은 이미 예수그리스도 안에서 이루어졌다고 본다. 이것으로 구원이 완성되었기에 하나님의 우주적 승리와 새 하늘과 새 땅에 대한 장래의 언급은 무시된다. 그리스도 사건에 대한 기대는 사라지고 그리스도는 "신성의 충만함"으로 대체된다.

넷째, 묵시문학적 사고의 포기는 종말론을 무용한 것으로 여기고 기원론으로 대체했다.

"마지막 때의 하나님"에 대한 강조로부터 "맨 처음 하나님"으로 관심이 이전되었다. 다가오는 미래를 하나님께서 통치하실 것이라고 믿는 역사 안에서 이루어지는 하나님의 주관에 대한 신학이 쇠퇴하였다. 그리고 역사의 종말에 있을 죽은 자의 부활은 개인의 영혼이 죽음 후에 곧 바로 하늘로 오르는 지극히 개인적인 부활로 변질되어 버렸다.

다섯째, 바울의 우주적 인간학은 이원론적 인간학으로 변하였다.

바울의 인간학은 통합적 인간학이며 이는 인간 안에서 뿐만 아니라 온 우주와 연결되어 있다. 바울의 신학은 피조물과 피조세계의 상호관련을 강조하며 온 피조물의 신음 소리를 듣고 이를 구원하시는 우주적 인간학이다.(로마 8장) 그러나 우주적 인간학은 인간의 육체 안으로 축소되었고 인간을 영과 육으로 나누는 이원론적 인간학으로 변하게 되었다.

여섯째, 바울의 역사회복과 전인적인 구원은 단지 개인적 행복으로, 사후 개인이 불멸하는 천상의 존재가 된다는 개념으로 변했다. 통전적인 인간의 변화를 요구하는 바울의 인간학은 단지 먼 미래에 천국을 보장하는 카드로 남게 되었다.

일곱째, 바울의 윤리학에서의 변화이다. 사회적 관계 안에서 상호 협동하는 인격의 연대성은 사라지고 단지 심리적인 과다, 과잉, 겸손의 윤리학으로 변하였다.

십자가 처형에 대한 바울의 묵시적 입장

당시 묵시문학적 배경에서 예수의 십자가 죽음과 부활은 명백한 정치적 차원을 갖는다. 뿐만 아니라 바울이 죄의 강한 연대성과 구조적인 차원을 강조하였는데 이는 당시의 로마제국의 특성을 그대로 말한다. 하지만 후대에 교회의 교리는 이를 개인적인 차원의 존재론으로 심지어는 원죄라는 교리로 돌려버렸다.

　예수의 십자가 처형은 바울 신학에서 가장 중심을 차지하는 주제인데 그것은 묵시문학적인 관점에서 볼 때에 정확하게 이해할 수 있다. 다음 성경 말씀을 살펴보자.

　　　성경에 기록된 바, "우리는 종일 주님을 위하여 죽임을 당합니다. 우리는 도살당할 양과 같이 여김을 받았습니다." 한 것과 같습니다. 그러나 우리는 이 모든 일에서 우리를 사랑하여 주신 그분을 힘입어서, 이기고도 남습니다. 나는 확신합니다. 죽음도, 삶도, 천사들도, 권세자들도, 현재 일도, 장래 일도, 능력도, 높음도, 깊음도, 그 밖에 어떤 피조물도, 우리를 우리 주 예수 그리스도 안에 있는 하나님의 사랑에서 끊을 수 없습니다.(롬 8:36-39)

　　　그러나 우리는 성숙한 사람들 가운데서는 지혜를 말합니다. 그런데 이 지혜는, 이 세상의 지혜가 아니고, 멸망할 자들인 이 세상 통치자들의 지혜도 아닙니다. 우리는 은밀하게 감추어져 있는 하나님의 지혜를 말합니다. 그것은, 하나님께서 우리를 영광스럽게 하시려고, 영세 전에 미리 정하신 지혜입니다. 이 세상 통치자들 가운데는, 이 지혜를 안 사람이 하나도 없습니다. 그들이 알았더라면, 영광의 주를 십자가에 못박지 않았을 것입니다.(고전 2:6-8)

　　　그 다음에는 마지막이 올 것인데, 그 때에 그리스도께서 모든 통치와 권위와 권력을 폐하시고, 그 나라를 하나님 아버지께 바치실 것입니다. 하나님께서 모든 원수를 그리스도의 발아래에 두실 때까지, 그리스도께서 다스리셔야 합니다. 마지막으로 멸망 받을 원수는 죽음입니다. 성경에 이르기를 "하나님께서 모든 것을 그의 발아래에 굴복시키셨다" 하였습니다. 모든 것을 굴복시켰다고 할 때에, 모든 것을 자기에게 굴복시키신 분은 그 가운데 들어 있지 않은 것이 분명합니다. 그러나 모든 것이 하나님께 굴복당할 그 때에는, 아들까지도 모든 것을 자기에게 굴복시키신 분에게 굴복할 것입니다. 그래서 하나님은 만유의 주님으로 군림하실 것입니다.(고전 15:24-28)

예수 그리스도의 십자가는 하나님의 아들로서 하나님과 동등한, 한 사람의 순종의 사건이다. 하나님은 가장 굴욕적인 죽음을 통하여 죽음을 극복하셨을 뿐만 아니라, 비로소 유대전통이 희망해 왔던 세상을 이룬다. 종말에 "그리스도께서 모든 통치와 권위와 권력을 폐하시고 그 나라를 하나님 아버지께 바치(고전 15:24)"는 역사의 성취다. 하나님의 완전한 통치가 이루어짐을 뜻한다. 하나님에게 적대적인 마지막 세력들이 죽음을 마지막 원수로 사용했으나, 하나님께서는 그리스도의 부활로 죽음을 극복한다. 세상의 권세 잡은 이들을 끝내버리고 지상에 하나님의 주권을 회복하신다. 이는 유대 역사의 오랜 묵시적 소망이었다.

묵시문학이 인간의 사건들 뒤에는 악의 세력과 하나님의 우주적 투쟁이 놓여있다고 보는 것은 가장 악해 보이는 권력일지라도 결국은 하나님의 손안에 있다는 승리에 대한 확신을 표현한다. 세상의 지배자들은 잠시 악역을 감당할 뿐이지만, 결국은 하나님의 심판 앞에 무너져버릴 불티에 불과하다.

예수를 십자가형에 처한 장본인 빌라도는 비록 복음서가 그에게 직접적인 비난을 삼가고 있지만, 가장 악한 통치자였다. 필로의 『가이오에게 보낸 사절(*Embassy to Gaius*)』에 의하면 빌라도는 선천적으로 완고한 사람이라고 한다. 그는 잔인하게 행동하며, 뇌물을 즐기고 백성들을 모욕했다. 빌라도는 유다의 백성들에게 이유 없는 상해를 가했으며 재판 없이 사형을 집행했다. 그는 아주 가혹하고 잔학했다. 유대인 역사가 요세푸스도 그의 『유대고대사』에서 성전 건립기금을 몰수하려는 빌라도의 계획에 반대하는 많은 유대인들이 빌라도에게 학살당한 것을 상세하게 전한다. 그는 다른 총독들이 삼갔던 것과는 대조적으로 황제의 동상을 예루살렘으로 들여왔으며 수로 공사를 한다는 명목으로 성전의 보물을 처분하기도 했다.[4]

빌라도는 가장 악한 통치자의 전형이지만, 이 초자연적인 권력은 종말에 메시아에 의해서 멸망당하고야 말 대상이다. 빌라도는 물론이고, 하나님에 대해 적대적인 하늘과 땅의 모든 권력들은 멸망을 앞두고 있다. 가장 악한 권력이 가장 선하신 분을 십자가형에 처한 것은 그의 악이 미칠 수 있는 끝까지 갔다는 증거다. 이것은 이 세상의 통치자들을 폭로하고 전복시키려는 하나님의 계획의 핵심이다.

그리스도의 죽음과 부활로 인해 이제 세상 권력의 동맹은 패배했다. 이는 피조물을 얽매고 있는 모든 권력에 대한 하나님의 마지막 해방 전쟁의 시작이다.(고후 4: 8-9) 십자가는 권력의 쪽에서 보면 "자신들이 원하는 모습"으로 예수를 멸망시킨 사건이지만, 하나님 쪽에서 보면 "죽음의 권력

---

4) Ekkehard W. Stegemann and Wolfgang Stegemann, op.cit., pp.279-280.

으로부터 최후의 제제 수단을 박탈한 사건"이다. 예수께서 십자가형을 당하면서도 세상 권세에 굽히지 않음으로 결국 지배자들이 세상에서 폭력을 만들어내는 힘이 무력하게 되었으며, 그들이 가진 모든 비밀이 드러나 버렸다. 십자가형을 당한 그리스도께서 부활한 사건은 하나님의 최후의 승리를 예고하며 권력의 멸망이 임박했음을 드러내는 결정적인 사건이다.

로마의 평화'에 대항하는 신학적 구조

로마는 자신들의 통치를 "로마의 평화"로 위장했다. 전 세계에서 국지적 전쟁이 사라진 평화의 시대가 왔다고 선전했다. 그러나 이것이 얼마나 위선적인 평화였고 단지 평화라고 부르도록 강요된 구호인가를 이미 앞에서 살펴보았다.5)

로마는 그들이 정복한 나라에서 대규모 무력행사와 십자가 처형을 자행했다. 기원전 167년 에피롯의 주민들을 학살하고 노예로 잡아갔는데, 그 사람들이 150,000명에 달했다. 또한 기원전 146년에는 고린도의 파괴가 행해졌고 그중에서 가장 큰 전쟁은 유대에서 행해졌다. 주후 66-73년 사이에 유대는 초토화되었고 수많은 유대인들이 죽임을 당했다. 10만 명이 넘는 유대인들이 노예로 끌려가고 유대인들은 예루살렘에서 거주하지 못하도록 소개령이 내려졌다. 제국의 권력은 연대적이고 강고하며 민중을 죽음으로 이끌거나 노예로 삼았다. 이런 제국의 역사적 상황은 그대로 바울의 신학적 구조를 이룬다.

---

5) 김경호, 『몸의 부활, 산자들의 부활』 도서출판 대장간, 2020, 참조

바울은 죄가 가지고 있는 보편성과 연대성에 주목한다. 죄가 몇 사람에게 영향을 미치는 것만은 아니다. 그것은 거부하고 피할 수 없는 권세다. 유대인이나 이방인이나 모두 죄 아래 있다. 아담이 범죄한 것처럼, 아담으로부터 유래한 모든 인간이 아담 안에서 범죄에 참여하고 있다. 죄는 개인의 영역을 넘어서 사회구조 안에 있고, 삶의 모든 관계 속에 각인된다. 그는 "모든 사람이 죄를 범하였으므로, 하나님의 영광에 이르지 못한다"(롬 3:23)고 한다. 바울의 이런 말은 우리가 죄를 범하지 않았더라도 죄 아래 있다는 '원죄론'을 낳게 되었다. 그것은 바울이 말한 죄를 단지 개인의 존재 안에 구겨 넣은 방향이 잘못된 신학이다.

원죄론에 대한 합리적 이해들

기독교의 '원죄'는 그 유전성에 강조점을 두기보다는 구조적인 특징을 드러내는 것으로 해석해야 한다. 원죄에 대해서 납득할 만한 설명은 중세의 신비주의자인 마에스터 에카르트의 이해이다. 그는 인간이 남, 여로 나뉘어 있고, 너와 내가 개체로 분화되어 있는 것이 원죄라고 하였다. 이런 분리는 인간이 완전히 하나가 되지 못하게 하는 요소이며, 완전한 사랑을 방해하는 근본 한계이다. 에카르트에게 죄는 개체적인 한계에 머물러 사는 것이며, 구원은 그 한계를 극복해 나가는 것이다.

필자에게 가장 설득력 있었던 원죄에 대한 설명은 독일의 여성 신학자 도르트 죌레의 것이다.[6] 죌레는 어린시절 네덜란드를 방문한 경험이 있다. 거기서 죌레는 비슷한 또래의 아이를 만나 그에게 다가가려고 애를

---

6) Dorothee Soelle, 『현대신학의 패러다임』 서광선 역, 한국신학연구소, 2000, 83.

썼다. 그러나 다가갈수록 경계하고 피하는 아이를 보고 그녀는 상처를 받았다. 어머니에게 이런 아픔을 호소하자, 어머니는 옛날에 독일이 네덜란드를 지배한 적이 있어서 네덜란드 사람들은 독일 사람들을 경계하며 좋아하지 않는다는 설명을 해주었다.

쫼레는 그 이야기를 듣고 자신이 한 것은 아니지만 인간이 어느 나라에서 태어나 어느 언어를 사용하는 가에 따라서 본인의 의지와는 상관없이 조상들의 어떤 죄책과 연결된다는 것을 알았다. 이것은 사람이 태어나서 사용하게 되는 언어, 문화의 유산으로 주어지는데 이것이 원죄라고 설명하였다. 개인은 거기서 빠져나올 수 없다. 이것은 나의 결정, 나의 의지를 넘어서는 나의 운명이다. 이런 것들은 나의 부모, 조상들의 전통의 죄악에 얽혀 있어 개인이 빠져 나올 수 없는 세력이며, 우리를 지배하는 권력이다. 이것은 나의 선택에 의해서가 아니고 나에게 주어진 것이며 조상들(역사), 이웃들(구조)의 행위가 쌓여서 나에게 운명처럼 부과된 것이다.

쇼트로프는 "바울의 죄의 개념은 로마제국을 은유한다."고 하며 죄와 원죄에 대해서 사회학적 이해를 시도했다. 바울이 설명하는 죄는 당시 정치적으로 로마라는 제국이 행하는 짓거리 그대로다. 죄는 구조적이고 연대적인 틀을 가지고 있으며 사람을 지배하고, 복종시키고, 정복하고, 대가를 지불하며, 공포와 죽음을 유포시킨다.[7]

이런 죄의 특성은 당시 전 세계를 장악하고 절대적인 힘으로 군림하는 제국의 권력이 행하는 속성을 그대로 은유한다. 그렇다면 예수 그리스도께서 십자가에서 죽으심으로 바로 이 죄악을 제거하고 인류에게 구원을

---

7) Ibid., 84.

펼치신 메시아(그리스도)라는 말도 아무런 설명을 덧붙이지 않고 문자 그대로 이해할 수 있게 된다.

　죄라는 추상적인 용어를 역사의 현실과 분리시켜 놓으면 그 본질은 간데없고 그야말로 만인이 자기 이해관계 속에서 제멋대로 해석할 수 있는 엿가락이 된다. 원죄라는 교리도 죄의 구조와 연대성을 강조하기 위한 표현의 본래 자리를 떠나 엉뚱하게 구천을 날아다니는 도깨비가 되어 버렸다.

함께 생각 나누기 »

* 바울신학이 가지고 있는 묵시문학적 요소에 대해서 이야기해 봅시다.

* 교회가 묵시문학을 포기했을 때 어떤 결과들이 생기는지 이야기해 봅시다.

* 바울의 십자가에 대한 이해를 묵시문학적 관점에서 이야기 합시다.

* 바울의 부활에 대한 이해를 묵시문학적 관점에서 이야기 합시다.

* 바울이 주력했던 제국 체제와의 투쟁을 보고 오늘 우리들이 사는 세계에서 일어나는 제국화에 대해서 이야기 합시다.

우리의 이름을 되찾는 날

고멜이 다시 임신하여 딸을 낳았다. 이 때에 주께서 호세아에게 말씀하셨다. "그 딸의 이름은 로루하마라고 하여라. 내가 다시는 이스라엘 족속을 불쌍히 여기지도 않고, 용서하지도 않겠다. 그러나 유다 족속은 내가 불쌍히 여기겠다. 그들의 주님인 나 하나님이 직접 나서서 그들을 구출하겠다. 그러나 내가 그들을, 활이나 칼이나 전쟁이나 군마나 기마병으로 구출하는 것이 아니다." 로루하마가 젖을 뗄 때에, 고멜이 다시 임신하여 아들을 낳았다. 주께서 말씀하셨다. "그의 이름을 로암미라고 하여라. 너희가 나의 백성이 아니며, 나도 너희의 하나님이 아니기 때문이다." "그러나 이스라엘 자손의 수가 바닷가의 모래처럼 많아져서, 얼마나 되는지, 아무도 되어 보거나 세어 볼 수 없을 때가 올 것이다. 그 때가 되면, 사람들이 너희를 로암미라고 부른 땅에서, '살아 계신 하나님의 자녀'라고 부를 것이다. 그 때가 되면, 유다 자손과 이스라엘 자손이 통일을 이룩하여, 한 통치자를 세우고, 땅에서 번성할 것이다. 그렇다. 이스르엘의 날이 크게 번창할 것이다. 이제 너희는 형제를 암미라고 하고, 자매를 루하마라고 하여라."(호 1:6-2:1)

6.15선언 2주년 기념일에 금강산에서 남북통일대축전이 열렸는데 남쪽 대표단으로 참석을 했다. 금강산으로 가는 배가 속초항에서 출발을 했다. 속초에서 북측의 장전항은 불과 40-50분 정도의 멀지 않은 길인데 4-5시간이나 배를 타고 갔다. "왜 그러냐"고 물으니, 영해 밖으로 나갔다가 다시 들어간다는 것이다. 그냥 가면 휴전협정 위반이 되니 평화조약이

되지 않는 한 그렇게 할 수 밖에 없다고 한다. 금강산을 방문하는 비용이 비싼 이유가 거기에도 있었다. 기름 한 방울 나지 않는 나라에서 바다를 오염 시켜가며 기름을 붓고 다닌다니 기가 막힌 일이다. 뱃길 뿐 아니라 우리사회의 모든 문제가 이 뱃길처럼 뒤틀어져있다.

오늘 본문은 호세아가 부정한 여인을 맞아 결혼을 하고 그 아이들의 이름을 이상하게 지은 이야기다. 로루하마는 "불쌍히 여김을 받지 못하는 딸", 로암미는 "내 백성이 아니다"는 뜻이다. 그러나 이스라엘 백성이 하나가 되어 서로 한 우두머리를 모시고 살게 되는 날 그들은 자기들의 잃어버린 이름을 되찾게 된다고 한다. 로암미에는 앞에 '로'라는 부정사가 떨어져서 암미로, 로루하마는 루하마로 회복되며 유다 자손과 이스라엘 자손이 통일을 이룩하여 한 통치자를 세우고 번성할 것이라고 한다.

여기서 그들이 세우는 한 통치자는 멜렉이 아니라 로쉬이다. 멜렉은 왕을 뜻하는데, 분단의 역사 속에서 세워진 왕이다. 이들은 오직 자신의 왕권을 지키는 것이 목적이다. 분단체제에서 세워진 권력은 분단 상황을 원할 뿐이다. 그 분단 상황 자체가 자신들의 권력 유지의 기반이고 도구이기 때문이다. 그래서 호세아는 그들이 섬기게 될 한 통치자로, 남북 왕조가 갈리기 전 시대의 지도자인 "로쉬"를 불러들인다. 이것은 분단주의자, 반통일 주의자를 배격하는 말씀이며, 참된 지도자는 통일을 꿈꾸는 지도자여야 한다는 것을 말한다.

조 바이든이 미국의 대통령으로 새로 취임하고 시진핑과 전화 통화가 있었는데 서로 다른 입장을 확인하는 설전에 가까운 통화였다고 한다.

올해 초부터 미국은 동맹을 강조하며 한국을 Quad 체제[8]에 들어오도록 압력하는 형상이다.

싱가포르 외무장관을 역임하고 유엔 안보리이사회의 의장을 지낸 키쇼르 막버바니(Kishore Mahbubani)는 Ouad가 아시아의 역사적 흐름을 바꾸지는 못할 것이라고 판단한다. 첫째는 4자가 서로 다른 지정학적 이해를 갖고 있는 취약성이며, 둘째는 아시아에서 파워 게임의 핵심은 군사적인 것이 아니라 경제에 달려 있기 때문이라고 한다.

우선 호주가 가장 취약하며 경제에 대한 중국의존도가 매우 높다. 호주는 지난 수십 년간 불황을 모르는 안정적 번영을 자랑하여 왔는데 이러한 성공의 배경에는 호주경제가 중국과 기능적으로 같은 지역에 속하는 지정학적 조건이다. 2018-2019년의 통계만 보아도, 호주 수출의 중국 비중은 33% 이상인데 반해 미국은 겨우 5%에 지나지 않았다. 그런데 작년 코로나 19에 대한 중국의 관련성 여부를 국제사회에 공개적으로 요구함으로써 면전에서 중국의 따귀를 때린 호주의 행동은 참으로 어리석었다. 설사 혐의가 있더라도 이를 신중하게 비공개적으로 접근했어야 한다. 그것으로 중국은 호주를 지켜보며 패를 쥐게 되었다.

인도는 중국에 대한 미국의 접근에 대해 이중적인 입장이다. 최근의 국경분쟁으로 인도가 중국에 대하여 강경하지만, 그렇다고 일방적으로 미국의 동맹국이 되지는 않을 것이며, 중국에게 실제로 위협을 가하는 행동

---

8) 미국, 호주, 인도, 일본이 중국에 대항하는 지역안보에 협력 체제

은 피할 것이다.

　인도와 중국은 오랜 문명을 지닌 대국들로 수천 년을 지리적으로 이웃하지만, 히말라야 산맥이라는 지형적 조건으로 사실상 분리되어 직접적인 접촉은 거의 없었다. 불행하게도 현대의 기술로 인하여 히말라야가 더 이상 차단의 장벽기능을 못하게 되자, 접경지역에서 양국의 군인들이 직접 대면하는 기회가 빈번해졌다. 2020년 6월에도 충돌하는 일이 벌어져 중국에 대한 혐오감이 인도 전역에 휘몰아 쳤다.

　그럼에도 불구하고 시간이 해결해줄 때가지 중국은 차분히 기다릴 것이다. 1980년에는 양국 간의 경제규모가 대등하였지만, 2020년에는 중국경제가 인도의 5배 규모로 성장했다. 이들 대국의 장기적인 관계는 결국은 경제의 규모에 의존하게 될 것이다.

　1980년대에 미국의 경제가 압도하면서 냉전시대의 소비에트는 사라졌다. 참으로 우연하게, 미합중국이 2017년에 이루어진 CPTPP 9)에 불참하면서 중국에게 의외의 선물을 안겨주었듯이, 인도는 동아시아 지역의 포괄적 경제협력기구인 RCEP10)의 참여를 포기하면서 중국에게 지정학적 이점(利點)을 제공하였다. 경제는 거대한 게임이 진행되는 곳이다. 미국이 CPTPP에서 발을 빼고 인도가 RCEP을 포기하면서 해당 역내의 거대한 경제의 생태시스템이 중국을 중심으로 형성되고 있다.

　여기서 심각하게 참조할 통계자료가 있다. 2009년 당시 내국의 소비

---

9) Comprehensive and Progressive Agreement for Trans-Pacific Partnership'의 머리글자를 딴 자유무역협정, 포괄적 점진적 환태평양경제동반자협정'
10) Regional Comprehensive Economic Partnership, 역내 포괄적 경제 동반자 협정

사장 규모가 중국은 1.8조 달러이었던 반면에 미국은 4조 달러이상 이었다. 10년이 지난 2019년에는 상황이 역전되어 중국의 규모가 6조 달러, 미국은 5.5조 달러가 되었다. 더구나 향후 10년간 중국의 수입물량은 22조 달러를 상회할 것으로 예측되고 있다. 1970-1980년대의 미국의 대량소비 경제가 소비에트를 몰락시켰듯이, 향후에는 중국의 엄청난 내수시장의 규모가 국제지정학의 지형을 결정하는 잣대가 될 것이다.

최근에 진행되고 있는 중국과 일본 간의 화해분위기 역시 또 다른 증거이며, 일본은 중국에 대한 봉쇄의 실행프로그램에 여전히 서명하지 않고 있다. 일본은 다른 측면에서 역시 취약점을 지니고 있다. 호주는 다행스럽게 주변에 매우 우호적인 동남아시아 국가들로 둘러 싸여 있지만, 일본의 주변에는 비우호적인 이웃들인 중국과 러시아 그리고 역사적 앙금이 남아있는 한국이 있다. 일본은 이들과 어려운 관계를 맺고 있으며 때로는 긴장을 형성한다. 상대적으로 경제의 규모가 작은 러시아와 한국과 관계는 어려움에 빠지더라도 일본은 이를 관리해 나갈 수 있다. 그러나 신형 강대국으로 등장한 중국과는 관계를 상호 조정해 가야만 한다는 것을 일본자신이 너무도 분명하게 안다. 이는 새로운 현상이 아니며, 군국주의 시절인 20세기 전반기를 예외로 한다면, 일본은 줄곧 강대한 중국과 항상 평화를 유지하려고 노력하여 왔다.

시간이 흐를수록, 4개 국가들은 서로 다른 경제적 이해와 역사적 배경으로 Quad라는 동맹을 정상적으로 유지하기 점점 어려워 질 것이다. 이러한 배경이 Quad동맹의 해군함대가 인도양에서 훈련을 실시한다 해도 아시아 역사의 방향을 되돌리지 못하는 이유이다. 시간이 흐를수록, Quad 4개 국가들이 경제적 이해와 역사적 배경을 달리하면서 정상적인 동맹관계가 더욱 어려워질 것이다.

여기 하나의 뚜렷한 징후가 있다. 미합중국의 가장 강고한 동맹국인 한국을 포함하여 아시아의 어떤 나라도 Quad에 참여하고 있지 않다. 아시아의 미래는 Quad라는 4개의 영문자가 아닌 RCEP이라는 이름으로 기록될 것이다.[11)]

한미동맹이 동맹을 강조하며 한국을 중국을 견제하는 블록에 참여 시키려고 하는 것을 우리는 견제해야 한다. 이것은 자살골을 넣는 어리석음이다. 숫자가 말해준다. 중국은 급속하게 떠오르는 강대국으로 한국의 제1 무역상대국이다. 한국-중국의 무역량은 2004년부터 한국-미국의 무역량 보다 많아 졌다. 2009년부터는 두 배가 넘었다. 2020년 "한국무역협회" 통계를 보면, 최근 3년간(2017-2019년) 한중 교역량은 연평균 1,468억 달러인데 한미 교역량은 715억 달러다. 같은 기간 한국이 중국에서 얻은 무역흑자는 연평균 430억 달러인데 비해 미국으로부터 얻은 흑자는 144억 달러다. 중국과의 무역규모는 미국보다 두 배 이상이고, 흑자 폭은 3배 안팎이다. 이런 상황에서 한국이 중국을 겨냥해서 미국과 군사동맹을 유지하는 것이 바람직한 일인가?[12)]

게다가 미국과 중국은 패권 전쟁을 벌이고 있는데, 동중국해와 남중국

---

11) Kishore Mahbubani, "ForeignPolicy" 2021-01-27
12) 이재봉 교수, "미중 패권경쟁과 한국의 길" 통일을 준비하는 사람들 회보 제34호 (2020.12.15.)

해에서 중국을 봉쇄하는 정책을 펼치면서 양국의 무력 충돌 가능성이 높아지고 있다. 만에 하나 미국과 중국 사이에서 전쟁이 일어난다면 중국의 제1폭격 대상은 중국에서 가장 가까운 위치에 미군부대가 있는 평택이나 오산, 사드 기지가 있는 성주가 되기 쉽다. 주한 미군으로 인해 한국이 전쟁터로 변할 가능성이 있다. 그야말로 외세에 의해 어처구니없는 전쟁에 휘말리게 되는 것이다.

호세아가 이스라엘의 이름을 되찾는 날을 그렸듯이 우리가 우리의 이름을 되찾으려면 이 모든 외세 개입에 빌미가 되고 있는 남북의 갈등이 멈추어야 한다. 남북이 우선 하나가 되고 이를 방해하는 미국으로부터 자유롭게 되는 날, 우리는 우리의 이름을 되찾게 될 것이다.

» (강남향린교회 강단 중에서)

6

그리스도의 몸, 몸(소마)의 신학

영, 정신, 몸 등의 용어는 인간학적 용어들이다. 희랍과 그 전통을 계승한 영지주의는 이런 개념들을 서로 대립적으로 사용한다. 하지만 바울은 이를 통합적으로 사용한다. 바울이 말하는 신인류 "그리스도의 몸"에 대한 개념을 살펴본다.

바울의 통합적 인간학

희랍은 인간학적 구분을 할 때 인간을 정신과 육체로 나누어 대립적으로 본다. 반면 히브리의 인간학적 구분은 삼분법이다. 정신과 육체의 희랍적 개념 위에 하나님과의 관계성에서 생각하는 영이 추가된다. 그러나 히브리적 개념에서는 이런 용어들이 인간을 세분하는 용도가 아니다. 각각의 용어가 대립적이지 않다. 히브리적 용례는 몸의 한 부분의 표현이라도 그것은 인간 전체를 대표한다. 예를 들면, "평화를 전하는 이의 발이여!"라는 표현이 꼭 발을 가리키는 것이 아니라, 평화를 전하는 사람, 기쁜 소식을 전달하는 인간 전체를 표현한다. 히브리적 용례는 성격에 따라 구분하더라도 부분의 용어로 전체를 표현한다. 영도 인간이요, 몸도 인간을 가리키며 서로 적대하지 않는다.

우리말	히브리어	희랍어	바울의 인간학
영	루아흐 (ruach)	프뉴마(πνεύμα pneuma)	성령을 따라 사는 사람들 (프뉴마티코이, πνευματικόι)
혼, 정신 이성	네페쉬 (nephesh)	프쉬케(ψυχή, psyche), 누스(νους, nous)	자연에 속한 사람들 (프쉬키코이 ψυχικόι)
육체, 살	바사르 (basar)	사르크스(σάρξ, sarx)	육을 따라 사는 사람들 (사르키코이, σάρκικόι)

바울은 소마(σῶμα, soma : 몸)라는 용어로 통합적인 인간을 표현한다. 바울의 교회가 일체의 차별을 지양하는 공동체이듯이 그의 인간이해도 통합적이며 전(全)인격적이다. 그는 전체로서의 인물을 자기 자신으로 이해한다.(The person as a whole, the self)

바울은 인간을 성령을 따라 사는 사람, 육을 따라 사는 사람, 자연에 속한 사람으로 구분한다. 그런 의미에서 이성과 영을 나눈다고 볼 수 있지만, 이러한 구분은 선택적이고 가변적이다. 자연의 몸은 신령한 몸을 덧입어 변화할 것을 요청한다.(고전 2:6-15, 15:42-49)

영지주의자

희랍사상을 대변하는 영지주의자들에게 영과 육은 서로 대립한다. 그들은 육체를 억압해서 영을 최대화하려는 금욕주의와 육체를 아예 욕망에 내어던지는 쾌락주의의 두 경향으로 나타난다. 육체는 타락한 것이니 이 세상에서 살아갈 때는 타락한대로 버려두어도 영은 영향을 받지 않는다고 생각하여 극도의 쾌락주의가 되기도 한다. 당시의 이런 경향들은 다음에 볼 수 있는 성경의 말씀 속에서도 찾을 수 있다.

> 모든 것이 나에게 허용되어 있다.(고전 6:12)
> 음식은 배를 위한 것이요, 배는 음식을 위한 것입니다.(고전 6:13)
> 죽은 사람들의 부활은 없다.(고전 15:12)
> 내일이면 죽을 터이니 먹고 마시자.(고전 15:32)

반면 바울은 다음과 같이 말한다.

> 몸은 주님을 위하여 있는 것이며 주님은 몸을 위하여 계시다.(고전 6:13)
> 몸은 성령의 전이다
> 몸은 하나님께로 받은 것이니 개인의 소유물이 아니다.(고전 6:19)
> 몸은 하나님께서 값을 치르고 산 것이니 너희 몸으로 영광을 돌리라.(고전 6:20)

유대인-그리스인, 종-자유인이 한 성령, 한 세례를 받았고 이들은 한 몸이 된 하나이다.(고전 12:13, 갈 3:28) 바울에게서 한 몸이란 개인의 신체적 몸이나, 조직체로서의 집단이 아니라 차별 없이 하나가 된 상태를 말한다. 한 몸을 이루는 사람들이 참여하여 만들어 내는 세상, 즉 그리스도께서 구원하시는 현실의 존재를 말한다.

한국교회에서 자신과 교단이 다르고 신앙에서 다른 점이 보이면 쉽게 정죄하고 이단이 아닌가 의심하는 습관이 있다. 과거 우리나라의 문호가 개방되고 세계 각 교회나 교단들이 경쟁적으로 선교하면서, 우리나라는 마치 세계에 존재하는 다양한 교단들의 박물관처럼 되었다. 이에 자기 집단을 지키기 위해 나와 다른 것을 이단으로 정죄하던 불행한 역사가 있었다. 그러나 이것은 신앙적인가? 내 교회, 내 교인을 지키기 위해 예수께서 자신의 몸을 희생해서 구원하신 형제와 자매들을 이단이니 사단(사탄)이니 운운하는 것은 그리스도의 몸을 다시 찢어내는 행위다. 내 교회, 내 교인은 없다. 그것은 착각이다. 교회도 그리스도의 교회이고, 교인도 전부 그리스도의 사람들이다. 교회 안에 파당은 없어야 한다. 지금은 각 교회들이 안정되어서 그렇게 다른 교단을 매도하는 경향은 현저하게 줄어들어 다행이지만 아직까지도 쉽게 그런 말을 뱉어 내는 크리스천들을 보면 주님께서 얼마나 그 치기어린 신앙을 보고 절망하실까 염려스럽다.

성례를 통해 이루어가는 그리스도의 몸

> 우리가 축복하는 축복의 잔은, 그리스도의 피에 참여함이 아닙니까? 우리가 떼는 빵은, 그리스도의 몸에 참여함이 아닙니까? 빵이 하나이므로, 우리가 여럿일지라도 한 몸입니다. 그것은 우리가 모두 한 빵에 참여하기 때문입니다.(고전 10:16-17)

우리가 성찬을 나누면서 그리스도의 피와 살이라고 하니까, 성찬의 의미가 그리스도의 수난과 아픔을 기억하는 것이라 생각하기 쉽다. 그러나 위의 말씀처럼 성찬의 의미는 하나의 빵과 잔에서 나누므로 그것을 나누

는 사람들이 여럿일지라도 한 몸이라는 것에 있다. 성찬의 의미는 수난
의 고통보다는 한 분이신 그리스도의 몸에 참여하는 것이기에 그리스도
를 머리로 모두 한 몸의 신비한 관계 속으로 들어간다는 의미다. 이러한
신비한 관계는 공간적으로 멀리 떨어져 있고, 한 번도 만나지 못한 사람
일지라도 함께 성찬에 참여함으로 한 형제자매가 되고, 나아가서 한 몸
의 관계 안에 들어간다. 이것은 공간뿐만이 아니라 이천 년 전에 예수와
함께 성찬에 참여하였던 성도, 또 앞으로 태어날 세대와도 성찬을 통하여
하나가되는 신비 가운데 초청되는 것이다.

바울은 성찬에 참여하는 것이 어떤 물질의 의미를 넘어서서 그리스도
의 몸을 나누고 그리스도 자신에 참여하는 것이며 동시에 성만찬에 참여
하는 모든 사람들이 하나가 되어 하나님 나라의 초청에 참여하는 것을 뜻
했다. 불트만은 "인간은 몸을 가지고 있는 것이 아니고 몸이다"고 한다.
몸은 전(全)인격을 나타낸다. 그러기에 성찬을 나누며 "이것은 너희를 위
하는 내 몸이다"고 할 때, 그 몸은 예수 그리스도 자신이다. 바울은 몸을
영과 구분하기는 하지만, 영아래 하위 개념으로 보지 않는다. 바울은 몸
을 그리스도와 관련시켜서 사용한다.

여러분은 성령의 전입니다.(고전 3:16)

여러분의 몸은 성령의 전입니다.(고전 6:19)

바울이 그리스도의 몸이 성전이라는 주장은 유대교가 중심으로 삼는
성전 희생제도와의 단절을 의미한다. 유대교의 상징인 성전은 이제 우리

의 몸으로 대체된다. 영적인 제사, 우리 몸의 산제사가 유대교를 대체한 새로운 종교의 중심에 자리한다.

우리 개인적인 혹은 집단적인 몸이 성령의 전이라면, 하나님께 우리의 몸을 산제사로 바쳐야 한다면(롬 12:1), 성전은 더 이상 무슨 소용이 있단 말인가? 만일 예수가 단 한 번에 모두 우리를 죄로부터 자유롭게 하기 위하여 죽었다면, 성전은 불필요한 것이고 이미 대치된 것이다. 예수의 죽음은 희생제사 제도를 끝장낸 것이다. 그가 죽을 때, 성전의 지성소 앞에 있는 장막이 위에서 아래까지 찢어져 내렸는데(막 15:38), 이는 성전의 거룩한 권능이 끝났다는 상징적 표현이다.[1]

바울의 몸(소마) 비유

바울의 유명한 몸의 비유(고전 12장)는 당시 널리 그리스-로마 시대에 알려진 메네니우스 아그립바(Menenius Agrippa)의 비유와 비슷하지만 그 강조점은 정 반대다. 두 비유를 비교함으로써 바울이 이야기하는 교회관, 세계관을 살펴본다.

> 몸은 하나인데 많은 지체가 있고, 몸의 지체는 많지만 한 몸임과 같이, 그리스도도 그러합니다. 우리는 유대 사람이든지, 그리스 사람이든지, 종이든지, 자유인이든지, 모두 한 성령으로 세례를 받아서 한 몸이 되었고, 또 모두 한 성령을 마시게 되었습니다. 몸은 한 지체가 아니라, 여러 지체로 되어 있습니다. 발이 말하기를 "나는 손이 아니니, 몸에 속한 것이 아니다" 한다고 해서 발이 몸에 속하

---

1) Walter Wink, *Engaging the Power*, op.cit., 241.

지 않은 것이 아닙니다. 또 귀가 말하기를 "나는 눈이 아니니, 몸에 속한 것이 아니다" 한다고 해서 귀가 몸에 속하지 않은 것이 아닙니다. 온몸이 다 눈이라면, 어떻게 듣겠습니까? 또 온몸이 다 귀라면, 냄새는 어떻게 맡겠습니까? 그런데 실은 하나님께서는, 원하시는 대로, 우리 몸에다가 각각 다른 여러 지체를 두셨습니다. 전체가 한 지체로 되어 있다고 하면, 몸은 어디에 있습니까? 그런데 실은 지체는 여럿이지만, 몸은 하나입니다. 그러므로 눈이 손에게 말하기를 "너는 내게 쓸 데가 없다" 할 수가 없고, 머리가 발에게 말하기를 "너는 내게 쓸 데가 없다" 할 수가 없습니다. 그뿐만 아니라, 사람이 몸 가운데서 더 약하다고 여기는 지체가 오히려 더 요긴합니다. 그리고 몸 가운데서 덜 귀하다고 생각하는 지체들을 더욱 귀한 것으로 입히고, 볼품없는 지체들을 더욱더 아름답게 꾸며 줍니다. 그러나 아름다운 지체들에게는 그럴 필요가 없습니다. 하나님께서는 몸을 골고루 짜 맞추셔서 부족한 지체에게 더 큰 존귀함을 주셨습니다. 그래서 몸에 분열이 생기지 않게 하시고, 지체들이 서로 같이 걱정하게 하셨습니다. 한 지체가 고통을 당하면, 모든 지체가 같이 고통을 당합니다. 한 지체가 영광을 받으면, 모든 지체가 함께 기뻐합니다. 여러분은 그리스도의 몸이요, 한 사람 한 사람은 그 지체입니다(고전 12:12-27)

이 말씀은 당시 희랍세계에 널리 알려진 비유-메네니우스 아그리파(Menenius Agrippa)의 우화를 변형한 것이다. 그 우화는 다음과 같다.

메네니우스 아그리파의 우화

지금도 그렇듯이 사람의 지체들이 모두 서로 의견이 같지 않고 각자의 생각과 목소리를 지니고 있던 날들에, 일부 지체들은 자기들이 걱정과 근심, 배를 위한 모든 것을 제공해야하는 수고를 하는 반면에 배는 아무것도 하지 않은 채 그들 가운데 가만히 있으면서 자기들이 제공하는 좋은 것들을 누리는 것이 부당하다고 생각하였다. 그래서 그들의 손들은 입에 음식을 나르지 않았고, 입은 자기에게 주어진 것들을 받아들이지 않았으며, 이빨은 자기가 받아들인 것들을 씹지 않기로 공모하였다. 그들이 이렇게 성이 나서 배를 굶주리게 하여 굴복시키려고 하는 사이에, 지체들과 몸 전체는 극도로 쇠약해 졌다. 그러므로 배는 빈둥거리며 논 것이 아니라 몸의 모든 부분에 우리가 살고 성장할 수 있는 것을 혈관들에 골고루 나누어 주고 소화된 음식으로 풍성하게 해줌으로써 나머지 부분들에 영양분을 공급해 주었다는 것이 분명해 졌다.[2]

두 비유, 다른 세계

희랍세계가 널리 퍼뜨린 이 비유의 의도는 명백하다. 몸의 지체들이 내부에서 분열을 일으켰다는 비유를 통해서 평민들이 족장들에게 분노하는 것으로 어떤 결과를 가져오는 지 강조한다. 메네니우스 아그리파의 비유는 통합과 순종을 강조하지만 바울의 비유는 다르다.

몸은 건강한 지체에 대해서는 오히려 신경 쓰지 않는다. 그러나 몸이 아프면 그 아픈 곳을 통해서 몸의 존재를 느낀다. 아픈 그 곳이 바로 몸 전체가 된다. 우리에게 통증을 가져다주거나 약하다고 여겨지는 부분에 대해서는 유달리 신경을 쓰고 보살핀다. 그것은 몸 자체가 어느 한 부분을 소외시킬 수 없는 긴밀한 유기체이기 때문이다. 그러므로 몸 가운데

---

2) Livy, *Historia*, 2.32. 9-12 James D.G. Dunn, 『바울신학』 박문재 역, 2003, 크리스찬 다이제스트, p.735에서 재인용

약하다고 여기는 지체가 바로 몸이며, 그 사람 전체의 건강을 좌우하는 요소다. 바울은 몸의 비유를 통해서 하나님께서는 부족한 지체를 더욱 소중하게 여기신다고 한다.

바울의 비유는 약한 지체를 우선하라는 데에 초점이 있다. 전체가 건강하려면 약한 곳을 우선 돌봐야 한다. 그러니 어느 지체 하나라도 중요하지 않은 것이 없다. 한 지체가 고통을 당하면 모든 지체가 같이 고통을 당하고, 한 지체가 영광을 받으면 모두가 함께 기뻐하는 것이 몸이 가진 유기성이다. 반면에 메네니우스 아그리파의 몸의 비유는 전체를 위하여 부분의 아픔은 감수하라는 것이 비유의 초점이다.

같은 소재의 비유지만 그 강조점은 서로 정반대다. 메네니우스 아그리파의 비유는 평민들의 불만을 무마하여 효과적으로 통솔하기 위한 지배 이데올로기이다. 그러나 바울은 현상을 유지하기 위해서가 아니라 변화시키기 위해서 사용했다. 전체 속에 개체의 존재를 적절히 배치하기 위해서가 아니라, 개개의 소중함을 재평가하기 위해서 이 비유를 사용한다. 공동체 안에 생긴 갈등을 잠재우고 무마하기 위하여 사용하는 것이 아니라, 약한 지체를 차별하고 무시하는 강한 지체들에게 인식의 전환을 요구한다.[3]

바울의 몸의 비유는 약한 지체들에 대한 처우는 조금도 개선하지 않은 채, "우리는 모두 한 몸이다"며 권위적인 선언만 하는 지배자들의 위선을 경계한다. 약한 지체들을 기만하는 로마의 지배이데올로기는 극복되어야 한다. 로마 제국이 자신들의 지배 이데올로기를 유지하려고 널리 퍼프

---

3) "제국적 지배 이데올로기와 바울의 그리스도의 몸으로서 공동체 해석", 『바울 새로보기』 김재성 엮음, 한국신학연구소, 2000, 228.

린 이야기를 사용해서 그 의미를 정반대로 뒤집는다. 비슷하지만 전혀 다른 목적이다. 몸은 평소에는 의식하지 않다가도 몸의 아픈 부분, 약한 부분이 생기면 이를 치유하기 위해 애쓴다. 그것은 모두가 한 몸의 관계이기 때문이다. 그리스도의 몸이란 이렇게 정의롭고 평등하게 하나되는 관계 안에서 이루어진다. 바로 교회가 이루는 거룩한 공동체의 상이다.

고린도교회의 분열

바울은 고린도교회의 실제상황에서 이러한 경험을 얻었다. 고린도 교회에 분열을 가져온 사건들은 성만찬 오용(11:17-22), 우상에게 바친 고기(8:1-13)를 먹는 일, 신도들의 파별싸움(1:12, 3:4)등이다. 이들은 서로 마음이 갈라질 대로 갈라져서 바울 파, 아볼로 파, 게바(베드로) 파, 심지어는 그리스도 파의 4개 파로 나누어졌고 서로 세상법정에 고소하는 상황이었다. 바울은 자신이 세운 교회지만 거기서도 일부를 제외하고 나머지 분파들은 바울을 배척했다. 그러나 그는 평정심을 잃지 않았고 그들에게 권고할 때도 유기체적인 그리스도의 몸에 대한 신학을 일관되게 관철한다.

우상에게 바친 음식

고린도 교회에는 우상에게 바친 고기를 먹는 일, 유대인의 정결예법을 따른 음식(코셔, Kosher)에 대해 서로의 의견이 엇갈렸다. 이 고기는 짐승을 이교적 제의에 따라 도축해서 시장에 내다 판 것이기에 이런 고기를 먹는 것은 이교의 신들과 친교를 나눈다는 혐의를 불러 일으켰다.[4] 이에 바울

---

4) Ekkehard W. Stegemann and Wolfgang Stegemann, op cit., 433.

은 음식 자체가 중요한 것이 아니라고 한다. 바울에게 그 자체로 부정한 음식은 없었다.(롬 14:14) 음식은 음식이지 하나님께 바친 음식과 우상에게 바친 음식이 따로 존재하지 않는다는 입장이다. 그는 하나님 외에 다른 신이 어디 있느냐며 우상에게 드린 제사 음식을 거부하는 것이 오히려 믿음이 약한 자들의 행위라고 한다.

하지만 그가 권하는 내용은 정반대다. 그것을 보고 실족할 수 있는 사람들, 바로 믿음이 약한 교인들이 있다면, 그들을 배려하기 위하여 먹지 말라고 권고한다. 바울의 몸의 신학은 철저하게 통합적이다. 어느 지체 하나 소외되지 않고 모두가 하나되는 것이 그리스도의 몸을 이루는 방식이다. 교회가 분열되었을 때라도 바울은 전체를 하나로 통합하려고 했다. 그리스도의 몸은 가장 약한 지체를 소중하게 여기고 치유해 나가는 공동체다. 바울은 보다 성숙한 믿음을 가진 사람들이 상대적으로 많은 금기를 가진 믿음이 약한 사람들을 배려하며 품으라고 한다. 베어내는 칼보다는 보다 넉넉한 사랑의 품이 공동체를 이루어가는 주인들의 품성이다.

몸(소마)의 신학

몸은 만물을 느끼고 감지하고 소통한다. 몸이 없다면 우리는 아프고, 슬프고, 고통을 당하는 것을 인지하지 못한다. 모든 언어는 개념어, 추상어가 될 것이다. 몸은 이웃의 아픔이나 고통을 인지하는 주체이기도 하며, 우리가 당한 아픔을 이웃과 하나님께 호소하고 연대를 요청하는 주체이기도 하다.

몸은 자신의 생명을 유지하기 위한 아주 비상한 능력을 가지고 있다.

우리가 눈으로 보고 머리로 감지하지 못하는 것까지도 기억한다. 필자가 어려서 감을 먹지 못했다. 감을 먹으면 구토가 나왔다. 입으로는 달콤한데 왜 나는 맛있는 감을 먹지 못할까 궁금했다. 그러나 어머니께 들으니 아주 아기 때 감을 먹고 체한 경험이 있었다는 것이다. 몸은 생존을 위해서 자체적인 기억 체계를 가지고 있다. 뒷걸음질 치다가 뜨거운 난로에 닿았을 때, 머리가 미처 난로에서 떨어지기를 명령하기 전에, "앗 뜨거!"라고 소리치며 물러난다. 몸에 위기 상황이 닥치면 미처 머리가 인지하지 못하는 것도, 더 빨리 반응하기 위한 자율신경이 작동한다. 몸은 우리가 기억하지 못하더라도 자율적으로 움직이는 체계이다.

또한 몸은 우리가 머리로 자기 후손을 어떻게 만들고 디자인 하지 않더라도 자동으로 오래된 생명의 정보를 유전자 속에 담는다. 머리를 거치지 않아도 생명의 유지를 위한 독자적 인지체계, 기억체계, 행동체계를 대대로 전수한다. 그것은 신체의 어느 일부분이라도 희생시키지 않고 통전적으로 유지해 나가기 위한 본능이며 하나님께서 우리 몸을 지키기 위해 심어주신 파수꾼이다. 이 파수꾼은 우리 몸에서 아주 보잘 것 없고 소홀하기 쉬운 부분까지도 하나로 안고 가는 통전적인 유기체성을 최우선으로 삼는다. 그러므로 몸은 어느 한쪽을 정죄하지 않는다. 몸은 서로에 의존하여 존재한다. 바울은 이 신비로운 몸의 유기체성에 비유하여 모든 차별을 제거하고 새롭게 연대를 이루는 인류 공동체를 꿈꾼다. 그에게 이 공동체는 그리스도를 머리로 그분의 가르침과 삶을 따르는 공동체이다. 바울은 이 새로운 공동체를 '그리스도의 몸'으로 비유하며 그것을 위해 부르심 받은 성도들의 연합한 몸을 '교회'라고 일컫는다.

월터 윙크는 우리가 '그리스도 안에'사는 것은 그리스도의 몸에 참여하는 것을 말하며, 이는 각자 자기 자신의 육체를 따른 삶에서 벗어나 영을 따라 사는 것이라고 말한다. 이는 집단적인 그리스도를 이루는 삶으로 그리스도의 몸을 이루며, 그리스도의 지체가 되는 삶이다. 그는 "그리스도의 몸은 여러 개인들의 오합지졸 같은 집합이 아니라 유기적인 통일체, 한 영역, 현재적 존재의 차원, 생성되어 가는 질적 특성이다. 그것은 사람들로 하여금 비인간화 시키는 체제와 연루되어 공범이 되는 일, 가령 지배 체제에 의해 파괴된 법률제도에 순종하기를 거부하게 만든다."고 한다.[5)]

하나의 성령, 하나의 세례

바울은 소마라는 용어로 통전적인 인간을 말한다. 그것은 서로 유기적 관계를 맺는 통전성이 생명이다. 크리스천은 하나의 세례, 하나의 성찬에 참여함으로 한 성령으로 한 몸을 이루는 신비한 관계에 들어간다. 각자 다른 곳에 있지만 이 신비한 한 몸 안에 있는 성도들은 그리스도를 머리로, 그분의 뜻과 지시로 살아가며 동시에 그리스도의 몸으로 그분의 삶을 이루어 간다. 각자의 모양은 달라도 우리는 모두 그리스도의 삶을 나누어 살아가는 한 몸이다.

> 몸은 하나인데 많은 지체가 있고, 몸의 지체는 많지만 한 몸임과 같이, 그리스도도 그러합니다. 우리는 유대 사람이든지, 그리스 사람이든지, 종이든지, 자유인이든지, 모두 한 성령으로 세례를 받아서 한 몸이 되었고, 또 모두 한 성령을 마

---

5) Walter Wink, *The Human Being: Jesus and the Enigma of the Son of the Man*, op.cit., 428.

시게 되었습니다.(고전 12:13)

"그리스도의 몸"은 모든 크리스천의 영혼을 포함하는 거대한 몸으로서 유기체적 연대를 말한다. 세례를 받을 때 우리가 한 성령으로 세례를 받아 그 안에 거듭나듯이, 모든 크리스천은 한 성령을 가졌고, 우리가 지금 호흡하고 있는 것도 매일 매 순간 한 성령(숨)을 마신다.

할례에서 세례로, 정결례(코셔)에서 성찬으로

바울은 유대인들이 고집하는 할례에 가장 극렬하게 저항했다. 할례는 유대인들의 정체성을 확립하기 위한 것이지만, 세례의 조건은 혈통이나 민족에 제한이 없다. 누구든지 하나님을 아버지로 모시는 한 형제, 자매의 관계에 들어갈 수 있다. 세례는 유대인들이 채운 빗장을 풀어 헤친다. 새로운 공동체, 그리스도인들은 할례대신 세례를 통해 그리스도의 몸에 참여한다. 바울은 "할례를 가지고 여러분을 선동하는 사람들은, 차라리 자기의 그 지체를 잘라 버리는 것이 좋겠습니다."(갈 5:12)라고 비웃는다. 만약 이러한 주장을 받아들인다면 이방인들은 먼저 할례를 받아 유대인으로 개종시킨 다음에, 재차 세례를 받아 그리스도인이 되게 하는 이중 절차를 밟아야 한다. 이런 것은 그의 소명을 배반하는 일이 된다.

성찬 역시 마찬가지다. 유대인들이 자기들의 정체성을 주장하는 또 하나의 장벽은 정결례며, 이에 따른 음식규정, 코셔음식이었다. 그러나 성찬은 그리스도의 몸과 피를 함께 나누고, 그리스도의 몸에 참여하고자 하는 사람들, 모두에게 열려있다. 아무런 전제 조건이나 제한을 두지 않는다. 바울은 할례에서 세례로, 정결례(코셔)에서 성찬으로 모두에게 열려

있는 새로운 그리스도교의 정체성을 강조한다.

그리스도의 몸을 이루는 사람들은 세례를 통해 입문해 하나의 성찬, 떡과 잔에서 삶을 함께하는 동지들이다. 오래 전부터 교회 조직의 기초로 확립된 성례전은 위대하다. 각기 다양한 고백과 주장들을 하나의 공통된 의식, 예전으로 묶어준다. 마치 결혼예식을 통하여 결혼생활에 들어가듯이 하나의 성례전(세례와 성찬)을 통하여 한 분이신 그리스도의 몸에 참여한다. 그렇게 함으로 교회는 흩어져 있지만 하나인 교회가 된다.

이렇게 한 분이신 하나님은 하나의 믿음과 하나의 희망을 통해 계시다. 여기서 하나라는 숫자에 중요성이 있는 것이 아니고 그 통일성에 중심이 있다. 하나님은 만물 위에 계시고, 그 안에 계시고, 그것을 꿰뚫어 계신다. 거기서 각자의 직책과 역할이 나오는데 어떤 사람은 사도로, 예언하는 사람으로, 전도자로, 교사로 삼으신다. 그리고 이들의 완전하고 헌신적인 봉사를 통하여 그리스도의 몸이 자라나게 된다.

자라나는 그리스도의 몸

그러므로 이제부터 여러분은 외국 사람이나 나그네가 아니요, 성도와 같은 시민이요, 하나님의 가족입니다. 여러분은 사도와 예언자의 터 위에 세워진 건물이요, 그리스도 예수 스스로가 그 모퉁잇돌이십니다. 그리스도 안에서 건물 전체가 서로 연결되어서, 주님 안에서 성전으로 자랍니다. 여러분도 그리스도와 연결되어서 함께 건물을 이루어 하나님께서 성령으로 거하실 곳이 되어갑니다.(엡 2:19-22)

자란다는 것을 개역성경은 '성전이 되어가고'(oikodomen, $οικοδομην$: building)라고 표현한다. 그리스도의 몸인 교회, 성전은 보이는 건물이나 성도의 머릿수가 아니다. 당연히 건물이 자랄 수는 없다. 성전은 서로가 이루어 내는 연대의 깊은 차원을 말한다. 자기를 초월한 연대가 깊어질수록 교회는 자라난다.

영은 상호 존중하고 상호 의존한다. 영은 서로를 시기, 질투하거나, 곤란하게 하거나, 배타하여 편을 가르거나, 정죄하지 않는다. 영은 하나의 존재이고 통합적이며 서로 이해하고, 서로 배우려고 하고, 서로에 대해 감탄하며, 서로를 살려준다. 하나 되게 하시는 영은 살아계신 하나님께서 우리들 각자에게 존재하는 방식이다.

바울은 4개의 분파로 나뉘어 서로 심하게 다투는 고린도교회에 대해 편지를 쓴다. 누구보다도 고린도교회를 세운 바울의 상처는 깊다. 그러면서도 그들을 배제하는 것이 아니라 하나로 통합해 가는 논리로 "그리스도의 몸"의 신학을 정립한다. 또한 이것은 강력한 선교의 원리이기도 하다.

함께 생각할 문제 »

* 바울이 통합적 인간학의 중심 용어인 소마(몸) 대해서 이야기 합시다.

* 당시 희랍세계에 널리 알려진 메네니우스 아그리파의 비유가 강조하는 것은 무엇인지 이야기합시다.

* 메네니우스의 비유에 비해서 바울의 몸의 비유가 강조하는 것은 무엇인지 이야기 합시다.

* 몸의 신학이 바울의 교회론에 어떤 영향을 미치는지에 대해 이야기합시다.

따로 또 함께, 사랑 안에서

> 그러나 우리는 이 모든 일에서 우리를 사랑하여 주신 그분을 힘입어서, 이기고
> 도 남습니다. 나는 확신합니다. 죽음도, 삶도, 천사들도, 권세 자들도, 현재 일도,
> 장래 일도, 능력도, 높음도, 깊음도, 그 밖에 어떤 피조물도, 우리를 우리 주 예수
> 그리스도 안에 있는 하나님의 사랑에서 끊을 수 없습니다.(롬 8:37-39)

교우들이 투표로 정한 강남향린교회 2021년 표어다. 코로나 역병으로
우리는 따로 떨어져 있기를 요청받는다. 이 기간에 자신의 내면을 강화하
는 시간을 갖는다면 가장 알차게 위기의 시간을 극복할 수 있을 것이다.

함께 이루는 신앙도 중요하지만 홀로 있는 영성도 중요하다. 혼자서
건강하게 설 수 있을 때라야 함께해도 건강할 수 있다. 건강하지 못한 개
인들이 모이면 각자 자기를 내세워 다툼의 장이 되기 쉽고, 가끔 그 놀음
에 흘려 설치는 이들에게 우리의 영혼을 빼앗기기 쉽다. 각자의 영성이
중요하지만 그것은 그리스도의 사랑 안에서 이루어져야 한다. 혼자 있든
지 함께 어울리든지 그것은 우리가 그리스도의 사랑 안에서 그 사랑을 심
오하게 할 때, 의미가 있다. 앞으로 우리들의 신앙이 어떤 방향으로 변화
해야 하는 가를 살펴보자.

첫째, 공존하는 지구생명을 위해 인간의 겸손이 요구된다.
코로나 역병의 대유행은 그동안 인간이 모든 것의 주인이라며 마치 이
지구의 주인처럼 행세해온 결과이다. 자연은 자연 나름의 주권이 있다.

동물은 동물대로, 식물은 식물대로, 존재하는 흙과 땅, 물, 돌…. 모두 하나님 앞에 동등한 자기 몫의 권리가 있는 피조물들이다. 이들은 우리와 동일하게 하나님께 지음 받은 존재다.

그런데 인간이 이들의 주인 행세를 하며, 무한히 그들의 영역을 침범하고 병들게 했다. 이번 코로나는 경고에 불과하다. 만약 인류가 자연과 공존하는 겸손함을 찾지 못한다면 그 다음에는 코로나 보다 훨씬 강한 놈, 모든 인류가 지하 벙커를 구해 들어가 피신해야 생존할 수 있는 더욱 심한 자연의 보복을 당할 지도 모른다.

우리는 우리의 삶을 겸손하고 소박하게 하며, 우리의 일상에서 자연과 더불어 살아가는 삶을 찾아내야 할 것이다. 그것이 올해 우리가 해야 할 첫 번째 과제이다. 변화하는 지구 환경을 보면 인간이 영원히 살 것 같이 생각하지만, 어느 날 갑자기 사라질 수도 있는 조건 앞에 다가서 있다. 언제나 삶의 마지막 날을 염두에 두고 함께 공존하며 살아가는 겸손함이 요구된다.

둘째, 평범한 일상 속에서 축제를 찾자.
전도서는 우리에게 말한다.

> 사람에게 먹는 것과 마시는 것, 자기가 하는 수고에서 스스로 보람을 느끼는 것, 이보다 더 좋은 것은 없다. 알고 보니 이것도 하나님이 주시는 것, 그분께서 주시지 않고서야 누가 먹을 수 있으며 누가 즐길 수 있는가?(전 2:24-25)

그렇다. 우리의 한평생이 짧고 덧없는 것이지만, 하나님이 우리에게 허락하신 것이니, 세상에서 애쓰고 수고하여 얻은 것으로 먹고 마시고 즐거워하는 것이 마땅한 일이요, 좋은 일임을 내가 깨달았다! 이것은 곧 사람이 받은 몫이다.(전 8:15)

기쁘게 사는 삶, 즐기면서 사는 삶, 보람 있는 일을 하면서 사는 삶에 대한 주제가 이 짧은 전도서 안에 여러 번 강조된다. 지혜도 성공도 하나님의 뜻도 소용없다. 거창한 사상과 이념으로 이웃을 판단하기 보다는 아주 단순하게 지금 내가 여기서 먹는다는 것, 마신다는 것, 보람을 가지고 산다는 것 자체가 기쁜 일 아니냐? "네가 들어갈 무덤 속에는, 일도, 계획도, 지식도, 지혜도 없다"(전 9:10) 내가 지금 숨 쉬고 있고 내가 지금 식욕이 있어 먹을 수 있고, 내가 갈증 날 때 내 목을 축여줄 물이 있다면 그것 이상 더 바랄 것이 무엇이란 말인가? 지금 내가 숨 쉬고 있는 것, 바로 이것이 기적이고 하나님의 은총이 아닌가? 라고 전도서는 말한다.

삶의 어떤 조건들, 이념들, 도덕성들 그것들도 중요하겠지만 사람이 목숨을 잃은 후에 무슨 소용이 있겠는가? 누가 국가를 위해 목숨을 바치라고 하고 종교와 이념을 위해 생명을 바치라고 한단 말인가? 그것들은 모두 사람의 생명을 지키고 풍성하게 하려는 것이지, 생명이 다른 목적을 위한 도구가 될 수는 없다. 어떤 무엇으로도 그 생명을 난도질하고 판단하지 말아야 한다. 전도서는 말한다.

그렇다, 다만 내가 깨달은 것은 이것이다. 하나님은 우리 사람을 평범하고 단순하게 만드셨지만 우리가 우리자신을 복잡하게 만들어 버렸다는 것이다(전 7:29).

우리는 지금 이 전도서의 말씀을 피부로 깨닫고 있다. 사람을 만나 반

갑게 악수하고 껴안을 수 있는 것이 얼마나 소중한지, 함께 모여 예배할 수 있음이 얼마나 눈물겨운지, 더불어 밥 먹을 수 있는 것이 또 얼마나 감사한지 우리는 깨달았다. 평범했던 일상이 바로, 하나님이 허락하신 축제며 감사라는 것을 깨달았다. 우리가 너무나 당연했기에 생각지도 깨닫지도 못하던 우리의 평범한 일상을 감사하자.

셋째, 우리가 사랑을 키우는 기회로 삼아야 한다.

흑사병으로 인해 유럽 인구의 1/3이 소멸되었다. 중세는 사람들 속에 있는 상실감, 분노를 다스리기 위해 희생양을 찾았다. 그들은 마녀사냥으로 이백만명의 목숨을 강제로 빼앗았다. 천박한 인간들이 가장 손쉬운 방법으로 위기를 넘기는 방법은 증오를 키우는 것이다. 트럼프의 중국 때리기, 일본의 극우들이 혐한을 이용하는 것을 우리는 보아왔다. 그들이 코로나로 갖게 된 상실감은 모두 정권교체라는 결과를 가져왔다. 한국사회도 그동안 잘 견뎌오던 인내심이 한계에 이르는 시점에 이르고 있다. 이것이 귀신하나를 쫓아냈더니 더 힘센 일곱 귀신을 데리고 들어오는 결과가 되지 않도록 우리가 정신 바짝 차려야 한다.

남을 증오함으로 자신의 안녕을 구하는 방법은 일시적으로 효과를 볼지 몰라도 오래지않아 그 흉터가 추하게 드러나는 법이다. 우리는 여전히 남을 헐뜯고 모함하는 것으로 힘을 얻는 사람들을 경계해야 한다. 속아 넘어가서는 안 된다. 즉흥적이고 선동적인 분위기 보다는 한걸음 떨어져 보다 냉철하게 전체를 검증하고 살펴보아야 한다.

크리스천에게 살고 죽는다는 것은 중요하지만 그것 보다 더욱 소중한 일이 있다. 단지 우리가 먹고 마시는 자체가 삶의 목표라면 그 얼마나 무료한가? 적어도 인간은 아무 의미 없이 먹고 마시는 데에만 만족하고 살수는 없다. 단지 삶의 시간이, 그 양(量)이 중요한 것이 아니다. 그 생명들이 참으로 가치 있는 것은 주님의 사랑을 흠뻑 느끼면서 사는 것이다. 그것은 생명보다 소중한 삶이며 진정한 구원의 새벽이다.

불교의 해탈의 경지를 공(空)이라고 하는데, 이것은 단지 "아무 것도 없다, 비어 있다."는 뜻이 아니라 모든 만물이 연결되지 않은 것이 없다는 뜻이라고 한다. 우리들의 아주 작은 몸 짓, 나비의 날개 짓이라도 그것이 태풍을 일으키는 원인이 된다. 근본에서부터 작지만 참다운 행동이 새로운 우주를 만든다. 그것은 만물이 다 연결되어 있기에 우리의 작은 마음 씀씀이, 작은 몸짓 하나는 결코 작지 않다. 그것은 결국 우주를 변화시킬 대 변혁의 시초가 된다.

우리가 갖는 큰 꿈들, 증오와 혐오를 토대로 편을 만들고 갈라치기 하는 행위들, 영원할 것 같았던 사상이나, 이념들 그 모든 것이 영원한 것이 아니다. 지금 내가 그리스도의 사랑 안에서 움직일 수 있는 작은 몸짓들을 찾자. 바울의 고백처럼 죽음도, 삶도, 천사들도, 권세자들도, 현재 일도, 장래 일도, 능력도, 높음도, 깊음도, 그 밖에 어떤 피조물도, 우리를 우리 주 예수 그리스도 안에 있는 하나님의 사랑에서 끊을 수 없기 때문이다. 여러분들께서 진정한 그리스도의 사랑을 찾고자 노력하고 또 우리들 자신이 그 사랑 안에 흠뻑 젖을 수 있기를 기도한다.

» 〈강남향린교회 강단 중에서〉

7

바울, 교회의 신학

바울 서신에 교회($\acute{\epsilon}\kappa\kappa\lambda\epsilon\sigma\acute{\iota}\alpha$, ecclesia)라는 말이 60회 정도 언급된다. 3세기 초기까지는 별도의 교회당 건물이 존재하지 않았다. 바울 당시의 교회는 그리스도의 이름으로 모이는 지역적인 그리스도인들의 모임으로 가정에서 모였다.

교회의 유대적 의미는 단순한 회중들의 모임, 하나님 백성들의 모임을 뜻했다. 그들은 모여서 하나님의 일을 도모하며, 하나님의 행위를 하며, 하나님께서 선택하신 선민으로서의 자부심을 가졌다. 유대민족은 자기들이 모이는 공간을 교회라고 부르지 않았고 회당(시나고그)이라고 하며 주로 율법을 읽고 나누며 세계 어느 지역에서든지 민족의 정체성을 강화하는 공간이었다.

희랍적 의미는 앞에서 밝힌 바와 같이 헬라식 민주주의의 상징이다.[1] 도시의 자유민들의 모임인 에클레시아에서 국가의 중대사를 시민 스스로

---

1) 1장, 로마 역사를 통해본 교회의 출발 참조

결정했다. 이것은 그들의 자부심이었고, 시민으로서의 영광을 나타냈다.

바울이 세운 교회는 하나님 나라의 시민들의 모임으로 로마에서 제외되었던 종, 여자, 이방인도 함께 참여하며 모든 인류를 시민권자로 초청한다. 하나님의 나라는 하나님의 통치가 이루어지는 정의로운 사회, 차별을 허락하지 않는 평등세계, 모두가 풍요를 누리는 세상이다. 교회는 하나님 나라를 이루어 가는 중간 조직이다. 교회는 하나님 나라를 향해 나아가는 징검다리다. 교회는 이러한 꿈을 가지고 그리스도를 향하여 자신들의 마음을 내어놓고, 피와 땀을 바쳐온 사람들에 의하여 세워졌다.

바울서신에서 교회는 "~에 있는 하나님의 교회"라는 형식으로 표현했다.(살전 2:14, 갈 1:22, 고전 1:2, 고후 1:1) 교회는 인간에 의해 구성되었지만 그럼에도 불구하고 하나님의 교회이다. 어느 한 지역에 세워진 교회, 고린도 교회, 갈라디아 교회, 로마 교회와 같이 한 지역의 이름이 붙지만 그것은 모두 하나님의 교회이다. 또한 그 구성원은 "~에 있는 성도"라고 부른다. 로마에 있는 성도(롬 1:7), 예루살렘에 있는 가난한 성도(롬 15:26), 아가야에 있는 성도(고후 1:1), 빌립보의 성도(빌 1:1), 골로새에 있는 성도(골 1:2)등이란 이름이 붙는다. '성도'란 그리스도 예수 안에 있는 사람이다. 그리스도 안에서 자기 자신을 깨닫고, 그분의 명령을 듣고, 실현하는 사람들이다. 성도란 말은 "그리스도께 헌신한 사람"을 의미한다. 그리스도인은 예수 그리스도를 자신의 몸과 영혼의 주인, 삶의 주인으로 모시는 사람이다.

교회는 그리스도의 몸이다

'교회는 그리스도의 몸이다'는 뜻은 그리스도의 교회에 들어간 사람은 그리스도의 몸 안으로 들어간다는 신비한 뜻을 가진다. 교회는 성육신의 연장이다. 하나님께서 예수 그리스도 안에 성육신하신 것과 같이 하나님께서는 교회 안에 성육신하셨다.

몸이 가지는 유기적인 연결성과 같이 교회는 하나여야 한다. 그리스도의 몸은 긴밀한 연결 구조를 가진, 유기적 연합체이다. 각 단위의 유기성이 하나의 조직적인 교회이다. 보이는 건물이나 모임이 교회가 아니고. 각 단위, 각 개인 신도 간의 유기적 연대성, 그들이 이루어 내는 관계가 교회이다. 사랑의 동인이 생기는 곳, 사랑의 마음으로 묶여있는 곳, 교회는 성령이 하나이심과 같이 그 나타나는 조직과 몸도 하나이며 그들이 갖는 희망과 목표도 하나다.

바울이 그리스도의 몸이라고 하는 것은 개인을 말하지 않는다. 그는 교회를 그리스도의 몸이라고 일컫는다. 바울은 신도들이 모여서 이루는 공동체, 교회를 그리스도의 몸이라고 했다. 그리스도의 몸을 이루어가는 주체는 개인이 아니라 공동체, 집단이다. 홀로 떨어진 개인은 완벽하게 하나님의 뜻을 이룰 수 없다. 그것은 개인이 가진 교만이고 자신의 죄성을 간과하는 것이다.

혹자는 혼자서 신앙생활을 하면 되지 교회니 공동체니 하는 것들이 무슨 필요가 있느냐고 한다. 혼자서 신앙생활을 완벽하게 할 수 있는 사람이라면 이미 그는 몸에 훈련이 완벽한 사람이다. 우리가 그럴 수 있을 정도로 단련되는 것이 목표이기도 하다. 그러나 대개 이런 말을 하는 사람들은 준비되지 못한 상태로, 오히려 신앙생활을 기피하려는 목적으로 사용한다. 신앙생활은 공동체를 통하여 표현된다. 기쁜 일도 함께 기뻐할 사람이 없으면 기쁘지 않다. 슬픈 일도 함께 나눌 사람, 위로해 주는 사람이 있으면, 슬픔을 이겨낼 수 있다.

교회는 각자가 부족한 개인들이 모여서 이루는 집단 인격체이다. 동시에 하나님의 뜻을 실천하고 이루어나가는 실체요, 그의 지체이다. 개개인은 죄성을 가진 존재이고 부족하지만 이들이 모여서 이루는 집단인 교회는 개개인의 부족함을 서로 보완하여 완전한 모양을 이룰 수 있다. 개인이 선한 의지를 가지고 있다고 하더라도 그것을 실천에 옮기기는 매우 어렵다. 현대로 올수록 그런 집단의 의지는 더욱 소중해 진다.

아무리 훌륭한 뜻을 품은 개인이라도 개인으로서는 그 뜻을 이루기 힘들다. 뜻은 있어도 그 뜻을 이룰 시간이 없거나, 시간은 있지만 돈이 없을 수도 있다. 그런 개개인들이 모여서 이루는 집단 인격체인 교회는 지혜가 있는 사람은 지혜를 내고, 시간이 있는 사람은 시간을 내고, 돈이 있는 사람은 돈을 내어서 서로 보완하며 하나님의 뜻을 이룰 수 있다.

한국교회가 자기 몸집이나 불리려는 유혹에서 벗어나와 자기 역할을 한다면, 집단의 의지로 많은 일들을 할 수 있다. 그리스도의 행위, 그의 실천이 살아 움직인다는 점에서 교회를 그리스도의 몸이라 일컬을 수 있다. 선한 의지를 가진 개인들이 모여서 이루는 공동체, 집단은 개인이 가진 한계를 넘어서서 선한 일들을 이루는 주체가 될 수 있다.

그리스도는 교회의 머리다

그리스도는 교회의 머리(엡 1:23, 4:15. 5:23, 골 1:18, 골 2:19)라고 한다. 그리스도와 교회 사이에는 언제나 명확하고 결정적인 차이가 있다. 그리스도는 몸인 교회의 주인이시며, 교회는 그리스도께 속해 있다. 몸은 머리의 결정과 계획을 실천하는 도구이며 대리자이다. 교회의 본질이 그 외형과 조직에 있지 않다. 교회는 어떤 모임, 어떤 단체든지 그들의 신앙고백이 그리스도에게 닿아 있어야한다. 교회는 그리스도를 머리로 하는 집단이어야 하며, 상호관계에 있어서 몸의 완결구조와 같이 서로 사랑으로 완성하는 구조여야 한다. 이것은 마치 몸의 각 부분이 자기 구실을 다함으로써 각 마디로 서로 연결되고 얽혀서 영양분을 받아 자라나는 것과 같다.

한국교회 개혁의 출발점

한국교회가 지금 사회에서 천덕꾸러기가 되었으나 그동안 교회가 해온 짓들을 보면 그 책임이 통열하다. 한국교회는 그리스도도 없고 예수도 없다. 교회의 머리를 상실하고 사이비들이 계시록의 상징처럼 저마다 뿔이 열 개씩 달린 일곱 개의 머리를 휘저으며, 그 머리 위에 면류관을 자랑하고 있다. 이런 결과는 단지 교회 목사나 지도자들에게만 책임이 있는 것도 아니다. 코로나 상황에서 타인의 생명을 앗아갈 수도 있는 위험한 집회는 계속하고, 여전히 길거리로 나와 극우 집회를 주도하는 자들을 한국교회를 대표하는 자리까지 올려놓은 데는 한국교회 신도들 모두의 책임이 있다. 오히려 그런 삯꾼들에게 대중은 몰려갔고, 그들이 대교회를 이루도록 도와왔다. 그리고 나도 이렇게 큰 교회 교인이라는 것을 자랑했다. 편리한 시설과 저명인사들과의 교분을 자랑으로 삼았다. 그러는 동안에 정치적 욕심이 붙은 목사들은 교회 울타리 안에서 제왕처럼 군림하다가, 교인들의 머릿수를 바탕으로 사회 밖으로 나와서 정당을 만들고 정치를 좌지우지하는 권력에 맛 들렸다. 지금은 간이 배 밖에 나와서 그들의 오만이 하늘을 찌른다. 이제까지 그들을 추종하고 떠받든 신도들도 책임이 없다고 할 수 없다. 삯꾼 목자와 참 목자를 구분하지 못한 결과이다.

　필자는 한국교회가 더욱 망가져야 한다고 생각한다. 망할 것은 더욱 철저하게 망해야 새것이 올 수 있다. 지금은 단지 드러난 모순의 일부를 보고 욕하고 분노하는 단계이다. 그러나 더욱 분노하고 더욱 욕을 먹어야 한다. 그런 과정에서 많은 신도들이 교회를 떠나게 될 것이다. 하지만 그 중에 진정한 신도들이 남아서 "이런 것이 기독교는 아니지 않는가?" 하는 자성이 일어야 한다. 그래서 스스로 어디서부터 잘못되었는가를 찾고자하며, 힘들게 복음을 지켜온 신앙인들을 찾아 나서는 움직임이 평신도들 가운데 나타나야 비로소 개혁은 시작될 것이다. 한국교회를 다시 세우고 참된 신앙으로 이끌 주인들, 망가진 한국교회를 복원해야겠다는 의지를 가지고 눈물로 기도하는 신도들, 참 신앙을 회복할 책임의식을 가지는 남은 자 칠천 명을 하나님께서 요구하신다. 그들이 비로소 자성해서 움직일 때까지 한국교회의 아픔과 고난은 계속될 것이다.

교회는 집단 인격체

　개인의 인격이 소중한 만큼 집단의 인격도 소중하다. 교회나 국가도 집단의 인격체이다. 교회는 공동체로서 집단의 인격을 갖는다. 교회는 하나의 도덕적 인격체처럼, 존엄한 주체로 존중되어야 한다. 교회는 교우들의 의사에 반해서 상품이나 물건처럼 사고팔거나 합병의 대상이 될 수 없다. 가끔 교세가 기울어가는 교회에 의도를 가지고 부임해서 일부러 남아있는 신도들을 내쫓고 목사가 사유하는 경우도 있다. 또는 교인 중에도 구성원 머리 숫자로 1/N 해서 나누자는 말을 하는 사람도 본다. 신천지 같은 이단은 교회가 의사 결정을 회중들의 총회를 통해 하는 것을 이용해서 약한 교회에 '추수꾼'을 보내 교회 전체를 사유화한다. 이런 이들에게 교회는 단지 하나의 재산일 뿐이다. 교회는 수천 년을 이어온 그리스도의 몸이며 거룩하신 하나님의 지체이다. 이 역사와 전통을 단지 재산으로 생각하여 사유화하려는 자들은 거룩하신 하나님을 자기 먹거리로 삼자는 것이니 으뜸가는 신성모독이다.

심지어는 대교회가 어느 지역에 들어선 후에 주변 작은 교회들을 지원한다는 명목으로 몇 년간 재정 후원을 한다. 처음에는 주변 교회들이 반기지만 그 나마 유지하던 자체 생존 능력이 말라 버린 다음에 갑자기 후원을 끊어 버린다. 그리고 부목사로 들어오거나 교회를 합병할 것을 제안하는 꼼수를 성장 전략으로 쓰기도 한다. 처음부터 마지막 숨통을 끊기까지 계속 천사의 얼굴을 하고 과정을 진행하겠지만 이단의 행태와 무엇이 다른가?

큰 교회가 작은 교회에 도움을 준다고 해서 그 교회 재정상황을 요구하거나 미래 상환계획을 달라고 해서도 안 된다. 도울 마음이 없으면 돕지 않으면 되는 것이지 그 교회 내정을 간섭하고 지배하려고 해서는 안된다. 교회는 자신을 제외한 누구의 명령이나 지배의 대상이 되어서는 안된다. 개인의 인격이 존엄하듯이 교회도 존엄한 집단적 인격의 주체로 그존엄성이 지켜져야 한다.

그리스도의 남은 고난을 채우는 교회

예수의 십자가로 모든 고난이 완결된 것이 아니다. 아직 남은 고난, 우리들 몫의 십자가가 있다. "이제 나는 여러분을 위하여 고난 받는 것을 즐겁게 여기고 있으며…."(골 1:24)라고 한다. 이들은 고난 받는 것을 오히려 즐겁게 여긴다. 막연히 고난 자체를 즐기는 고행이 아니다. 목표가 분명하다. "그의 몸 곧 교회를 위하여 내 육신으로 그리스도의 남은 고난을 채우기"(골 1:24) 위해서다.

그리스도의 남은 고난을 채운다는 것은 무엇인가? 예를 들어 새로운 백신이 발견되었다고 하자, 그렇다고 모두 자동으로 치료되는 것은 아니다. 그 질병이 무력화 되려면 대다수의 사람들이 접종을 받아야 한다. 예수께서 우리에게 구원의 문을 여셨지만 그것은 우리들의 손과 발과 입을 통해서 그의 고난에 참여하고 채워나갈 때 완성된다. 교회의 기능은 그리스도의 활동이 교회를 통해서 계속 이어지게 하는 것이다. 교회와 그에 속한 개인들이 그리스도의 일을 할 수 있는 손, 발 그의 목소리가 되어야 한다.

하나님의 공동체는 이렇게 소중하다. 개인만 인격이 있는 것이 아니고 공동체도 인격이 있다. 이것은 어느 개인의 명예나 인격만큼이나 더욱 소중하고 귀하다. 그럴 때 그리스도의 몸은 우주적인 몸으로 자라난다.(골 2:19, 엡1:23, 3:8-10, 4:16) 우주적인 몸이 자라나는 것은 수많은 개인의 희생과 헌신 위에서 나타나며, 이를 통해 하나님 나라가 확장된다.

교회는 하나님 나라를 위한 경과 조직

예수는 하나님 나라를 선포했고 우리가 사는 세상을 하나님 나라로 만들고자 했지, 교회를 세우고 교회를 늘리고자 하지 않았다. 그러므로 교회는 하나님 나라를 위한 경과적 조직에 불과하다. 온전한 하나님 나라를 위해서 교회는 중간 역할을 감당하고 그 나라를 위해서 사라져야 한다.

우리의 목표는 하나님 나라이지 교회 그 자체가 아니다. 예수는 하나님 나라를 선포했지 교회를 선포하지 않았다. 예수 당시 조직된 교회는 존재하지도 않았다. 예수의 제자들이 세운 교회는 마땅히 예수가 선포한 하나님 나라를 위해 존재할 때 의미가 있다. 교회는 세상에 하나님의 정의로운 통치를 펼치기 위해 필요한 중간 조직이다.

교회의 선교 역시 하나님 나라를 펼쳐나가는 전략을 세우는 것이지, 교회나 교인의 숫자를 늘리려는 전략은 아니다. 그러기 때문에 교회는 스스로를 위해 존재해서는 안 된다. 교회는 세상을 위해서 존재한다. 교회가 스스로를 위해 존재하며 자기 조직이나 소유, 자기 울타리 안에 있는 청중 숫자를 목표로 삼거나, 그것을 위해 존재할 때, 교회는 교회로서의 가치를 상실한다. 교회가 모여 있는 울타리 안의 청중만을 위해 존재하고 자신만을 위해 봉사한다면, 아무리 복음화와 전도를 외쳐도 그런 교회는 이미 예수와 상관없게 된다.

십자가를 지는 교회

예수의 십자가 사건이 다른 사람을 위하여 자신을 내어준 사건이듯이, 하나님께 부름 받은 개인이나 교회는 이웃을 위해 자신을 내주는 존재여야 한다. 따라서 교회론, 선교론은 교회성장이나 자기 발전적 전략이 궁극적 목적이 아니다. 오히려 교회는 십자가 사건처럼 자기희생적 결단을 실행하는 주체가 되어야 한다. 그러기에 교회란 자기를 비우거나 자기를 죽이면서 세상에 보냄 받는 공동체여야 한다. 교회는 자기가 속한 지역사회와 민족공동체, 나아가 전 세계적 민중과 연대하여 가장 의미 있게 자신을 던져 내놓을 수 있는 방법을 연구해야하고, 그것이 선교론이 되어야 한다.

　이러한 교회론은 종래의 성장이나 발전을 추구하는 교회론과 질적으로 다르다. 교회 자체를 궁극의 목표나 목적으로 삼지 않기에, 당장 눈앞에 나타나는 성장이나 성과 보다는 멀리 보면서 하나님 나라를 위해 일한다. 교회가 늘 교인들에게 십자가를 지라고 한다. 그렇듯이 교회도 십자가를 져야 한다. 교회가 십자가를 지는 것은 교회의 조직이나 재산에 손해가 될지라도, 그것 자체가 의로운 길이라면 기꺼이 그 길을 가는 선교론, 교회론이다. 이것은 교회가 가장 영광스럽게 되는 자리이며 지금은 죽더라도, 그 열매와 결과는 하나님의 몫으로 또한 먼 역사의 몫으로 맡기는 것이다.

　그러므로 교회는 그 결과를 미리 예단하거나 기대하지 않는다. 단지 예수를 따라서, 그것이 자기 소멸의 길일지라도 따라 갈 뿐이다. 이렇게 철저히 자기 죽음의 역할을 감당하는 것이 교회의 역할이고 십자가의 교회론이다. 그러나 아무 계획 없이 그냥 죽자는 것은 아니다. 우연히 당하거나 예상치 못하고 죽음을 맞자는 것은 아니다. 우리 앞에 서있는 십자가의 표지는 우리가 개인이건, 집단이건, 그냥 죽음에 당하자는 것은 아니다.

　십자가는 언젠가는 한번 다가올 우리들의 죽음을 가장 능동적이고 값 있는 죽음으로, 가장 뜻있는 죽음으로 만들어 가는 상징이다. 이것은 결과적으로 죽음을 이기는 것이다. 그냥 죽음을 당하는 것은 죽음에 굴복하는 것이다. 따라서 교회는 자기가 처한 상황에서 가장 의미 있고 의로운 죽음의 자리를 찾아 '십자가를 질 수 있는 방법(선교)'을 만들어 가야한다. 십자가의 사건이 살아있는 교회는 그것으로 끝나지 않고 반드시 이 역사 안에 부활한다. 우리는 그것을 몸으로 증언해야 한다. 이러한 선교론, 교회론은 '십자가의 선교론'이며 믿음의 눈으로 바라보는 선교 방법이다. 십자가를 지는 교회는 그 당시에는 고통이지만 오히려 새로운 사건을 창조하고 자각을 일으켜 하나님의 백성을 만들어 간다.

우리가 주기도에서 "하늘에 계신"이란 표현은 공간의 저쪽 어느 떨어진 끝을 말하는 것이 아니라, 땅 위에 있는 체제, 기관, 조직들의 내부에, 우리들 한 가운데 있다. 교회가 권세들의 환심을 사려고 하거나, 권세들이 말을 들어주기를 바라려고 노력하여서는 교회가 거룩한 사명을 다 할 수 없다. 교회는 권세들로 하여금, 예수를 통해 보여주신 것 같이 하나님께서 인간의 몸을 입으신 목적을 계속 떠올려야 한다. 우리는 새로운 사회를 만들도록 위임되지 않았다. 사실인즉, 우리가 그럴만한 물리적인 능력도 없다. 교회가 할 수 있는 최선은 불의한 체제를 불법이라고 인정하고, 영적으로 반대되는 풍토(spiritual counterclimate)를 조성하는 것이다.[2]

바울은 예수 이후에 새로운 시대, 교회의 시대를 열었다. 바울은 교회를 그리스도의 몸으로 이해하며 새로운 그리스도의 현존으로 이해했다. 그러나 바울은 "나는 여러분 가운데서 예수 그리스도 곧 십자가에 달리신 그분 밖에는, 아무것도 알지 않기로 작정하였다."(고전 2:2)고 한다. 그만큼 바울의 중심사상은 십자가이고 그가 새롭게 연 교회야 말로 그 십자가의 길을 가야하는 주체이다. 그럼에도 불구하고 우리는 하나님 대신 교회 자체를 궁극의 목적으로 삼아 오히려 교회를 욕되게 했던 부끄러운 역사도 가지고 있다.

---

2) Walter Wink, *Engaging the Power*, op.cit., pp. 310-311.

우리가 지켜야 할 교회

히틀러 치하의 많은 독일교회는 히틀러에 동조하거나 방관했다. 그들은 '예수를 십자가에 못 박은 유대인들에 대한 복수'라며 학살을 신앙으로 합리화했다. 그러나 나치에 대해 저항하며 신앙 양심을 지킨 사람들이 있었다. 숫자로는 아주 적은 무리에 불과했지만, 고백교회의 본훼퍼 목사님을 비롯한 소수의 무리들이다. 그들은 죽임을 당하고 순교의 길을 갔다.

그러나 지금 독일교회 전체가 자기들의 뿌리, 전통으로 삼는 것은 히틀러에 동조했던 주류의 세력이 아니다. 당시 숫자로는 극히 작은 무리였지만 죽음으로 신앙양심을 지켜간 분들을 자신들의 정신적인 토대로 고백한다. 다수의 숫자를 점유했다고 해서 역사의 주류가 되는 것은 아니다. 단지 당대에 어떤 편리를 추구하며 살았느냐는 것이지 역사와는 별개이다.

100만 명이 모이는 교회가 도덕성을 상실한다면 그를 부끄러워하고 욕할 사람을 100만 명을 가지게 된다. 소수라도 정신이 살아있고 마땅히 존경할 만한 정당성이 있다면 언젠가는 사람들이 자연스럽게 따라올 것이다. 나중에는 그들과 전혀 상관없는 사람들이 나서서 우리도 그의 후손이라고 말할 것이다.

일본 기독교는 일제시대에 "전쟁을 신성한 싸움"으로 미화하고, 아시아의 모든 기독교인들은 황국신민으로 이 전쟁에 참여할 것을 요구하였다. 일본교회에는 본훼퍼 목사님처럼 신앙양심을 드러내고 저항한 사람이 없었다. 무교회주의자들이 약간의 이견을 말했을 뿐이지만, 결국 그들도 저항하지 못하고 대세의 흐름에 따를 뿐이었다. 이것은 엄청난 차이이다. 독일교회는 아주 소수이지만 지금 자기들의 정신적 기반을 순교자의 계열에 세워줄 젖줄이 있다. 하지만 일본은 불행하게도 그런 젖줄이 없다.

이 때 한국기독교 역시 일본이 벌이는 전쟁을 미화하고, 교회 종까지 떼어내 군수물자를 징벌하는데 함께했다. 일제 말기에는 교회 안에 신사를 별도로 마련하고 예배 전후에 신사가 있는 쪽으로 90도로 몸을 굽혀 절한 후에 예배를 했다. 이들은 신사참배를 '일본의 압력에서 교회를 지키기 위한 어쩔 수 없는 조치'라며 변명했다. 반면 한국교회에는 주기철 목사님등 이에 저항하고 순교한 소중한 피흘림이 있었다.

하지만 해방 후에 열린 교단 총회에서 신사참배를 회개할 것을 촉구하는 양심의 소리는 다수에 의해 묵살 당했다. 총회 석상에서 말께나 하는 중진들이 '너희가 교회를 아느냐? 우리가 신사참배를 한 것은 교회를 지키기 위한 순교적 충정이었다. 만약 섣부르게 일본과 대항했더라면 교회가 과연 생존했겠느냐?'며 벌떼처럼 일어나 발언조차 못하게 주저 앉혀 버렸다. 그리고 일제에 대항해 순교당하고 옥고를 치른 사람들을 소영웅주의에 물들은 자, 교회의 일치를 파괴하는 자로 낙인찍어 출교시켜 버렸다. 과거 역사를 정리하고 귀한 순교자의 피를 우리들의 정신적 기반으로 삼을 기회를 원천적으로 거부했다.

무엇이 교회인가? 교회당에 신사를 세우고 절하며 지킨 교회당 건물이 교회인가? 그들이 지켜낸 교인의 머릿수가 우리가 지켜야할 교회의 본질인가? 교회 소유의 재산이 지켜야할 교회인가? 평화와 정의에 대한 믿음이 버려지는 곳에서는 하나님도 버려진다. 복음의 편에 선다는 것은 추상적인 구호 속에만 있는 것이 아니다. 교회빌딩이나 조직, 기독교의 전통을 지키는데 있는 것이 아니다. 목에 칼이 들어오더라도 내적인 정당성을 지켜나가는 것이 교회의 역사이다. 백년 이백년이 지나도 내세울 것 하나 없이 단지 먹고 마시는 것이 전부였다면 그 교회에는 역사가 없다. 우리의 심령 깊은 곳에서 말씀하시는 하나님의 목소리를 듣고 지키며, 예수를 따라 그리스도가 머리되심을 지키는 교회가 역사를 잇는 교회이다.

바울이 할례와 유대 전통을 고집하는 사람들에 맞서서 그들은 사실 십자가의 고난을 피하기 위한 것이라고 간파했듯이, 오늘도 이런 저런 이유를 대가며 처음 교회의 길을 망각하고 머리 숫자 놀음이나 하고 있는 한국교회는 복음의 길을 저버리고 있다. 십자가 없이는 부활도, 복음도 없기 때문이다.

함께 생각 나누기 »

* 바울이 세웠던 교회들의 이름과 특징에 대해서 이야기 합시다.

* "교회는 그리스도의 몸"이란 의미에 대해서 이야기 합시다.

* "교회의 머리가 그리스도라"는 의미에 대해서 이야기 합시다.

* 교회가 건물이나, 모이는 회중이나, 재산을 뜻하는 것이 아니라면 오늘 우리가 교회를 통해서 지켜나가야 할 것은 무엇일까 각자의 생각을 나누어 봅시다.

* 바울이 강조한 "십자가 외에는 알지 않기로 했다'는 말은 무슨 뜻인지, 이 말씀을 교회론과 선교론에 적용했을 때 우리는 어떤 교회를 그릴 수 있는 지 이야기해 봅시다.

* 코로나 이후 교회가 힘써야할 선교의 과제는 무엇일지 함께 지혜를 모아 봅시다.

코로나 역병 이후
더욱 절실한 공생과 상생의 세계

> 피조물은 하나님의 자녀들이 나타나기를 간절히 기다리고 있습니다. 피조물이
> 허무에 굴복했지만, 그것은 자의로 그렇게 된 것이 아니라, 굴복하게 하신 그분
> 이 그렇게 하신 것입니다. 그러나 소망은 남아 있습니다. 그것은 곧 피조물도 사
> 멸의 종살이에서 해방되어서, 하나님의 자녀가 누릴 영광된 자유를 얻는다는 것
> 입니다. 우리는 모든 피조물이 이제까지 함께 신음하며, 해산의 고통을 함께 겪
> 고 있다는 것을 압니다.(롬 8:19-22)

　바울은 예수 그리스도의 구원이 단지 인간만이 아니라 모든 피조물의
해방에 해당한다고 말한다. 유영모 선생은 "내가 먹는 낱알과 채소가 나
를 위해 희생되어 나를 대속한다. 그리스도가 내 양식이라면 나를 위해
대속되는 만물은 죄다 그리스도이다."라고 했다. 이것은 그리스도의 대
속에 대해서 보다 심오한 차원을 열어 준다. 그리스도는 갈라진 것들을
하나 되게 하며, 그 범위는 만물로 확대된다. 그리스도는 만물 안에 함께
한다. 이러한 기독론을 우리는 '우주적 그리스도론'이라고 부른다. 그러
기에 아기 예수는 모든 생명을 위해, 만물의 충만함을 위해 오신 만물의
구세주이시다. 그리스도의 오심이 그렇다면 모든 신학은 이제 그 근본이
바뀌어야 한다.

　신학은 신(神)만을 이야기 할 수 없다. 모든 생명과 만물, 우주와 우리가
살아가는 세상을 빼어 놓고는 말할 수 없다. 그리고 인권도 생명권과 분

리해서 말할 수 없게 되었다.

지구상에 수많은 생명의 종이 있지만 이 생명의 구성은 동일하다. 단순한 종에서 복잡한 종까지, 단세포 생물에서 인간에 이르기까지, 식물에서 동물에 이르기까지, 이 모든 생명이 동일한 생명의 요소들로 이루어졌다. 이렇게나 다르고 다양한 생명들의 기초가 모두 같다는 것은 놀랍다. 이중 나선구조로 되어 있는 DNA는 아데닌, 티민, 시토신, 구아닌의 4종류의 염기로 구성된다. RNA에서 아데닌과 결합하는 우라실까지 합하면 모든 생명은 다섯 가지 염기로 구성된다. 이것이 모든 생명의 기본요소이다. 이들이 각각 다른 조합으로 엮어져 다양한 생명체로 나타난다. 지금까지 밝혀진 150만종의 생물과 아직 밝혀지지 않은 것까지 합해 약 천 만종에 이르는 생물이 있을 것으로 생각되는데, 이것은 모두 이들 염기들의 구성체다.

떡갈나무와 우리는 먼 친척이다. 나비, 늑대, 버섯, 상어와 유전명령이 같다. 이것은 종이 분화되기 이전에 오랫동안 원시바다에서 발달한 생명 복제 시스템이기 때문이다. 세포 핵 안에 DNA는 모든 생명이 읽을 수 있는 나선구조의 분자 구성체이고 각각의 사다리의 가로대를 이루는 4종류의 염기들은 DNA를 이룬다. 이것은 생명이 성장하고, 환경을 감지하고, 움직이고, 소화하고, 번식하는 방법을 결정한다. 그 안에 자신들이 발전하고 생성해온 모든 기억, 생명의 역사를 간직하고 그 기록대로 새로운 세포들을 복제한다. 인간과 침팬지는 99.4%의 유전자가 동일하며 인간과 초파리에 나타나는 질병이 70%정도가 동일하다.

생명의 구성뿐만이 아니라 그 형성과정도 동일한 프로세스를 거친다. 인간의 생명도 지구 생명체의 모든 진화과정을 거쳐서 존재한다. 인간도 정자와 난자가 수정된 최초의 수정란은 단세포생물이다. 그것은 세포분열을 통해 다세포가 되고 각 기관이 생겨난다. 뱃속의 아기는 어머니의 양수 안에서 어류의 생태계를 거쳐 출생한다. 짧은 기간이지만 생명이 진화해온 수 십 억년의 과정을 압축하여 경험한다. 성서가 모든 생명이 하나님으로부터 왔으며 그리스도께서 모든 생명 안에서 그들을 충만하게 하신다는 고백과 같이 과학은 지구상의 모든 생명이 하나임을 밝혀준다. 천지차이로 다른 생명, 다른 물질들이 모두 하나의 뿌리이며 그 변화의 과정도 하나라는 것이 과학으로 밝혀지고 있으나 지금은 인간의 욕심이 그 오랜 조화와 질서를 깨어버림으로 인해 반격을 받고 있다.

문자 그대로 팬데믹(Pandemic) 세계적 대유행이 되었다. 그동안 흑사병, 스페인 독감 등 역사를 변화시킨 전염병과 질병이 있었다. 그래도 그것은 한 대륙의 질병, 국지적인 문제였다. 그러나 20세기 이후 홍콩독감, 사스, 신종플루, 메르스 등의 질병이 창궐했다. 그러던 중 코로나 역병은 어쩌면 최초의 전 지구적 전염병으로 세계를 휩쓸고 있다. 해당하지 않은 나라가 없다.

코로나 역병은 그동안 서구사회의 기본을 흔들었다. 그동안 서구 사회는 풍요라는 신을 쫓아왔다. 자기들의 군사력의 우위, 경제력, 의료, 복지, 자본, 도시, 문명 등을 자랑했다. 이런 문화는 제국 문화의 특징을 가지고 있으며, 이는 군사주의와 가부장제와 성장 이데올로기로 우리 앞에 나타난다. 이런 문화 안에서 사람들은 생명과 분리된 채, 내면적으로 병들어 가고 있다. 코로나 역병은 그 맹점을 통렬하게 드러내며 지금의 세계를 수정하도록 우리를 강제한다. 국가든지 기업이든지 종교든지 이 경고를 경청하고 대비해야 한다.

기독교의 선교 역사를 보면 기독교가 세계 종교로 급속하게 기독인의 숫자를 늘린 것은 로마 제국에 의해 공인된 이후다. 기독교가 로마의 국교가 되면서 기하급수적으로 그 숫자가 증가했다. 제국의 공인은 기독교의 양적 성장을 가져왔지만 동시에 질적인 타락도 가져왔다. 기독교가 오늘날, 세계 종교로 성장하고 우리들에게 까지 전해진 것도 서구세력의 제국화와 깊이 연관된다. 코로나 시대는 우리에게 기독교 신학과 조직, 체질 속에 내재된 제국의 요소들을 걸러낼 필요가 있다.

교회의 경우, 대교회주의가 유행했다. 특히 한국에서 대교회의 익명의 숲 안에 머무르는 교인들이 다수였다. 하지만 한국의 대형교회는 사정이 달라졌다. 이제 낯선 교인이 올 수도 없고 오면 싫어한다. 등록교인 아니면 입장 불가하고 입장하더라도 익명으론 안 된다. 작은 교회들은 오히려 좋은 선교의 기회가 될 수 있다. 온라인시대에 걸 맞는 교회가 되기 위해 우리교회도 유투브로 '강남향린 성서학당'을 개설하고 예배를 생중계한다. 이제 예배 현장에 몇 명이 앉아 있느냐는 별로 의미가 없다. 내용, 컨텐츠의 질이 소중한 시대가 되었다.

본래 바이러스는 지구에 생명이 탄생하면서부터 함께 했으며 가장 기본적인 생명체 중에 하나이다. 지구 생태계의 질서가 유지되는 기본에는 바이러스가 존재한다. 우리 몸 안에도 바이러스들이 존재한다. 약 1만종의 바이러스, 100조개의 바이러스들이 우리는 몸을 숙주로 공생한다. 사람에게 생기는 신종 감염병의 75% 이상이 인수(人獸)공통 감염병이고, 이 인수공통 감염병의 대부분은 숙주가 야생동물이거나 가축들인 만큼 인간뿐 아니라 전체 생태계를 함께 고려하지 않는 인간만의 건강은 존재할 수 없다.

최근 50년간 신종 감염병이 급격히 증가한 이유는 병원체 자체가 진화하는 원인도 있지만 대부분은 인간과 환경 사이에 상호작용이 달라졌기 때문이다. 인구증가, 도시화, 여행, 교역의 증가, 빈부격차, 전쟁, 경제발달과 토지개발에 따른 생태환경의 파괴 등이 이러한 변화를 야기하는 주요 요인이다. 인구 증가에 따라 새로운 지리적 공간으로 사회적 영역이 확장되고, 해외여행 등으로 인간은 병원체의 숙주인 동물종과 접촉할 기회가 늘었다. 이렇게 사람으로 전이된 병원체는 인구밀도 및 인구이동 증가라는 사회적 변화와 결합하여 신종 감염병으로 확산된다.

우리가 한 종의 바이러스에 치명적인 침입을 당한다 하더라도 다른 생명체에게는 이미 그것을 극복할 면역 체계가 익숙할 수도 있다. 따라서 인간만이 아니라 이 땅의 모든 생명체들에게 공동의 면역체계를 증진시키는 일은 결국 인간의 생명 유지를 위한 조건이 될 수 있다. 지금 자연의 질서가 유지되는 것은 그만큼 바이러스들이 적절한 자리를 잡았기 때문이다. 이를 우리는 자연이라고 하고 창조의 질서라고 부른다.

이승무 박사(순환경제 연구소장)는 "산업 사회에서 원하지 않는 물질의 배출은 생물권에서 다양하고 예측할 수없는 결과를 초래할 수 있다. 새로운 환경에 적합한 새로운 미생물이 나타날 것이다"고 경고한다. 기존의 미생물, 박테리아, 곰팡이 및 바이러스는 현재의 생명체가 균형을 이루는 조건을 만들어 왔다. 이것은 자연의 생명 유지 시스템의 살아있는 기초의 힘이며 그것을 적절하게 제어하는 시스템 역시 자연 속에 있다. 그러나 산업사회가 새로운 물질을 만들어 세상에 내놓을 때, 창조의 질서라고 부르는 자연의 균형이 급격하게 무너져 어떤 상황에 이르게 될지 모른다고 경고한다.

우리를 구원하시는 하나님의 은혜와 능력은 단지 인간에게만 해당하는 것은 아니다. 우리는 공통의 면역체계를 구성하며 지구의 모든 생명을 위협하는 것들에 대해 서로의 상생을 강화하는 체계를 만들어야 한다. 하나님께서 만드신 작품은 단지 인간만이 아니라 오랫동안 함께 공생의 체계를 구축하고 있는 모든 자연과 생태계를 포함해야 한다.

이런 공생의 질서는 신학과 교회에서도 변화를 요구한다. 인간 중심의 신학은 전체 생명권을 중심으로, 나아가서 전체 물질세계까지 아우르는 신학으로 재편되어야 하며 교회의 조직과 선교의 목적도 인간 중심의 시스템에서 모든 만물의 공생과 상생을 최우선하는 신학으로 개편되어야 한다.

코로나로 인해 비대면 예배를 드리면서 가장 큰 걱정은 교우들의 마음이 멀어질까봐 염려이며, 교회가 운영될까도 염려이다. 그러나 이런 염려도 내려놓으려 한다. 우주 만물을 섭리하시고 교회의 주인되시는 그리스도께서 교회를 이끌어 가실 줄로 믿는다. 그리스도께서 교회를 운영하는 주체이며, 교우들 각자가 그리스도와 맺은 관계, 각자의 마음속에 그리스도와의 만남이 우리를 이끄실 것이기 때문이다.

» (강남향린교회 강단 중에서)

의인론, 선택, 하나님의 주권

종교개혁이 일어나 중세의 암흑시대를 부수었다. 종교개혁의 중요한 신학적 기반은 의인론과 예정론이다. 의인론은 루터에 의해, 하나님의 선택적 주권을 강조하는 예정론은 칼빈에 의해서 시대를 혁명하는 논리로 쓰였다. 그런데 이 둘이 모두 바울의 신학 가운데 나온 것이며 바울 역시 유대교를 혁파하고 새로운 기독교로 넘어가는 논리였다. 바울이 주장한 의인론과 예정론은 단지 교리나 이론이 아니다. 과거에 원칙이라고 생각하는 모순들을 극복하기 위해 구체적이고 논쟁적인 상황에서 생겨났다. 이들이 발생한 상황을 알아보고 그 논리들의 핵심이 무엇인지를 살펴본다.

의인론(義人論)인가, 의인론(義認論)인가?

기독교 신학에서 의인론은 매우 중요한 자리를 차지한다. 특히 마틴 루터에 의해 바울의 의인론이 종교개혁을 일으킨 기본 신학으로 부활했다. 우리 앞에 거대한 힘을 가지고 나타나는 죄의 세력을 제거하기 위해서 사람들은 율법과 행위로 가능할 것으로 보지만 그것은 근본적으로 불가능했다.

마틴 루터는 죄의식을 없애기 위해서 수도원에 들어갔다. 절대적으로 세상과 인연을 끊고 통제된 환경 속에 있지만 죄의식에서 자유로울 수가 없었다. 그가 격리된 세계 속에서 수도자의 생활을 사는 동안 범하는 죄의 양은 절대적으로 줄었겠지만, 그럴수록 죄를 살피는 눈이 예민해져서 그전에는 보이지 않던 죄들이 드러나고 더욱 더 죄의식에 시달릴 수밖에 없었다.

행위로 구원을 얻는 것은 불가능하다는 체험을 몸으로 한 것이다. 에베소서 2장 8절은 '행위로 구원받지 못함은 아무도 자랑하지 못하게 하려는 것'이라고 한다. 그러기에 하나님은 은혜로 구원을 주시며, 우리가 할 일은 믿음으로 받아들이면 된다. 이렇게 행위가 아닌 믿음으로 구원을 주시는 것은 아무런 자격이 없는 사람까지도 구원하기 위함이다. 아무도 자랑하지 못하게 하신다는 말의 이면은 아무 자랑할 것이 없는 사람까지도 구원하신다는 말이다. 그러기에 구원은 우리의 노력으로 얻는 것이 아니요 공짜로 나누어주신 은총으로 가능하다. 의인론이라고 할 때, 의로운 사람이라는 의인(義人)이 아니라 하나님께서 의롭다고 인정해 주신다는 의인(義認)이다.

의인론이 제기된 "삶의 자리"

의인론이 제기된 "삶의 자리"는 안디옥의 회식사건(갈 2:11-17)이다.

> 그런데 게바가 안디옥에 왔을 때에 잘못한 일이 있어서, 나는 얼굴을 마주 보고

그를 나무랐습니다. 그것은 게바가, 야고보가 보낸 사람들이 오기 전에는 이방 사람들과 함께 먹다가, 그들이 오자, 할례 받은 사람들을 두려워하여, 그 자리를 떠나 물러난 일입니다. 나머지 유대 사람들도 그와 함께 위선을 하였고, 마침내는 바나바까지도 그들의 위선에 끌려갔습니다. 나는, 그들이 복음의 진리를 따라 똑바로 걷지 않는 것을 보고, 모든 사람 앞에서 게바에게 이렇게 말하였습니다. "당신은 유대 사람인데도 유대 사람처럼 살지 않고 이방 사람처럼 살면서, 어찌하여 이방 사람더러 유대 사람이 되라고 강요합니까?" 우리는 본디 유대 사람이요, 죄인인 이방 사람이 아닙니다. 그러나 사람이, 율법을 지키는 행위로 의롭게 되는 것이 아니라, 예수 그리스도를 믿음으로 되는 것임을 알고, 우리도 그리스도 예수를 믿은 것입니다. 그것은, 우리가 율법을 지키는 행위로가 아니라, 그리스도를 믿는 믿음으로 의롭게 하여 주심을 받고자 하는 것이었습니다. 율법을 지키는 행위로는, 아무도 의롭게 될 수 없기 때문입니다. 우리가 그리스도 안에서 의롭게 하여 주심을 구하다가, 우리가 죄인으로 드러난다면, 그리스도는 우리로 하여금 죄를 짓게 하시는 분이라는 말입니까? 그럴 수 없습니다.(갈 2:11-17)

이 사건에서 베드로의 위선으로 밥상 공동체가 깨졌다. 그런데 어째서 유대인들은 비유대인과의 식탁교재를 그렇게도 혐오했을까? 디아스포라 유대인들이 이방인과의 모든 접촉을 회피했다는 추정은 불가능하다. 참여하는 대상 보다는 거기서 먹는 음식(특히 고기, 술, 기름)이 더 큰 사회적 문제를 야기했던 것으로 보인다. 이방인이 유대인의 손님이 되는 데는 아무런 문제가 없었으나, 유대인이 이방인의 손님이 되는 것은 그 이방인이 유대음식을 대접할 때만 허용되었다. 여기서는 비 유대인 신자가 유대인

신자를 초대한 것 때문일 수도 있으며, 아울러 문제시 되는 음식이 식탁에 나왔기 때문일 수도 있다.[1]

즉, 문제가 된 것은 유대인의 정결례법에 따른 음식, 코셔 음식이다. 베드로가 이방인과 잘 어울려 식사를 하다가 유대인들이 당도했다는 말을 듣고 그 상을 떠나버린다. 바울은 베드로의 위선을 나무란다. 이방 크리스천들을 유대 관습에 우겨넣어 죄인으로 만드는 행위에 대해 항의한다.

식사는 어떤 집단의 근본적인 가치, 그리고 그와 관련된 경계 설정을 반영한다. 식탁 친교는 사회집단들이 스스로를 규정하고 다른 집단과 자기 집단을 구별할 수 있도록 하기 위한 가장 효과적인 가능성 가운데 하나였다. 여성 인류학자 더글라스(M. Douglas)는 음식을 하나의 코드, 사회적 구조의 판독을 가능케 해주는 코드라고 한다. 이 음식 코드에 포함된 메시지는 사회적 서열의 수준, 한 집단에 포함되고 배제되는 사회적 경계로, 그때 그때의 특별한 음식은 암호화된 사회적 사건이라고 한다.[2] 여기서 음식은 특정 문화의 분류체계가 규정한 '적절한 자리'에 위치하고 있는 상태이며, 더럽거나 부정하다는 것은 그 분류체계가 규정한 '적절한 자리'를 벗어나 질서를 교란하거나 경계를 위협하는 상태라는 것이다.[3] 그런 의미에서 안디옥에서의 식탁교제는 기득권자들이 사회적 경계를 분명히 하고자 하는 차별의 코드가 배경이었다.

바울은 밥상에서의 차별을 넘어 이방 크리스천들의 동등한 권리를 주장한다. 그리고 이미 안디옥의 신자들이 여태껏 실행해 온 프락시스는 기

---

1) Ekkehard W. Stegemann and Wolfgang Stegemann, op. cit., 427.
2) Ibid., 426.
3) 방원일, *Mary Douglas*, 커뮤나캐이션북스(주), 2018. 34.

존의 유대교의 집단 경계를 넘어서는 변화였다. 그러나 베드로의 행동으로 전폭적으로 해체되었던 경계선이 다시 그 밥상에 들어왔다. 바울은 그런 차별에 저항하려는 목적으로 처음 의인론을 제기했다. 이런 논쟁적 자리에서 대항논리로 나온 것이 의인론이다. 여기서 바울은 베드로를 비롯한 유대인들에게 "너희들이, 너희들의 규정을 잘 지켜서 의롭다고 인정받는 것이 아니고, 하나님께서 인정해 주셔야 의롭다고 인정받는다."는 의인의 조건으로 "믿음으로"를 내세운다. "믿음으로"가 어떤 내용을 갖기 보다는, 사람을 차별하는 조건으로 내세우는 "법적 정당성" "업적", "공과" "행위"에 대한 부정의 틀로 제시된다. 의인론은 율법준수라는 공적주의, 자기들만의 법으로 이방인을 정죄하는 것에 저항한다.

새 시대를 여는 논리, 의인론

바울은 율법에 의해 죄가 생긴다고 본다. 율법은 죄인을 만들고 죄를 규정하기 위한 기득권 체제다. 죄라는 것은 지배자들이 민중을 지배하고 통치하기 위해서, 그들을 일정한 틀에 묶어 놓기 위해 규정하는 것이다.

서남동은 "죄(罪)는 지배자의 용어이고 민중의 언어는 한(恨)이다"[4]고 했다. 죄를 강조하는 것은 지배자들이다. 오히려 그들에 의해 가난해지고 억눌린 민중은 자신들이 가진 한(恨)을 이야기하지, 왜 민중이 스스로 자기 목을 조이는 죄를 논하겠는가? 예수는 당시에 죄인으로 정죄 받던 창녀, 세리, 죄인들을 친구로 받아들였고 유대인들이 그들에게 씌운 죄인의 멍에를 제거하고 그들을 해방하는 사역을 펼쳤다. 예수는 당시 민중을 얽

---

4) 서남동, "한의 형상화와 그 신학적 성찰", 『민중신학의 탐구』 한길사, 1983, 107.

어 맨 죄의 멍에를 풀어주고자 했으나, 유대교는 이런 저런 법으로 민중을 잡아들여 정죄했다. 이에 바울은 아무것도 가지지 못한 사람들, 이방인, 죄인, 부정한자들을 모두 해방하는 구원의 논리로 은총을 내세우며, 믿음으로 의롭게 인정받는다는 의인론을 제기했다.

오직 믿음으로

루터도 역시 '오직 믿음으로'를 외치며 의인론을 되살려 타락한 중세를 개혁했다. 의인론은 개혁과 혁명이 필요한 자리에 언제나 되살아났다. '오직 믿음으로'라는 것은 되지도 않는 논리로 사람을 차별하고 소외시키는 자리, 그 저변에 존재하는 기득권 의식을 부정하는 선언이다. 그러기에 "오직 믿음으로"를 '믿음의 행위'로 환원시키고 그 속에 또 다른 행위들을 쌓아간다면 그것도 율법이 될 수 있다.

인간의 어떤 행위로 의로워 지는 것(義人)이 아니라, 하나님께서 인정해 주셔야 한다(義認)는 것이니, 아래서 쌓는 행위 보다는 하나님께서 베푸시는 은총만이 길이 된다. 바울은 당시 아무런 차별 없이 모두를 받아들이는 신앙적 기준으로 "믿음"을 제시한다. 믿음은 구원의 조건이 아니라, 하나님께서 베푸신 은총을 인지하는 것, 받아들이는 감격이다.

죄로부터의 구원이냐, 죄책으로부터의 구원이냐?

루터의 종교개혁은 시대를 바꾼 위대한 공헌이지만 한계도 분명했다. 그것은 죄책으로부터의 구원에 그쳤다. 타인에게 피해를 입히는 사회적 차원의 죄는 사라지고 인간의 내면적 죄책이 대신 자리를 잡았다. 그도 그럴 것이 루터는 끊임없이 수도원 안에서도 죄책으로 괴로워했다. 루터에게는 '죄' 대신, '죄책'이 신학의 주요한 문제였기에, '구원' 역시 사회적 차원은 물러나고 '구원의 확신'이 대신 자리 잡았다. 그런데 사실 루터같이 수도원 안에서 격리된 생활을 하는 것과 생활인이 복잡한 사회적 관계망 속에서 살아가는 것은 다르다. 사회적 관계가 비교적 단순한 수도원에서는 사실 죄지을 일이 별로 없다. 이들에게는 세상에서 벌어지는 '죄'보다는 '죄책'이 더욱 특별할 것이다. 그러나 이것의 영향으로 '죄'와 '구원'은 인간의 내면에 자리매김하며, 사회적 삶의 차원은 다 제외되고 지극히 내면적인 기독교가 탄생하게 된다.

역사를 바꾸는 혁명의 신학

바울의 의인은 마틴 루터의 의인과도 차이가 난다. 루터는 사회적 상황과는 동떨어진 개인의 죄책을 신앙의 문제로 삼고 출발했지만 바울의 의인은 이방인들이 겪는 상실의 삶, 죄인, 부정한 자들이 겪는 소외 속에서 제기되었다. 죄의 문제를 제기하는 상황이 전혀 다르다. 죄는 고립해서 존재하는 실체가 아니다. 로빈슨 크루소처럼 고독한 섬에서도, 혼자서도, 또는 유전적으로 지을 수 있는 것이 아니다. 그렇기에 죄의 용서는 누구의 선언이나 자신의 확신에 의해 받는 것이 아니다. 사람들 간의 관계 속에서 새로워져야 한다. 사람에게 지은 죄는 그 사람에게 용서를 구함으로써 사해져야 한다.

바울의 의인론은 유대교의 업적주의를 부인하고 모두를 구원으로 초대하는 새로운 종교, 기독교를 열었다. 그렇듯이 루터의 의인론도 중세라는 체제를 부정하고 종교개혁시대를 여는 중심 논리로 쓰였다. 그의 신학이 출발한 자리는 비록 수도원이란 격리된 공간이었지만 의인론은 아무런 공적을 내세울게 없는 민중을 구원의 주체로 불러들였다. 의인론은 단지 골방에 앉아서 얻어지거나 책상 머리에 앉아서 얻어 지는 것이 아니라 역사를 바꾸는 혁명의 신학으로 작용했다.

바울은 죄의 몸(롬 6:20)을 말한다. 죄는 몸을 가진 하나의 실체이다. 그것은 세력범위와 활동기반과 지체를 가지고 있다. 그것은 시간과 사물과 인간 세계 안에 현존하고 팽창한다. 죄는 자립성을 가지고 있으며 실체를 가지고 활동한다. 그것은 몸이 되어 줄 곳을 찾는다. 죄는 구체적 상황 속에서 가시화되고 역사화 된다. 그렇듯이 의인론에도 당연한 권세를 누리는 자들의 터전을 무너뜨리고 그들에게서 소외된 사람들을 주인으로 세우는 혁명적 논리가 자리한다. 그것이 "오직 믿음으로"라는 것이다.

의인론은 안디옥의 식사자리, 자신의 의를 자랑하며 타인을 구별하는 자리에서 시작했다. 이방인에 대한 정죄를 바닥에 깔고 자신의 우월함을 자랑하는 자리에서 벗어나 밑바닥 깊은 곳에서 자기를 보게 하는 것이며, 거기서 다시 복음의 본뜻을 시작하자는 선언이다. "나는 크리스천이다, 나는 그리스도를 믿는다."는 선언은 무엇을 말하는가? 이것은 과거와 현재 나의 경험과 단절된 전혀 새로운 하나님의 미래 속으로 들어가는 것이다. 나의 공과와 나의 업적과 나의 행위들이 전부 부정되고 하나님 안에서 새 창조, 새로운 출애굽이 이루어지는 자리에 나를 불러 세운다. 과거의 것이 철저하게 전복되는 곳, "나 아닌 나" "새로운 인간" "은총으로 지음 받은 인간"으로 출발하는 것이다.

예정론, 하나님의 선택적 주권

로마서 9장에서 바울이 하나님의 주권과 하나님의 선택적 자유를 강조한 것은 유대교에서 기독교로 그 중심이 옮겨질 때 강조되었고 그후 종교개혁 시대에 가톨릭에서 개신교로 중심이 옮겨질 때 칼빈은 예정론이라는 신학적 명제로 다시 강조했다. 하나님의 선택적 주권, 예정론이 가진 신학적, 사회적 기능을 살펴본다.

아브라함의 자손이라고 해서 다 그의 자녀가 아닙니다. 다만 "이삭에게서 태어난 사람만을 너의 자손이라고 부르겠다" 하셨습니다. 곧 육신의 자녀가 하나님의 자녀로 되는 것이 아니라, 약속의 자녀가 참 자손으로 여겨 주심을 받습니다. 그 약속의 말씀은 "내년에 내가 다시 올 때쯤에는, 사라에게 아들이 있을 것이다" 한 것입니다. 그뿐만 아니라, 리브가도 우리 조상 이삭 한 사람에게서 쌍둥이 아들을 수태하였는데, 그들이 태어나기도 전에, 무슨 선이나 악을 행하기도 전에, 택하심을 따라 세우신 하나님의 뜻이 지속되게 하시며, 하나님의 이러한 일이 사람의 행위에 근거하는 것이 아니라 부르시는 분께 달려 있음을 나타내시려고, 리브가에게 "형이 동생을 섬길 것이다"하고 말씀하셨습니다. 그것은 기록된 바 "내가 야곱을 사랑하고, 에서를 미워하였다" 한 것과 같습니다. 그러면 우리가 무엇이라고 말을 해야 하겠습니까? 하나님이 불공평하신 분이라는 말입니까? 그럴 수 없습니다. 하나님께서 모세에게 말씀하시기를 "내가 긍휼히 여길 사람을 긍휼히 여기고, 불쌍히 여길 사람을 불쌍히 여기겠다." 하셨습니다. 그러므로 그것은 사람의 의지나 노력에 달려 있는 것이 아니라, 하나님의 자비에 달려 있습니다. 그래서 성경에 바로를 두고 말씀하시기를 "내가 이 일을 하려고 너를 세웠다. 곧 너로 말미암아 내 능력을 나타내고, 내 이름을 온 땅에 전파하게 하려는 것이다" 하셨습니다. 그러므로 하나님께서는 긍휼히 여기시고 자 하는 사람을 긍휼히 여기시고, 완악하게 하시고자 하는 사람을 완악하게 하십니다. 그러면 여러분은 제각기 내게 이렇게 말할 것입니다. "그렇다면 어찌하여 하나님께서는 사람을 책망하시는가? 누가 하나님의 뜻을 거역할 수 있다는 말인가?" 그러나 사람이 무엇이기에 하나님께 감히 말대답을 합니까? 만들어진 것이 만드신 분에게 "어찌하여 나를 이렇게 만들었습니까?" 하고 말할 수 있습니까? 토기장이에게는, 흙덩이 하나를 둘로 나누어서, 하나는 귀한 데 쓸 그릇을 만들고 하나는 천한 데 쓸 그릇을 만들 권리가 있지 않습니까?(롬 9:7-21)

당시 유대인들이 자신들은 아브라함의 후손이기 때문에 하나님께 선택받은 백성이라고 주장했다. 그들은 이방인과 차별되는 특권적 지위만을 강조하였다. 이에 바울은 이삭과 이스마엘의 선택, 야곱과 에서의 선택의 예를 들어 혈통의 후손이라고 해서 하나님께서 무조건 선택하시는 것이 아니라 하나님께서 자신의 의지에 따라 선택하신다는 것을 강조한다.

바울은 "하나님께서 하고자 하시는 자를 긍휼히 여기시고 하고자 하시는 자를 강퍅케 하신다."(18절)고 하며 하나님의 자유로운 선택을 말한다. 21절에서 토기장이가 흙 한 덩어리로는 귀히 쓸 것을, 또 다른 한 덩어리로는 천히 쓸 그릇을 만드는 권한이 있는 것과 같다고 하며 "내가 내 백성 아닌자를 내 백성이라, 사랑치 아니한 자를 사랑한 자라 부르리라"(호세아 2:23)는 말씀을 인용하여 하나님의 자유로운 선택을 강조한다. 우리가 당연한 것으로 생각하는 것들이 당연하지 않을 수 있다. 결정은 하나님께서 하실 뿐이다.

유기(遺棄, 버림)의 예정, 이중선택

하나님의 이중예정은 하나님께서 구원에 이를 자와 멸망에 이를 자를 구별하신다는 것이다. 하나님은 혈통에 의해서 판단하시거나 정해진 법칙대로 판단하시는 분이 아니라 하나님 자신의 기준대로, 그분의 자유대로 판단하시며 마음에 두기 싫어하는 자를 버리신다는 명제를 유기(버림)의 예정, 이중선택이라고 한다. 이는 바울과 성서에서 영감을 얻은 것으로 종교개혁 시대 칼빈이 주장한 신학이다. 토대가 되는 말씀들을 살펴보자.

그들이 우리에게서 떠나갔지만, 그들은 원래 우리에게 속한 자들이 아닙니다. 그들이 우리에게 속한 자들이었다면, 우리와 함께 그대로 남아 있었을 것입니다. 그런데 그들은 마침내, 다 우리에게 속한 자들이 아니라는 것이 드러났습니다.(요일 2:19)

나는 그들을 위하여 빕니다. 내가 세상을 위하여 비는 것이 아니고, 아버지께서 내게 주신 사람들을 위하여 빕니다. 그들은 모두 아버지의 사람들입니다.(요 17:9)

또한 "걸리는 돌과 넘어지게 하는 바위"입니다. 그들이 걸려서 넘어지는 것은 말씀을 순종하지 않기 때문이요, 또한 그렇게 되도록 정해 놓으셨기 때문입니다.(벧전 2:8)

하나님께서 하신 일도 마찬가지입니다. 하나님께서 진노를 보이시고 권능을 알게 하시기를 원하면서도, 멸망 받게 되어 있는 진노의 그릇들에 대하여 꾸준히 참으시면서 너그럽게 대해 주시고.(롬 9:22)

하나님의 자유

사람들은 자꾸 하나님께서 인간을 구원하시는, 그럴 수밖에 없는 이런 저런 법칙을 만들어 놓고, 자신 안에 하나님을 묶어 두려고 한다. 그것은 자기 구원의 확실성을 담보 받고 싶어서다. 하지만 하나님께서는 그 틀에 구속받지 않으신다. 만약 하나님께서 버리는 사람이 없이 모두를 구원하신다면, 결과적으로 하나님은 무용하게 되며 하나님의 주권은 제한된다. 하나님은 어느 누구를 당연히 구원해야 되는 법칙에 매이지 않는다. 그러므로 왜 누구는 구원받고 누구는 버림 받느냐고 하나님께 따질 수 없다.

하나님의 행위가 의로운 가, 아닌 가를 인간이 검증할 수 없다. 그것을 따지는 것은 피조물의 범위를 벗어난다. 마치 자신이 하나님의 위치가 되어 하나님을 판단하고자 하는 것이다. 하나님의 뜻과 행위는 인간에 의해서 확인되고 검증받아야 할 대상이 아니라 그 자체로서 항상 의롭다. 그 자체로 의의 기준이고 표준이다.

하나님의 자유, 하나님의 주권을 말하는 것은 정치권력이든지 종교권력이든지 지금의 체제와 질서에 대해서 부정하고 새로운 것을 추구할 때 나타난다. 하나님은 우리들의 사고와 존재의 원천이기 때문에, 하나님에 대해서 누가 말하느냐에 따라 전혀 다른 사회적 역할이 강조된다. 기존 질서의 지배자들이 하나님의 주권을 말할 때 그것은 질서를 유지하고 지키는 하나님이기 쉽다. 반면 핍박당하고 억눌린 사람들이 하나님의 주권을 말하는 것은 기존의 질서를 뒤집어엎고 새로운 세상을 희망할 때이다. 하나님의 주권, 하나님의 자유로운 선택을 강조하는 것은 혁명을 갈망할 때이다.

예정론의 사회적 자리

바울이 로마서 9장에서 예정을 이야기한 것은 아브라함의 후손이라며 자신들의 선택을 당연한 것으로 여기는 유대인들을 부정하기 위해서다. 유대인들은 이방인을 당연하게 멸망 받을 대상이라고 생각했다. 그러나 바울은 하나님께서는 이방인들도 구원하신다고 선포한다. 하나님의 주권, 하나님의 선택을 강조하는 것은 당시의 유대인들이 당연하게 생각하는 것을 뒤집기 위해서다. 구원을 자신들의 당연한 몫으로 여기는 사람들에게 주시는 경고이다. 유대인들이 특별한 선택을 주장하는 시류를 뛰어넘어 역설과 변혁을 강조하는 부정 언설로 쓰였다. 하나님의 구원역사는 그들의 예상을 넘어 유대교에서 기독교로 옮겨 간다는 대역전을 말하는 근거로 쓰였다.

그 후로 약 1500년 후에 칼빈이 종교개혁에 불을 지필 때 다시 주목받아 예정론이라는 신학적 명제로 등장했다. 하나님의 예정은 겉으로 불합리하게 보일지 모르지만 결과적으로 우리의 편협함과 잘못된 시대정신을 바로 잡는 언설이며, 인간이 편견과 증오로 소외시킨 사람들까지 구원하기 위한 부정 언설이다.

> 나를 보내신 분의 뜻은, 내게 주신 사람을 내가 하나도 잃어버리지 않고, 마지막
> 날에 모두 살리는 일이다. 또한 아들을 보고 그를 믿는 사람이면 누구나 영원한

생명을 얻게 하시는 것이 내 아버지의 뜻이다. 나는 마지막 날에 그들을 다시 살

릴 것이다.(요 6:39-40)

불합리한 것 같지만 보다 확실한 길

인간 자신이 선택에 근거한 구원과 하나님의 선택에 의한 구원을 비교할 때, 인간의 선택을 강조하는 것이 합리적인 듯이 생각되지만, 이는 신학적으로 결국은 자기 자신을 얽어매게 된다.

내가 하나님을 선택해서 구원에 이른다는 것은 우리의 이성에는 걸림돌이 되지 않지만 결정적인 어려움이 내게 왔을 때 이 끈은 금방 끊어져 버린다. 하나님이 나의 선택의 대상이었고 나의 선택의 결과물이었다면, 나의 선택으로 하나님과의 관계가 시작되었듯이 내가 하나님을 버리면 그것으로 모든 것은 끝장나 버린다.

그러나 나의 의지와는 상관없이 하나님께서 나를 선택하셨다는 믿음은 지금 내게 느껴지지 않고 아무런 실감이 나지 않더라도 이 선택의 주도권이 하나님께 있기에 나의 의지나 느낌과는 상관없다. 그리고 하나님께서 영원하신 것과 같이 언제나 유효하며 변함이 없다는 장점이 있다.

인간의 구원이 인간의 자유의지와 선택에 근거했다면 처음에 진입하는 길은 넓지만 끝까지 강을 건널 수 있는 다리가 될지는 의문이다. 하지만 인간의 구원이 하나님의 선택과 예정에 근거했다면 이는 진입하는 입구는 좁지만 결국은 끝까지 강을 건널 수 있는 다리가 될 수 있다.

하나님은 차선일 수 없다.

구원의 확신을 가지면 구원이 된다느니, 예수가 내 죄를 대신 지신 것을 믿으면 구원에 이른다느니, 그분을 영접하고 고백하면 된다느니, 소위 유행하고 있는 '사영리'로 표현되는 구원의 도식이나, 믿음이니 뭐니 하면서 대속의 교리를 믿거나 고백하면 하늘에서 자신의 존재가 변화되고, 사망에서 생명으로 옮겨지고, 우주적 변화의 대혁명이 이루어진다고 보는 것은 마치 "열려라 참깨"하고 일정한 주문을 외우면 문이 열린다는 동화 속 주문과 다르지 않다.

손가락 하나 까닥하지 않고 아무 노력 없이 앉아서 생각하고 고백하는 것에 따라 존재와 세상과 하늘이 움직이게 된다고 생각하는 것이 바로 주술이다. 십자가를 주술로 여길 때 예수의 십자가와 고난, 그의 삶의 역사성은 송두리째 날아간다. 단지 십자가는 내가 구원을 얻고 부활의 영광을 얻기 위한 경과사항으로 요청될 뿐이다. 우리가 십자가를 단지 부적처럼 생각한다면, 예수를 부뚜막 귀신 정도의 한낱 미신이나 요술쟁이로 전락시키는 꼴이 된다.

구원의 확신을 구원의 조건처럼 내세우는 사람들이 있다. 내가 구원의 확신을 가지고 있다면 하나님은 꼼짝없이 나를 구원하셔야만 하고, 내가 구원의 확신이 없다면 아무리 선한 일을 해도 구원받지 못한다면, 하나님은 뒤로 물러나고 단지 나의 확신이 하나님의 자리를 차지한다. 여기서 하나님의 주권은 상실되고, 하나님은 나의 생각에 따라 움직이는 종속물이 된다. 그렇다면 더 이상 하나님은 하나님이 아니게 된다. 한국교회는 이 저급한 주술에서 먼저 깨어나야 한다.

내가 확신한다는 것은 하나님을 제한하는 것이다. 그들은 자신의 행위로 구원을 얻으려는 사람들이며(롬 9:32) 자신의 의를 세우는 사람들이다(롬 10:3). 하나님은 언제나 나의 마음에 가장 존귀하고 귀한 자리에 모셔야 한다. 나의 최고의 것, 가장 소중한 것을 돌리는 것이 신앙이다. 그것이 하나님을 믿는 신앙이며 하나님을 하나님으로 모시는 것이다. 우리가 최선을 다하더라도 최종의 결정은 하나님께서 하실 것이고 우리는 순종할 뿐이라는 겸손이 신앙인의 자세이다.

내가 최고의 존엄과 경외로 하나님을 모실 때 그 하나님께서 우리들도 최고로 여겨주신다. 그러나 이미 내 안에 하나님이 차선이라면, 내가 하나님을 하나님으로 인정하지 못하는 것이며, 설사 하나님께서 우리를 최고로 여겨 주신다고 하더라도 우리는 그것을 깨닫거나 인정할 수 없게 된다. 하나님이 내 안에 차선일 때, 더 이상 우리 안에서 하나님은 하나님이 되지 못하신다. 하나님께서는 항상 우리가 최고의 영광을 돌리길 원하신다.

인간이 자기 안에 있는 어떤 것을 확정하고 확신을 갖기 위한 목적으로 하나님을 들먹거리지만 하나님은 자유하신 분이다. 인간이 자기 생각을 확정하는 도구로 하나님을 사용해서는 안 된다. 하나님은 어떤 틀에도 구속되지 않으신다. 인간이 가진 자기중심성을 추호도 의심할 수 없는 절대적인 것으로 만들어 버리면 바로 그것이 다른 신이고 우상이다. 그것은 하나님을 반역하고 망령되게 한다. 하나님 아닌 인간이 세운 제도나 관습이 절대적인 위치를 가질 때 우리는 그 우상을 허물어야 한다. 그것들을 허물지 않으면 하나님은 우리 눈에 보이지 않고, 하나님도 한갓 우상단지로 여기게 된다.

칼 바르트의 새로운 예정이해

예정이 하나님의 선택적 주권을 강조하기 위한 것이지만 사람들이 이해하는 데는 걸림돌이다. 특별히 앞에서 설명한 이중예정이 그렇다. 이중예정은 "하나님의 작정에 의해 그의 영광을 나타내기 위해 어떤 사람들과 천사들은 영원한 생명에 이르도록 예정되었고 그 밖의 사람들은 영원한 죽음에 이르도록 예정되었다."[5]고 한다. 예정론의 핵심을 이루는 논리지만, 하나님께서 우리를 선택하기도 하고, 유기(遺棄, 버림)의 대상으로 버리기도 한다는 하나님의 두 가지 선택은 그 신학을 잘 이해하지 못하면 거부감을 일으킬 수도 있다.

이에 20세기의 개혁신학자인 칼 바르트는 예수 그리스도를 중심으로 예정과 이중 예정을 새롭게 해석했다. 칼빈은 하나님의 주권을 설명하기 위해 하나님께서 어떤 사람은 구원하고 어떤 사람은 버리는 자유를 말했지만, 바르트는 하나님의 버림과 선택 모두가 예수 안에서 행해졌으며, 예수 안에 모든 선택을 위임하신 것으로 이해했다. 이는 예수를 통해 우리를 구원하시기 위해서다.

바르트는 "예수 그리스도의 선택은 모든 사물들의 시작이요, 모든 인간의 선택에 대한 근거"라고 했다. 그는 "하나님께서 예수를 선택하셨다는 것은 우리들의 선택을 예수 안에 포괄한다. 우리들의 선택의 근거이다. 우리는 우리 자신의 선택을 인간 예수의 선택 속에서 보아야 한다."고 말한다.

---

5) 웨스터민스터 신앙고백 세3장 제3조

하나님께서는 우리를 사랑하셔서, 하나님 앞에서 거룩하고 흠이 없게 하시려고,

창세전에 우리를 그리스도 안에서 택하여 주셨습니다.(엡 1:4)

우리들의 선택은, 이미 하나님께서 예수 그리스도를 선택하실 때, 그 안에 포괄되어 있다는 것이다. 바로 여기에 그리스도의 선택과 인간의 선택의 차이점이 있다. 예수 그리스도의 선택은 모든 인간의 선택에 대한 원형이요 계시인 동시에 근원이다. 그의 선택과 함께 모든 인간이 선택되어진 것이다.

어떤 선택된 인간도 자기의 선택과 더불어 다른 사람들도 선택되었다고 말 할 수 없다. 그러나 예수 그리스도의 선택은 모든 다른 선택의 머리이며, 모든 신적인 선택의 도구다. 한마디로 하나님께서 예수 그리스도를 선택하신 사건은 우리의 선택을 나타내는 "계시(Manifestatio)" 이며 "원인(causa)"이다.

이중예정에 대한 칼바르트의 이해

바르트는 "하나님께서 인간을 버리기로 예정하신 것이 아니라, 인간을 선택하기 위해 하나님 스스로 십자가의 예수를 버리는 선택을 하셨다. 선택과 유기라는 이중예정은 하나님이 인간을 영원히 '선택'하기 위해, 십자가에서 예수님을 '유기'하신 사건이다."고 한다. 그러니 하나님으로부터 버림받으신 분은 오직 예수 그리스도이다. 예수 그리스도는 하나님에게서 "버림받으신 단 한 분"(Der einzige Verworfene)이었다.[6]

---

6) 김명용, "하나님의 예정과 인간의 자유-바르트 이후 신학의 예정론의 새관점" 기독일보
https://www.christiandaily.co.kr/news/84836#share

하나님께서는 예수를 인간이 받아야 할 분노와 심판의 대상으로 세우셨으며, 동시에 인간에게는 구원과 해방을 가져오게 하셨다. 하나님은 우리가 받아야 할 심판과 저주를 다른 하나님이신 예수에게 지우셨다. 예정이란 인간이 당해야할 부정(Nein)을 하나님이 당하심으로써 인간을 저주의 심판으로부터 구원하신 하나님의 결정을 뜻한다. 이 결정으로 인해 저주를 받기로 결정된 것은 인간이 아니라 성자로서의 하나님 자신이다. 하나님은 인간이 당해야 할 부정을 자신의 것으로 삼으심으로써 인간에게 긍정을 열어주셨다. 그는 십자가상에서 "엘리 엘리 라마 사박다니" 어찌하여 나를 버리시냐고 외치셨다. 하나님께서 아들에게 유기를 선택하신 것이다.

동시에 하나님께서는 그를 부활케 하심으로 아들을 새롭게 선택하셨다. 예수 그리스도 안에 버림과 선택의 이중 선택이 모두 집중해서 일어났다. 그러나 예수께서는 자신이 버림받음으로 십자가의 죽음을 겪으셨지만, 자신에게 주어진 몫, 곧 축복과 영원한 생명은 인간에게 돌리기로 결정하셨다. 이것은 모든 인간을 구원하시는 '복음'이다. 그런 의미에서 예정론은 "복음의 종합"이요, 기독교 메시지의 총괄개념이다.

그러나 모든 사람들이 그러한 삶을 누리는 것은 아니다. 선택은 예수 그리스도에게 위임되었다. 이미 결정 나 있지만 예수를 받아들이고, 자신의 선택으로 '선포'하며 그에 대한 '믿음'으로 살아가야 한다.

선택받은 자는 자신에게 임한 변화를 받아들이고 이웃에게 임하는 구원의 기쁜 소식을 전한다. 우리 사회가 사랑과 구원을 이루는 공동체가 되도록 힘쓰며 그 삶을 살아가야 한다. 반면 버림받은 자는 그리스도 안에서 일어난 하나님의 택함을 거부함으로 하나님으로부터 자신을 분리시킨다. 하나님은 은혜로우시지만 자신은 하나님을 배척하는 것이다.

구원의 선택을 입는 것은 인간의 신실함 때문이 아니다. 인간은 하나님마저도 저버리지만 그런 인간에 대해서도 하나님께서는 자신의 신실하심을 보이셨다. 이러한 하나님의 신실하심은 자신을 따르는 일꾼에게만 배당되는 것이 아니라 모든 인간에게 배당된다. 이로써 하나님의 선택은 만인에게 임하게 되며 모든 피조물에 이르게 된다.

왕자님이 어느 시골을 지나다가 우연히 시골 처녀를 만났는데 그 순박함과 아름다움이 마음에 들어 그에게 청혼을 했다. 하지만 아무리 좋은 조건의 청혼이라도 그것을 받아들일지 말지는 그 시골 처녀의 선택에 따라 달려있다. 인간이 하나님의 선택을 받아들이느냐 아니냐에 따라 하나님의 선택적 의도가 완성된다.

예정론은 세상의 폭력을 정당화하고 인간을 운명적 존재로 받아들일 수 있는 부정적 요인도 가지고 있다. 그러나 가장 아름다운 인간의 승리는 자기 자신의 신념이 아니라 하나님의 부르심에 응답하는 것이다. "저 밖에서" 들려오는 소리에 부응하는 것이다. 그리고 이러한 하나님의 예정은 인간뿐 만이 아니라 이 세계로 향한다. 세상도 하나님의 피조물이라면 예정론은 이 세계에 대한 하나님의 예정이기도 하다.

함께 생각 나누기 »

* 바울 신학의 중심 개념인 의인론이 언급된 상황에 대해서 말해 봅시다.

* 바울이 처음 의인론을 주장한 동기와 목적에 대해서 말해 봅시다.

* 루터가 종교개혁을 일으킬 당시의 의인론과 바울의 의인론을 비교하여 봅시다.

* 바울이 '예정론-하나님의 주권적 선택'에 대해서 말하게 된 배경은 무엇인지 말해봅시다.

* 바울이 제기한 '하나님의 주권적 선택'과 종교개혁을 일으킨 칼빈의 예정론은 어떤 공통점을 가지고 있는지 말해 봅시다.

* 바울은 자기 자신을 그리스도의 사람(그리스도인)이라고 표현했고 그리스도인이라고 불리우는 새로운 공동체를 세웠다. 그리스도인은 어떤 사람일까 서로의 의견을 나누어 봅시다.

그리스도의 사람

그리스도 예수의 종인 나 바울은 사도로 부르심을 받아, 하나님의 복음을 전하라고 따로 세우심을 받았습니다. 이 복음은 하나님께서 예언자들을 시켜서 성경에 미리 약속하신 것으로 당신의 아들을 두고 하신 말씀입니다. 이 아들로 말하면, 육신으로는 다윗의 자손으로 나셨으며, 거룩한 영으로는 죽은 사람들 가운데서 부활하심으로, 권능으로 하나님의 아들로 확정되셨으니, 곧 우리 주 예수 그리스도이십니다. 우리는, 그 이름을 전하여 모든 이방 사람으로 하여금 믿어서 순종하게 하려고, 그를 통하여 은혜와 사도의 직분을 받았습니다. 여러분도 그들 가운데서 부르심을 받고 예수 그리스도의 사람이 되었습니다. 하나님께서 사랑하셔서 당신의 성도로 부르심을 받은 로마에 있는 모든 신도에게, 우리 하나님 아버지와 주 예수 그리스도께서 내려 주시는 은혜와 평화가 있기를 빕니다.(롬 1:1-7)

성지와 교회의 역사를 찾아보고 공부하기 위해서 수개월간 유럽 배낭여행을 했다. 나폴리에서 기차를 타고 약 23킬로 떨어진 곳에 있는 폼페이라는 도시를 방문했다. 주후 79년에 이탈리아 베수비오 화산이 폭발하면서 그 산 아래 있던 로마 귀족들의 휴양도시 폼페이가 순식간에 화산재에 매몰되었다. 1748년에 이르러서 프랑스에 의해 발굴이 시작되어 1700년 이상 매몰된 도시가 드러났다. 제가 10년 전에 방문했던 당시는 약 4/5정도가 복원되어 일반에게 개방되었고 한쪽에서는 계속 발굴하고 있었다. 발굴팀이 파 내려가다가 빈 공간이 나오면 그 공간에 석고를 주입

하여 화산 폭발시에 죽어간 사람들의 생생한 모습, 숨이 끊기기 전에 몸의 상태들이 그대로 복원되었다. 약 2천명의 사람들이 화산 폭발로 죽었다. 뿐만 아니라 당시의 로마사회를 생생하게 전한다.

귀족들이 쓰던 그릇들을 출토해서 전시했는데, 큰 것은 큰 것대로 작은 것은 작은 것대로 예술작품이다. 하다못해 작은 찻잔 같은 것도 정교하게 부조가 그릇 주위에 새겨져 있었다. 평범한 귀족들의 정원과 주방에서 발견된 조각들은 마치 로뎅의 조각과 같이 예술적이었고, 마치 박물관 소장 작품 같았다. 정원에 세운 대리석 조각들, 그 옷자락의 주름 폭이 정교하고 자연스러워서 어디서 바람이 불어오나 주변을 둘러볼 정도다. 이런 예술작품들이 일반 집 정원에 있던 것들이라니, 당시 귀족들의 생활수준을 느끼게 해주었다.

그러나 이러한 화려한 문명의 이면을 보게 하는 물건이 있었다. 요즈음 발목을 올려놓고 몸을 흔들며 왔다 갔다 하는 발목 안마기계 같은 것이 있었다. 그것도 한사람 분이 아니라 여러 사람의 발을 한꺼번에 올리는 기구였다. 처음에는 웬 집단헬스기구 인가하고 생각했다. 그런데 자세히 보니 위에 쇳대가 지나가고 자물쇠를 채우게 되어 있었다. 발목수갑이었다. 노예들의 발을 묶어놓는 착고였다. 그것도 여러 사람을 함께 채우는 기구였다.

한참 발걸음을 멈추어 노예들의 하루생활을 생각해 보았다. 낮에는 일을 하고, 밤에는 착고를 채워 재우는 모습이 눈에 떠올랐다. 요즈음 목을 묶어 놓는 개들은 양반이었다. 개들은 묶인 범위 안에서는 자유롭지만 사람은 개 보다 훨씬 지능적이기에 더 철저하게 묶어 놓아야 했었나? 그것을 보면서 당시 노예들이 갈망하는 자유가 어떤 것인가를 실감했다. 자유인이란, 착고를 차지 않는 사람을 말한다.

현대에 사는 우리들에게 발 착고를 채울 사람은 없지만 우리들은 저마다 다른 마음의 착고를 차며 살아간다. 여러분들은 어떤 착고를 차고 있는지, 예배를 마치는 순간 어떤 근심의 착고를 쓸까, 돈의 착고일까, 마음에 가시지 않는 미움과 분노의 착고일까, 지긋지긋하게 생각되는 일의 착고일까, 기왕 착고를 차시려면 그리스도의 착고를 차기 바란다.

바울은 스스로 그리스도의 착고를 찬 사람이다. 오늘 본문은 로마서의 서두이다. 바울은 로마의 그리스도인들을 아직 한 번도 만나보지 못한 채, 편지를 쓰기 때문에 자기소개를 해야 했다. 그는 이렇게 말문을 튼다.

그리스도 예수의 종인 나 바울은...(롬 1:1)

바울은 스스로 "나는 그리스도 예수의 종이라"고 한다. 하긴 요즈음 "나는 하나님의 종, 그리스도의 종"이라며 자랑하고 힘주는 사람들도 있고 "주의 종님!" "주의 종님!"하고 부르기도 한다. 그러나 종 다음에 어울리는 말은 "님"자가 아니다. 바울이 예수의 종이란 말을 자신을 뽐내는 말로 쓰지 않았다. 바울은 그리스도 안에 있는 자유를 갈망한 사람이다. 그는 누구보다도 자유를 갈망했다. 그는 누구에게도 매이지 않지만, 그리스도 예수에 대해서는 스스로 종이라고 했다.

사도로 부르심을 받아, 하나님의 복음을 전하라고 따로 세우심을 받았습니다.(2절)

여기 "따로 세우심"을 받았다는 표현은 "구별하여 세웠다"는 "선택"을 뜻하는 구약성서의 특별한 표현이다. "하나님께서 뭇 백성 가운데서 거룩한 목적을 위해 선택하고 구별하셨다.(레 20:26)"고 말하고 바울은 "나를 모태로부터 구별하여 세우셨다"(갈 1:15)고 한다. 우리는 보통 성장해서 하나님의 뜻을 인식할 때부터 하나님과의 관계가 시작된다고 생각한다. 그러나 바울은 장성한 후가 아니고 '처음부터, 모태에서부터 하나님께서 나를 구별해서 세우셨다.'고 한다.

하나님께서는 저마다에게 다른 사람은 할 수 없는 나의 환경, 나의 경험, 나의 생김새에 꼭 맞는 일을 예비하셨다. 그것도 내가 태어나기 전에, 또는 창조이전에 하나님께서 나를 택하시고 발견하셨다고 한다. 내가 해야 할 일, 하나님께서 내게 맡기시는 그 일은 아주 독특한 일이다. 내가 안 하면 누가 대신할 수 있는 일이 아니다. 꼭 유일한 인생인 나에게 맞추어 하나님께서 내게 주신 일이 있다. 나 아니면 안되는 그 유일한 일을 위하여 부르셨다. 일천 구백몇 년, 혹은 이천 몇 년에 한국 땅에서 태어날 내 길을 예비하셨다. 여러분들은 무슨 일에 부르심을 받는가? 나의 경험, 나의 환경, 나의 입장을 통해서만 할 수 있는 그 유일한 일, 창조 이전에 나를 택하고 발견하시어 나를 구별하여 세우신 "그 일" "그 자리"를 발견했나?

'하나님께서 그 일을 위해 나를 불러 세우셨다. 나는 그 소리를 확실히 들었고 지금도 듣고 있다.' 이렇게 바울처럼 자신 있게 말할 수 있나? 그럴 수 있는 사람을 오늘 본문은 "예수 그리스도의 사람"(롬 1:6)이라고 부른다. "우리 주 예수 그리스도"라고 할 때, 주라는 말은 '주인'이라는 뜻이다. 이것은 종과 상대적인 말이다. 종은 제멋대로 하지 않는다. 종은 제멋대로 할 수 없다. 종은 그렇게 해서는 안 된다. 그를 부르신 분, 그 주인의 명령에 따라야 한다. "내가 주인 되신 당신을 따라 살겠습니다. 당신을 쫓아 살겠습니다. 예수님 당신은 내 삶의 유일한 길이시오, 본이시오, 틀이십니다. 나 스스로를 그 틀에 맞추어 제한해서 살겠습니다."하는 고백이다.

그러면 여러분 중에는 질문하는 분이 계실 것이다. "왜 예수 그리스도여야만 해? 그에 못지않게 훌륭한 위인들이 많이 있는데, 나는 다양한 것을 원해, 나는 내 자유를 구속 받고 싶지 않아!" 여러분에게 예수님 말고 또 다른 표적이 필요한가? 아직 이것저것 좋은 지식을 따라 순례하는가? 바울 사도는 "나는 그리스도 외에는 아무 것도 알지 않기로 했다." 그는 "그리스도를 아는 지식 외에는 모든 것을 오물로, 똥으로 여기기로 했다"고 한다. 아직 자기 삶의 푯대를 정하지 못한 분들은 예수 그리스도의 사람이 되길 바란다. 그분에게 붙잡히시기를 바란다.

요즈음 기독교에 대한 실망과 절망감이 점점 더해지고 있다. 우리 사회에서 가장 보수적이고 수구적인 집단이 바로 기독교로 전락해 가고 있는 모습들 때문이다. 저는 진보적인 의식을 가진 사람들 사이에 믿음이란 것이, 교회생활과 규칙적인 몸의 훈련이 얼마나 어려운가를 느낀다. 그들은 마음은 있지만 몸은 교회에 있지 않다. 대단한 의식을 가졌는지는 모르지만, 일 년에 몇 번 정도 목사가 들볶아야 교회를 '나와 주는' 정도이다. 이런 현실 속에서 많은 교회들이 보수적일 수밖에 없는 것은 자명하다. 진보적 기독인이 바뀌지 않으면 교회가 바뀔 수 없다. 그들이 가진 말로만의 신앙이 몸의 신앙으로 바뀌지 않으면 한국교회는 희망이 없다.

오늘 임직 받는 여러분들이 교회의 이런 저런 일을 맡았다는 것은 단지 일거리를 맡은 것이 아니다. 여러분들이 하나님의 사람으로, 그리스도의 사람으로 부름 받았다. 집사는 주인을 대신해서 그 집을 지키고 돌보는 사람들이다. 초대교회에서는 선교와 돌봄의 역할을 했다. 권사는 모두를 품어 안는 역할이고, 교우들을 권면하고 사랑을 주는 주체이다. 장로는 평생 집사를 해온 사람들로 내 생명보다도 교회를 더욱 사랑하는 사람들이다. 임직 받는 모든 분들은 사사로운 감정으로 끼리끼리 세움 받은 것이 아니다. 하나님의 교회를 교회답게 하도록 부름 받은 것이다. 오늘 임직 받는 분들은 여러분 한 사람, 한 사람에게 임한 하나님의 말씀을 찾기를 바란다. 그 뜻에 순종하시길 바란다. 부족한 우리들이지만 우리를 통해서 주님의 뜻을 이루시도록 온전히 주님께 내어 맡기길 바란다.

» (강남향린교회 임직예배 설교 중에서)

9

바울과 권력

야훼신앙은 본디 이집트의 노예들을 해방하시는 하나님께 대한 신앙이었으며, 예수신앙 역시 진정한 평화의 세상, 하나님나라를 선포했다. 교회는 이 신앙 전통을 이어받았다. 교회는 로마 제국 안에서 작지만 혁명적인 공동체의 출현이었다. 교회의 운동은 로마 안에서 로마를 부정하는 운동이었고, 제국의 철저한 계급제도와 신분제도를 부정하는 운동이었다.

그러나 콘스탄틴 대제에 의해 기독교가 로마의 국교로 인정을 받은 후에 기독교에 대한 박해는 끝났다. 그후 기독교는 순탄한 역사의 길을 걸었지만 그와 함께 온갖 권력의 맛을 보았다. 그후 기독교는 그 본질을 변질시켜 지배자의 종교, 힘의 종교가 되어버렸다.

그러나 성서 자체가 해방을 갈망하는 이야기로 가득 차있고, 굉장히 혁명적인 책이라 지배자들은 일반 민중이 직접 성서를 읽는 것을 두려워했다. 그래서 성서는 고대 언어인 라틴어로만 읽도록 규정했다. 이것은 소수의 귀족이 이 말씀을 독점하고 자기들 입맛대로 하나님의 말씀을 견강부회하려는 의도였다.

마틴 루터가 종교개혁을 일으키고 성서를 누구나 다 읽을 수 있도록 독일어로 번역했다. 근대 천여 년 간에 대단한 역사의 진보를 이루는 사건이었다. 하지만 루터 역시 귀족의 한계를 벗어나지는 못했다. 루터는 독일에서 농민혁명이 일어났을 때 거침없이 영주들 편을 들고 반란자 농민들을 죽이고 탄압하는 편에 섰다. 그래서 번역된 성서 역시 역사적 한계를 가지고 태생했으며, 자세히 보면 성서의 말씀 중 상당부분이 오랜 역사 속에 지배자에 의해 왜곡되고 변질된 흔적을 가지고 있다. 이 장에서는 권세들에 의해서 이용되고, 오해되어 내려온 말씀들을 살펴보려고 한다.

권세에 복종하라?

로마서 13장의 모든 권세에 복종하라는 말씀을 세상의 권력자들이 애용한다. 그러나 이 말씀을 모든 권세가 어떤 태도를 가져야하는가를 규정하는 것으로, 참다운 권력에 대한 한계짓기라고 보는 견해가 있다. 바울의 다른 말씀들은 권력이 불의할 때 저항하라는 것을 명백하게 말한다. 이런 정황으로 보아 참다운 권력에는 복종해야하지만 그렇지 못한 권력에는 상대적으로 저항하라는 메시지라는 견해를 소개한다.

> 사람은 누구나 위에 있는 권세에 복종해야 합니다. 모든 권세는 하나님께로부터 온 것이며 이미 있는 권세들도 하나님께서 세워주신 것이기 때문입니다. 그러므로 권세를 거역하는 사람은 하나님의 명을 거역하는 것이요, 거역하는 사람은 심판을 받게 될 것입니다. 치안관들은, 좋은 일을 하는 사람에게는 두려울 것이 없고, 나쁜 일을 하는 사람에게만 두려움이 됩니다. 권세를 가진 사람을 두려워

하지 않으려거든, 좋은 일을 하십시오. 그러면 그에게서 칭찬을 받을 것입니다. 통치자는 여러분 각자에게 유익을 주려고 일하는 하나님의 일꾼입니다. 그러나 여러분 각자가 나쁜 일을 저지를 때에는 두려워해야 합니다. 그는 공연히 칼을 차고 있는 것이 아닙니다. 그는 하나님의 일꾼으로서, 나쁜 일을 하는 자에게 하나님의 진노를 집행하는 사람입니다. 그러므로 진노를 두려워해서만이 아니라, 양심을 생각해서라도 복종해야 합니다. 같은 이유로, 여러분은 또한 조세를 바칩니다. 그들은 하나님의 일꾼들로서, 바로 이 일을 하는 데 힘을 쓰고 있습니다. 여러분은 모든 사람에게 의무를 다하십시오. 조세를 바쳐야 할 이에게는 조세를 바치고, 관세를 바쳐야 할 이에게는 관세를 바치고, 두려워해야 할 이는 두려워하고, 존경해야 할 이는 존경하십시오.(롬 13:1-7)

통치하는 권세에 복종하라는 말씀은 수많은 독재자들, 전제군주들에게 면허장을 부여하고 인권을 탄압하는 권력에도 면죄부를 주는데 사용되었다. 이 본문은 바울의 다른 본문들과도 사뭇 다르고 당시 유대인들의 정황과도 다르다. 그래서 이 본문이 후대에 지배자들에 의해 삽입된 것으로 바울의 말이 아니라고 한 학자들도 있을 정도이다. 우리는 먼저 이 본문의 진정성을 인정하는 전제아래 본문을 권력의 한계를 밝히는 글이라는 홍근수 목사의 견해[1]를 소개한다.

정치권력의 한계긋기라는 견해

"모든 권세는 하나님께로부터 온 것이며 이미 있는 권세들도 하나님께

---

1) 홍근수, 『기독교와 정치』"종교의 예언자적 사명-교회의 현실정치 참여는 선교활동이다", 한울, 1988, pp. 74-88.

서 세워주신 것"(1절)이라는 말씀은 모든 권세가 가져야 할 마땅한 행동이 어떠해야 하는 가를 규정한다. 이는 모든 정치권력이 가져야할 한계를 분명히 하는 말씀이다.

"통치자는 여러분 각자에게 유익을 주려고 일하는 하나님의 일꾼"(4절)이며, 그가 "공연히 칼을 차고 있는 것이 아니라 하나님의 일꾼으로서, 나쁜 일을 하는 자에게 하나님의 진노를 집행하는 사람"(4절)이다. 또한 "그들은 하나님의 일꾼들로서, 바로 이 일을 하는 데 힘을 쓰고 있다."(6절)고 한다.

바울은 표면적으로 복종할 것을 말하지만 내용적으로 참다운 권력이 어떠해야 하는 가를 말한다. 만약 정치권력이 선하고 의로운 시민을 억압하거나, 위협하고 박해하거나, 악을 방관하거나, 정치권력 자체가 악과 불의를 일삼는다면 하나님의 종과 도구로 역할 해야 할 정치권력은 정당성을 몰수당할 수밖에 없다. 그럴 때는 정당하고 합법적인 정권이 아니라고 단정할 수 있으며 거대한 폭력집단과 다를 바가 없다.

바울은 바로 앞장인 로마서 12장에서 "악을 미워하고 선에 속하라"(9절) "악에게 지지 말고, 선으로 악을 이기라"(22절)고 한다. 이는 정권이 악과 불의의 근원일 때 규탄하고 항거해야 할 대상이지, 용납하거나 복종할 수 없다는 말이다. 하나님과 정권이 요구하는 것이 서로 상충할 경우에 기독교인들은 정권의 요구에 아니라고 말할 수밖에 없다. 베드로는 "사람에게 복종하는 것보다 오히려 하나님께 복종해야 한다."(행전 4:19)고 말한다.

이 말씀은 앞장에서 "아무에게도 악을 악으로 갚지 말고, 모든 사람이 보기에 선한 일을 하려고 애쓰고... 할 수 있는 대로 모든 사람과 더불어

화평하게 지내십시오."(롬 12:17-18)라는 것이 일반적인 권세에 대한 원칙
이다. 권세가 만약 그렇지 못하다면 그는 스스로 "그의 머리 위에다가, 숯
불을 쌓는 것이 될 것"(롬 12:20)이다. 바울은 다른 곳에서 일관되게 세상의
권력이 하나님께 복종해야 함을 말한다.

> 그런데 이 지혜는, 이 세상의 지혜가 아니고, 멸망할 자들인 이 세상 통치자들의
> 지혜도 아닙니다. 우리는 은밀하게 감추어져 있는 하나님의 지혜를 말합니다.
> 그것은, 하나님께서 우리를 영광스럽게 하시려고, 영세 전에 미리 정하신 지혜
> 입니다. 이 세상 통치자들 가운데는, 이 지혜를 안 사람이 하나도 없습니다. 그들
> 이 알았더라면, 영광의 주를 십자가에 못 박지 않았을 것입니다.(고전 2:6-8)

> 그 다음에는 마지막이 올 것인데, 그 때에 그리스도께서 모든 통치와 권위와 권
> 력을 폐하시고, 그 나라를 하나님 아버지께 바치실 것입니다. 하나님께서 모든
> 원수를 그리스도의 발아래에 두실 때까지, 그리스도께서 다스리셔야 합니다...
> 성경에 이르기를 "하나님께서 모든 것을 그의 발아래에 굴복시키셨다" 하였습
> 니다. 모든 것을 굴복시켰다고 할 때에, 모든 것을 자기에게 굴복시키신 분은 그
> 가운데 들어 있지 않은 것이 분명합니다. 그러나 모든 것이 하나님께 굴복당할
> 그 때에는, 아들까지도 모든 것을 자기에게 굴복시키신 분에게 굴복할 것입니
> 다. 그래서 하나님은 만유의 주님으로 군림하실 것입니다.(고전 15:24-28)

바울에게 있어서 세상의 권력은 일시적인 권위를 부여 받은 것뿐이다.
만약 권력이 그 정당성을 스스로 부인하는 행위를 한다면 그것은 그 자체
로 이미 복종해야 할 대상이 아니다. 세상의 권세가 만약 영원하고 궁극

적인 복종의 대상이라면 마지막 때에 세상의 통치자들이 멸망하고 하나님 앞에 굴복할 필요가 없을 것이다.

제국적 선전의 맥락에서 보는 견해

로마서 13장에 권세에 대한 말씀은 일반적인 권세에 대한 태도를 말한 것이 아니다. 이것을 모든 권력에 대한 기독교인의 태도로 견강부회하려는 압제자들의 의도와는 거리가 멀다고 보고 제국의 선전으로 파악하는 엘리어트의 견해를 소개한다.[2]

당시는 로마의 황금기였다. 오만해진 황제는 자신이 신(神)임을 자처하고 그의 말 한마디에 민족이 없어지고 나라를 폐쇄하기도 하면서 자신의 권위를 자랑했다. 로마가 점령한 세계의 변방은 순순히 황제의 신격화를 받아들일 수밖에 없었다. 그러나 유다는 그렇지 않았다. 정권에 대해 직언을 서슴지 않았던 예언자의 전통과 그리스제국 아래 유일하게 독립국을 쟁취했던 마카비 혁명의 경험이 쉽게 로마의 권력체계를 인정하지 않았다. 더군다나 유대인들은 하나님 한분 외에는 다른 신을 섬길 수 없었기에 황제를 신으로 섬기라는 제국에 거세게 저항했다. 유대는 로마 당국으로부터 주목을 받고 그에 상응한 핍박을 받았다.

그러나 정작 로마 내에서는 황제의 신격화가 순조롭지 않았다. 상대적으로 황제의 주변 배경을 잘 알고 있는 로마의 중심부는 황제 숭배에 대해 냉소적이었다. 이에 많은 유대인들이 상대적으로 황제 숭배의 강요가 덜한 로마로 이주했다. 정작 로마의 중심부 지식인들 가운데는 황제를 신

---

2) Neil Eliott, 『바울 새로보기』 "제국적 선전의 맥락에서 보는 로마서 13:1-7", 김재성 편, 한국신학연구소, 2000, pp.43-47.

격화하는 일에 대해 비판이 거셌기 때문이다. 그러나 로마로 이주해 살고 있는 유대인과 크리스천에게도 언제 터질지 모르는 전운이 감돌았다.

당시 세네카의 "자비에 관하여"(De Clementia)에서 로마 황제의 연설문이 전해진다. 그들은 자신이 평화를 사랑하고 자비로운 군주라는 것을 자랑했다.

> 나는 국가를 대신하는 삶과 죽음의 조정자이다.··· 나의 평화가 금지하는 수천 개의 모든 칼은 내 동의가 있어야 뽑혀질 것이다. 어떤 나라가 완전히 파괴되고 사라질 것인지는, 내 명령에 달렸다. 그러므로 내가 처리한 모든 일들에서, 나는 분노나 무분별한 충동에 따라서 부당한 처벌을 내려 본 적이 없다... 나와 더불어 칼은 숨겨지거나 혹은 칼집에 도로 넣어진다. 나는 가장 보잘 것 없는 생명까지도 최대한 보호한다. 누군가 인간이라는 명목 외엔 아무 것도 지니고 있지 않더라도, 그는 내 호의를 받게 될 것이다.(De Clementia 1,2-4)

네로는 자신의 선물은 "피로 얼룩지지 않은 국가이다. 온 세상에서 한 방울의 피도 흘리지 않았다"며 자신이 평화를 가져온 황제라는 것을 자신 만만하게 자랑했다. 네로는 "자신의 선한 행실로 보호받으며, 경호원을 필요로 하지 않는 훌륭한 군주이며 그가 착용한 무기는 장식용일 뿐이다(13,5)."라며 자신을 선전했다.

그러나 사실은 달랐다. 황제 집권 초기에 어느 누구도 칼을 자기 수중에 쥐고만 있지는 않았다.(11,3) 네로는 재임기간 동안 잔혹한 효과를 위해서 칼을 사용했다. 유대반란을 진압하려고 군단을 급파했고, 로마에도 의도적으로 배치했다. 네로가 자신은 여기서 보는 것과 같이 '쓸모없는 칼'의 주제가 로마서에도 나타난다. 네로가 자신이 자비로운 군주라는 것을 자랑하며 칼은 칼집에 도로 넣어지고 착용한 무기는 장식용일 뿐이라고 했지만 로마서는 "그는 공연히 칼을 차고 있는 것이 아닙니다."(롬 13:4)고 한다. 당시 로마는 "크레스투스(Chrestus)의 선동"으로 폭동이 일어났다는 이유로(Tacitus, Annals 15,44) 도시에서 유대인들을 쫓아냈고, 또한 네로의 통치시기에 과중한 세금징수를 둘러싸고 대중적인 불만이 확산되고 있었다.(Annals 13,50-51)

로마서에 권력에 대한 주제는 당시 희랍의 문필가들의 문장 속에서 널리 쓰이고 있었다. 요세푸스는 아그립바의 예를 들었다. 아그립바가 예루살렘의 반란자들을 향해 로마인들에게 항복하라고 호소할 때, 다음과 같이 말했다.

당신들의 배가 아직 항구에 있는 동안에 다가오는 폭풍을 미리 예견하는 것이 좋다. 그래야 폭풍 한가운데로 출범하여 죽는 일이 일어나지 않을 것이다.(War 2, 396)

훨씬 더 강한 민족들도 로마에 복종했는데, 노예 신분을 물려받은 유대인들이 무슨 복종인들 받아들이지 못하겠는가?(War 2, 358-89)

사실 권력은 화나게 해서는 안되고 아첨으로 무마해야할 대상이다. 복종의 바람을 저지하는 것은 아무것도 없다.(War 2, 350-51)

필로는 당시의 상황 가운데서 유대인 독자들에 대하여 충고한다.

> 가장 자유롭게 말하는 것이나, 말의 담대함이나, 시기적절치 않는 솔직함은 전체 공동체를 치명적 위험으로 몰아넣을 수 있다. 어떤 유대인들이 보여준 것과 같은 무모한 도전은 구분하여 보는 것이 매우 중요하다.(De Somniis 2,83-84)

> 시기적절치 않는 솔직함을 드러내는 사람들이 군주의 가공할 만한 파괴공작을 겪게 될지라도 그들은 모든 야만적이고 무자비한 고문으로 죽기 전에, 오명을 쓰고, 두들겨 맞고, 병신이 되고 고난을 겪는다. 그런 다음, 그들은 처형장으로 끌려 나가 죽는다.[3]

> 독재자에 대한 공공연한 도전은 유대인의 타고난 권리이다. 그러므로 올바른 시대에는 적들의 폭력에 대해 대항하고 그것을 진압하는 것이 좋다. 그러나 그것은 상황이 허락할 때 이루어지는 것이다. 상황이 좋지 않을 때는, 조용히 있는 것이 안전하다.(2,92)

필로는 유대인들에게 신중함을 주문한다. "현명한 사람은 필연성, 운, 기회, 힘, 폭력, 그리고 군주권의 바람이 얼마나 강하게 부는지를 알고 있어야 한다." 그리하여 "중대한 재난을 막기 위해서 없어서는 안 될 안전장치"로서 '신중함'을 말한다. 이는 '항구의 안전을 먼저 생각하는 항해

---

3) Philo, *An Itroduction to Philo Judaeus*, 2d ed (Oxford : Basil Blackwell,1962) 55. Neil Eliott, Ibid., 45.에서 재인용.

사의 신중함'과도 같다. 그는 "독사들을 자극하기보다 주문을 걸어야 한다"(2,85-89)고 말한다. 필로는 시장에 갈 때, 신중한 주의를 기울여야 한다며 "통치자를 위해서, 그리고 멍에를 멘 짐승들을 위해서 재빠르게 길을 비킨다. 통치자와 만나면 우리는 존경의 마음으로 행동하고, 멍에를 맨 짐승을 만났을 때는 두려움으로 행동을 취한다. 그래야 우리는 그들에게서 어떤 상해도 입지 않는다."고 한다.

유대인 독자들은 필로가 이 둘에게 길을 양보한 이유가 동일하다는 것을 아주 잘 이해할 것이다. 그가 그렇게 하지 않았다면, 짓밟힐 수밖에 없다는 것을 알고 있었기 때문이다. 이러한 표현은 본문의 마지막 부분에 암시되어 있다. "두려워해야 할 이는 두려워하고, 존경해야 할 이는 존경하십시오."(롬 13:7)

필로의 이러한 조심스러운 말투를 감안하면, 롬 13:1-7의 의미는 명백해 진다. 로마서의 독자들은 당시 로마 제국이 평화와 관용을 선전하는 것과는 다르다는 것을 잘안다. 옥타비우스가 악티움 해전에서 승리한 후 돌아왔을 때, 이렇게 말했다.

> 내전은 20년이 지나 종결되었고, 원정은 승리로 끝났으며, 평화가 회복되고, 군대의 광포함은 어디서나 누그러들었다. 법에는 정당성이, 법원에는 권위가, 원로원에는 위엄이 복구되었고... 공화정과 같은 종래의 전통적 형태가 재건되었다. 농부들이 들판으로 되돌아왔으며, 종교는 존경심을 되찾았고, 인류는 근심에서 해방되고, 모든 시민은 정당한 재산권을 보장받았다.(History 2,89)

그러나 로마서 독자들은 옥타비우스의 말과 현실은 상당히 다르다는 것을 누구보다 잘 알고 있다. 그들은 이런 로마의 선전에 대해서 극도의 경계심을 가질 수밖에 없었다. 여기 나타난 로마서의 권세에 대한 말씀은 이미 제국이 심각하게 폭력을 가한 후에 일이다. 그들이 상처입고 폭력에 의해 부서진 공동체를 재건하려는 상황에서 주어졌다. 꺼진 불씨를 살리려고 분투하고 있는 유대인들을 보호하려는 취지의 말씀이다. 그러기에 여기서 바울이 권세에 복종하라고 하는 말은 일반적인 권세에 대한 태도를 말한 것이 아니다. 또는 문자 그대로 권세에 대한 복종을 말했다고 하더라도 그것은 이미 폭력 앞에서 산산이 흩어질 수밖에 없었던 유대인 공동체의 특수성을 감안하여 '현실적으로 행동하라'는 권고이다. 이것을 모든 권력에 대한 기독교인의 태도로 견강부회하려는 압제자들의 의도와는 거리가 멀다.

예수는 "카이사르의 것은 카이사르에게 돌려주고, 하나님의 것은 하나님께 돌려드리라"말했다. 가장 친 로마적인 역사가 요세푸스는 이 세상을 결코 카이사르의 것과 하나님의 것으로 나누지 않았다. 오히려 하나님께서 카이사르에게 권세를 주셨다고 주장했다.[4] 그러나 예수는 카이사르의 권세와는 구별된 별도의 권세가 있으며 궁극적으로 세상의 권세들은 폐하고 하님의 권세아래 복종할 것이라고 한다.

각자 부르심 받은 처지대로

"각자 부르심 받은 처지대로 살아가라"고 번역한 고전 7장의 내용을

---

4) Jonathan L. Reed and John Dominic Crossan, *Excavating Jesus*, 『예수의 역사』 김기철 역, 한국기독교연구소, 2010, 279.

노예건 자유인이건 주어진 처지대로 살아가라는 말로 이해하는 것은 성경을 왜곡하는 것이다. 우리는 우리의 이웃들을 해방하는 사명으로 부르심을 받은 것이고, 그 해방의 사명과 소명 안에 머물러 있으라는 말이지 우리들의 처지와 신분에 그대로 머물러 있으라는 말이 아니다.

> 각 사람은 주께서 그에게 나누어 주신 대로, 또 하나님께서 그를 부르신 그대로 살아가십시오. 이것이 모든 교회에서 명하는 나의 지시입니다... 각 사람은 부르심을 받은 그 때의 처지에 그대로 머물러 있으십시오. 당신은 노예로 있을 때에 부르심을 받았습니까? 그런 것에 마음 쓰지 마십시오. 그러나 자유로운 몸이 될 수 있는 기회가 있으면, 어떻게 해서든지 그것을 이용하십시오. 주님 안에서 부르심을 받은 노예는 주님께 속한 자유인입니다. 그와 같이, 자유인으로서 부르심을 받은 사람은 그리스도의 노예입니다. 여러분은 하나님께서 값을 치르고 사신 몸입니다. 여러분은 사람의 노예가 되지 마십시오. 형제자매 여러분, 여러분은 각각 부르심을 받은 그 때의 처지에 그대로 머물러 있으면서, 하나님과 함께 계십시오.(고전 7:17-24)

이 본문으로 보면 바울이 신분제에 대해 아주 타협적이거나 얼버무리는 것처럼 보인다. 오늘 본문의 20절 "각 사람은 부르심을 받은 그 때의 처지에 그대로 머물러 있으십시오." 또는 "각자는 부르심을 받았을 때의 그 상태를 그대로 유지 하십시오"라고 거의 예외 없이 직업이나 신분, 사회적 위치에 그대로 머물라고 번역한다. 이것은 "당신이 노예로 부름 받았으면 충실히 당신의 주인을 섬기고, 당신이 여성으로 부름 받았으면 늘 그렇듯이 우리사회에서 중요하고 좋은 몫은 남성들이 차지하고 그 나머지 하위직이라도 즐거운 마음으로 그대로 머물러 있으라."는 말로 이해된다.

위 본문에서 "처지"나 "상태"로 번역된 말은 희랍어 클레시스($\kappa\lambda\epsilon\sigma\iota\varsigma$, calling)의 번역이다. 그런데 이 calling은 "직업"으로 번역될 수도 있고 또는 "소명, 부르심"이라고 번역할 수도 있다. 여기서는 직업으로 이해하고 거기에서 한걸음 더 나아가 당신의 사회적 신분(status)에 머무르라고 번역한 것인데, 이 calling을 문자 그대로 소명이나 부르심으로 번역하면 전혀 뜻이 달라진다. 그것은 당신이 종이던 주인이던, 할례를 받았던 안 받았던 하나님의 해방하시는 그 사역, 주께서 부르시는 그 소명에 충실하라는 말이 된다. 이것이 대표적으로 지배자의 입장에서 왜곡시킨 예이다. 원래 취지와는 정반대의 뜻으로 추상적인 것을 구체화함으로 왜곡했다. 왜 그렇게 보아야하는 가를 살펴보자.

첫째, 어의(語意)로 보아 그렇다. 본문의 클레시스는 히브리어 카라(kara)의 번역어인데 이 말은 "이름을 부른다"는 뜻이다. 직접적으로 이름을 부르는 행위를 나타낸다. 직업이나 신분이라는 의미로 대입했을 때는 뜻이 통하지 않는다. 성서의 다음과 같은 구절에서 언급된다.

-바벨탑 사건 후에, "주님께서 거기에서 온 세상의 말을 뒤섞으셨다고 하여, 사람들은 그곳의 이름을 바벨이라고 한다.(부른다 kara)[5]
-하나님께서 다윗을 부르실 때, "너는 내가 거기에서 일러주는(-) 사

---

[5] kara와 그 변형된 형태들을 (-)으로 표시한다.

람에게 기름을 부어라".(삼상16:3)

- 다윗이 사울을 쳐 죽인 사람을 대상으로 명령을 내릴 때, "다윗이 부하 가운데 한 사람을 불러서(-) '가까이 가서 그를 쳐 죽여라' 하고 명하였다.(삼하 1:15)

- 내가 너를 속량하였으니, 두려워하지 말아라. 내가 너를 지명하여 불렀으니(-), 너는 나의 것이다.(사 43:1)

- 야곱아, 내가 불러낸(-) 이스라엘아.(사 48:12)

- 주님께서 이미 모태에서 나를 부르셨고(-), 내 어머니의 뱃 속에서부터 내 이름을 기억하셨다.(사 49:1)

- 이스라엘이 어린아이일 때, 내가 그를 사랑하여 내 아들을 이집트에서 불러(-)냈다.(호 11:1)

이러한 의미는 신약성서에 그대로 전이된다.

- 하나님을 사랑하는 사람들, 곧 하나님의 뜻대로 부르심(κλεσι s)을 받은 사람들에게는, 모든 일이 서로 협력해서 선을 이룬다는 것을 우리는 압니다.… 하나님께서는 이미 정하신 사람들을 부르시고(-)[6] 또한 부르신(-) 사람들을 의롭게 하시고.(롬 8:28-30)

- 그리스도의 몸도 하나요, 성령도 하나입니다. 이와 같이 여러분도 부르심(-)을 받았을 때에 그 부르심(-)의 목표인 소망도 하나였습니다.(엡 4:4)

---

6) κλεσιs와 그 변형된 형태들을 (-)로 표시했다.

-여러분을 어둠에서 불러내어(-) 자기의 놀라운 빛 가운데로 인
 도하신...(벧전 2:9)
-하나님께서 우리를 구원해 주시고 거룩한 부르심(-)으로 불러
 주셨습니다.(딤후 1:9)
-그러므로 하늘의 부르심(-)을 함께 받은 거룩한 형제, 자매 여러
 분...(히 3:1)

이름을 부르는 행위는 그 자체가 큰 선택이고 그의 쓰임새를 자리매김
한다. 그러므로 주께서 이름을 부르시는 것은 큰 사명을 지워주시는 하나
님의 선택이고 소명의 행위다. 그런데 이것이 직업이라고 쓰이게 된 것은
프로테스탄트 윤리이다. 그들이 우리의 직업을 하나님의 소명의 자리로
이해하는데서 유래된 근대 이후의 해석이다. 그런데 거기에 만족하지 않
고 더 나아가 직업은 고사하고 신분, 계급, 그 사람의 사회적 신분(status)에
까지 확장시켰다. 이렇게 몇 차례 의역하여 넘어간 결과는 지배자들의 입
맛에 꼭 맞는 그리고, 원래의 뜻과는 정반대인 뜻으로까지 왜곡하는데 성
공했다.

둘째, 본문의 문맥에서 보자.
짧은 본문에 17, 20, 24절 세 차례에 걸쳐 각자의 처지에 머물러 있으라
고 번역이 되어 있다. 그런데 21절에는 바울이 "자유로운 몸이 될 수 있는
기회가 있으면, 어떻게 해서든지 그것을 이용하십시오."라고 하며 23절
은 더욱 분명하게 "여러분은 하나님께서 그 값을 치르고 사신 사람입니
다. 그러므로 사람의 노예가 되지 마십시오."라고 말한다. 바울이 정신 분

열이라도 일으켰나? 어떻게 네 신분, 처지에 그대로 순종하고 있으라는 사람이 동시에 한 문단 안에서 전혀 다른 말을 한단 말인가?

셋째는 전체 바울의 신학에서 보아야한다.

바울의 신학의 특징은 이원론을 극복한 소마($\sigma\omega\mu\alpha$, 몸)의 신학이다. 그 당시 희랍철학은 인간을 이원적으로 분리하여 보았다. 몸은 살덩어리요 정욕의 더러운 곳이요, 불의하고 유한한 것으로서 영혼을 가두는 감옥에 불과한데 비해 영은 완전하고 영원한 존재이며 절대 자유한 이데아의 세계에서 온 것이다. 그래서 그들에게 죽음은 비로소 이 육체의 감옥에서 영이 자유함을 얻고 해방되는 길이었다.

그러나 바울은 인간을 소마라는 용어로 영과 육이 통전적으로 통합되는 존재로서의 '몸'을 말한다. 그는 영과 육이 분리되어 몸은 소멸하고 영은 영원에 이른다는 희랍적 불멸에 대해 맞서서 몸의 부활을 말한다. 우리의 부활은 영만의 부활이 아니고 몸의 부활인데, 그것은 썩지 않을 몸, 영광스러운 몸, 강한 몸, 신령한 몸으로 거듭난다.(고전 15:42) 그것은 몸 안에서 일어나는 몸의 질적인 변화이고 역사 안에서 일어나는 역사의 변화이다.

오늘 본문을 신분에 머물러 있으라고 번역하는 사람들은 22절의 "주님 안에서 노예로 부르심을 받은 사람은 주님께 속한 자유인입니다"라는 말씀을 이원론적으로 이해하려고 한다. "몸은 노예지만 영적으로 자유해라"라고 해석한다. 바울이 갑자기 자신의 적인 영지주의자가 되었는가? 그의 전체 신학에 반하는 말을 왜 바울에 입에 담으려고 하는가?

넷째는, 유대교 신앙에 반한다.

그 당시 로마는 최고의 전성기를 구가하면서 황제를 퀴리오스(κυριοσ, 주님)으로, 구원자(σωτηρ), 하나님(θεοσ)으로 부르게 했다. 그러나 이것은 로마의 변방에서나 통하였고 정작 중심부 로마에서는 저항을 받았다. 타키투스, 티베리우스, 필로등도 격렬히 이에 반대했다. 변방에서는 유대만이 강하게 저항했다. 유대인들의 강한 신앙적 저항은 로마와의 전쟁으로까지 이어졌고 유다는 패망했다. "우리가 누구의 종인가?"하는 문제는 로마와 예민하게 대립하는 것인데 유대교육을 철저하게 받고 유대 전통에 확고하게 서있는 바울이 노예 상태에 머물러 있으라고 한다면 당시 유대인들에게 몰매를 맞았을 것이다.

다섯째, 바울 자신의 행위이다.

빌레몬서는 바울이 자기를 돕던 오네시모라는 사람을 본래 그가 도망쳐 나왔던 원래의 주인 빌레몬에게 돌려보내며 동봉하는 편지이다. 마침 그의 주인은 옛날 바울에게 신세를 졌던 사람이다. 바울은 당신의 종 오네시모를 돌려보내니 "이제는 이를 종으로서가 아니라 주님 안에 한 형제로 대해 줄 것"을 요구하며 은근히 그 옛날 빌레몬이 빚 진 것을 묻지 않겠다며 압박한다. 여기서 바울과 초대교회 운동의 한 면을 볼 수 있다. 바울은 크리스천들은 철저하게 신분을 뛰어넘어 형제, 자매가 될 것을 요구했다.

우리가 하나님께 부르심을 받는 다는 것은 그분께 이름이 불리는 것이다. 하나님께서 "사무엘아, 사무엘아" 하고 부르실 때에 사무엘은 알지 못했다. 그는 엘리 제사장에게 가서 부르셨느냐고 물었다. 여러 번 같은 일이 반복되자 사무엘은 하나님 앞에 엎드려 대답한다. "예, 말씀하십시오. 주의 종이 듣겠나이다."라고 했다. 하나님께서 무슨 말을 하셨는가는 다음 문제다. 그분께서 우리의 이름을 부르시는 것이 중요하다. 그 분께서 부르실 때, 우리는 전혀 새로운 삶으로 초청되며 새로운 사명 가운데에 서게 된다.

하나님께서 모세를 불붙는 가시덤불에서 부르실 때, 그에게 사명을 주셨다. "내 백성을 구하라"는 것이다. 내 백성은 누구인가? 이집트에서 종노릇을 하는 노예들이다. 그들을 해방 시키는 사명, 자유를 베푸는 사명 가운데로 하나님은 오늘도 우리를 부르신다. 크리스천은 이 해방자의 사명을 부여 받은 사람들이다. 우리의 상태가 노예건 주인이건, 할례를 받았건 안 받았었건 그것은 문제가 되지 않고, 주님 앞에 무엇을 둘러 댈 핑계가 되지 않는다. 우리는 우리의 이웃들, 형제, 자매들을 해방 시키는 사명으로 부르심을 받았다. 우리들이 각자의 처지와 신분에 머무르라는 말이 아니라 우리들을 해방하는 사명과 소명 안에 머물러 있으라고 부르심을 받는다.

함께 생각 나누기 »

* 로마서 13장에 바울이 "모든 권세에 복종하라"는 말과 로마서 12장에서 "악을 미워하고 선에 속하라"(9절) "악에게 지지 말고, 선으로 악을 이기십시오."(22절)라는 말씀과 충돌하는 것에 대해 이야기 합시다.

* "모든 권세는 하나님께로부터 온 것이며 이미 있는 권세들도 하나님께서 세워주신 것"(롬 13:1)이라는 말씀은 모든 권세가 가져야 할 마땅한 행동을 무엇이라고 말하는 지 이야기 합시다.

* 당시 로마가 황제 숭배를 강요하는 분위기와 로마서 13장과는 어떤 관계가 있는지 이야기 합시다.

* "각 사람은 주께서 그에게 나누어 주신 대로, 또 하나님께서 그를 부르신 그대로 살아가십시오."(고전 7:17)라는 말씀이 가진 뜻에 대해 이야기 합시다.

* 최근 미얀마에서 일어나는 사건을 보고 기독인들이 어떤 태도를 가져야할지 이야기 해봅시다.

평화로운 세상이 오리라[7]

도성 시온아, 크게 기뻐하여라. 도성 예루살렘아, 환성을 올려라. 네 왕이 네게로 오신다. 그는 공의로우신 왕, 구원을 베푸시는 왕이시다. 그는 온순하셔서, 나귀 곧 나귀 새끼인 어린 나귀를 타고 오신다. "내가 에브라임에서 병거를 없애고, 예루살렘에서 군마를 없애며, 전쟁할 때에 쓰는 활도 꺾으려 한다. 그 왕은 이방 민족들에게 평화를 선포할 것이며, 그의 다스림이 이 바다에서 저 바다까지, 유프라테스 강에서 땅 끝까지 이를 것이다. 너에게는 특별히, 너와 나 사이에 피로 맺은 언약이 있으니, 사로잡힌 네 백성을 내가 물 없는 구덩이에서 건져 낼 것이다. 사로잡혔어도 희망을 잃지 않은 사람들아, 이제 요새로 돌아오너라. 오늘도 또 말한다. 내가 네게 두 배로 갚아 주겠다.(스가랴 9:9-12)

우리는 어제 하루에도 미얀마에서 군경의 무력 사용으로 인해 최소 18명이 사망하고 30명이 부상했다는 유엔 인권사무소의 발표를 들었다. 그럼에도 불구하고 미얀마 각지에서 목숨을 내어 놓고 군부와 맞서고 있는 미얀마 민중의 용기 있는 항쟁에 박수를 보낸다. 그리고 미얀마 한국 유학생들이 한국 대사관 앞에서 "도와주십시오. 도와주십시오. 우리를 도와주십시오."라고 눈물로 호소하는 외침도 들었다.

우리도 아픈 역사를 가진 나라로서 이러한 외침이 남의 소리로만 들리지 않는다. 더욱이 오늘은 삼일혁명 102주년을 맞는 기념일로 우리 선조

---

7) 2021.3.1. 미얀마 대사관 앞에서 향린공동체(강남향린, 들꽃향린, 섬돌향린, 향린)교우들이 가진 연합예배에서 한 설교문이다.

들이 일본 군인들의 총칼 앞에 맨손으로 나서서 만세를 부른 용기를 떠올린다. 적이 겨누고 있는 총구 앞에서 맨손으로 만세를 부른다는 것은 상상만 해도 오금이 저려온다. 지금 미얀마의 형제자매 들이 같은 길을 가고 있다. 여러분들의 투쟁을 적극지지하고 멀리서 응원하는 마음을 모아 여러분들의 승리를 기도한다.

우리도 해방 후에 5.16(1961), 12.12(1979), 5.17(1980) 세 차례에 걸친 쿠데타를 경험했다. 가장 가까이 일어났던 광주민주항쟁 당시 수많은 광주의 시민들이 군인들에 의해 죽임을 당했다. 당시는 무한한 권력을 누릴 것 같았던 군부 세력이지만 잠시 그들이 지배하는 동안에도 해마다 오월이 오면 광주를 방불케 하는 전국적인 저항이 계속되었다. 결국 그들은 무릎을 꿇었고 오랏줄에 묶여 감옥살이를 했다.

자기 국민을 향해 총질한 군인들을 어찌 용서할 수 있으며, 어찌 그 만행을 잊겠는가? 미얀마 군부는 당장 총을 버리고 군인의 당연한 임무로 복귀하길 바란다. 군인은 국민의 생명을 보호하는 임무를 가졌지, 아무에게도 자기 국민을 살해할 권리를 주지 않았다. 더 이상 국민을 향한 총질을 멈추기를 바란다. 그 행위가 자손만대에 부끄러움이 될 엄청난 범죄임을 모르는가? 여러분들이 미얀마의 모든 국민들을 없애지 않는 한 여러분들의 만행은 결코 잊혀지지 않을 것이다. 반드시 역사의 무거운 심판을 받을 것이다.

우리는 미얀마의 민주화를 지지하며 군부에 항쟁하는 민중을 도울 것이다. 한국을 비롯한 세계 여러 나라들도 미얀마 민중이 생명을 지키고 자유를 누릴 수 있도록 국제연대와 긴급한 조치들을 취해주시기를 바라며, 중국과 러시아도 미얀마의 쿠데타 세력을 침묵으로 돕고 있는 행위를 즉각 멈추고 이들을 응징하는 당연하고 마땅한 인륜과 대의에 나서기를 바란다.

오늘 성경 말씀은 이스라엘 사람들이 바랐던 메시야에 대한 꿈이다. 새롭게 오시는 구원자 메시야는 공의로우신 왕, 구원을 베푸시는 왕으로서 평화를 선포할 것이며, 그의 다스림이 이 바다에서 저 바다까지, 땅 끝까지 이를 것이라는 예언의 말씀이다.

성경에 나오는 여러 가지 메시아에 대한 예언 중에 유일하게 민중 메시야에 대한 노래다. 그는 미끈하게 잘 뽑힌 군마를 없애고, 당시 사람들이 자랑하던 무기인 병거도 없애며 활도 꺾는다. 그리고 나귀, 그중에도 어린 나귀를 타고 오시는데 나귀는 전투용이 아니고 일하고 짐을 나르는 용도이다. 군림하는 메시아가 아니고 국민들과 함께 일하는 메시아, 평화의 메시아가 오신다는 이야기인데 예수는 정확하게 이 구절을 대본으로 연출하며 예루살렘으로 입성하셨고 우리에게 평화의 왕으로 오셨다.

하나님께서는 지금 미얀마 국민들을 살해하는 군인들의 무기들을 반드시 꺾어버리실 것이다. 그들은 각종 거짓으로 자신들의 폭력을 위장할 것이나 오래가지 못할 것이다. 지금 고난 받는 미얀마 시민들의 희생이 오랫동안 이어온 미얀마 군부세력의 폭력을 종식시키고 민주화된 새 세상을 열 것이다. 밀알 하나가 땅에 떨어져 삼십 배, 육십 배, 백배의 열매를 맺듯이, 지금의 고난을 인내하고 끝까지 희망을 잃지 않는 사람들에게는 그 보상을 삼십 배, 육십 배, 백배로 넘치게 주실 것이요, 반면 악을 행하는 자들에게는 삼십 배, 육십 배, 백배의 징벌로 갚으실 것이다.

목숨을 아끼지 않고 저항하는 미얀마 민중의 행동에는 진실이 있고, 그 진실에는 거짓이 흉내 낼 수 없는 무게감이 있다. 하나님께서는 반드시 그 진실에 응답하실 것이다. 그것이 하나님의 약속이요, 오늘 우리들이 가지고 있는 신앙이다. 여러분 용기를 잃지 않고 힘내시길 바란다. 진리가 여러분들을 자유하게 할 것이다.

생명은 모든 것에 우선한다.[8]

지금의 미얀마 사태는 서방 언론이 외치는 것처럼 단순하지 않다. 2차 대전 무렵 미얀마(당시 버마)는 영국의 식민지였다. 영국은 식민 통치자들이 전형으로 사용하는 분할통치(Divide and Rule)의 이간책으로 방글라데시에 사는 로힝야 족을 미얀마 지역으로 이주해 살게 했다. 중국과의 교류를 끊기 위해서 중국을 향하는 길목으로 이주시켰다. 게다가 미얀마는 불교국가인데 로힝야 족은 이슬람교 신자들이다. 영국은 로힝야 족에게 특권을 부여해서 미얀마 사람들에게서 빼앗은 농장의 경영권을 주고, 군대에 입대시켜 미얀마의 독립군 토벌에 나서게 했다. 그리고 영국의 비호 아래 미얀마의 대다수를 차지하는 버마족과 소수민족을 학살했다.

식민지시대가 끝나고 1962년에 미얀마 독립운동을 주도하던 군부에 의해 사회주의 정권이 수립되자 지위는 역전되었다. 로힝야 족은 다시 뱅골로 이주하게 하고, 그들에게 강압과 보복 학살이 행해졌다. 이는 서방 국가들이 미얀마 정부를 압박하는 수단이 되었다. 미얀마의 군부는 식민제국으로부터 독립을 위해 투쟁한 독립군에 뿌리를 두고 있다. 로힝야 족의 학살은 서방세계가 대대적인 탄압으로 규정하지만, 민족주의자들의

---

8) 김경호, "고난받는 미얀마를 생각하는 목회자의 단상" 〈기독교신문〉 2021.4.

입장에서는 일종의 식민청산의 성격을 가지고 있다. 물론 그 과거가 어쨌든지 간에 생명을 빼앗는 것은 분명한 범죄이다.

지금 군부와 맞서고 있는 아웅산 수지는 미얀마 독립투쟁의 영웅인 아웅산 장군의 딸이고 군부는 아웅산 장군의 부하들이다. 식민지를 청산하고 군부에 의해 세워진 미얀마 정부가 영국에서 유학을 하고, 친 서방 성향을 가진 아웅산 수지를 함부로 하지 못한 것도 이런 이유이다. 서방 세력은 이를 적절하게 이용했다. 아웅산 수지가 미얀마 민주화의 상징으로 부각되고 노벨 평화상, 국제 엠네스티 인권상, 광주인권상등을 수상하고 서방 세계의 막강한 지원을 받았지만 뿌리 깊은 민족 감정을 넘어설 수는 없었다. 로힝야 족에 대해서만은 군부나 수지가 동조했다.

아웅산 수지를 통해서 미얀마를 중국을 봉쇄하는 정책에 포함시키려한 서방의 의도는 먹히지 않았다. 미얀마가 중국과 국경을 마주했다는 점에서 인도-태평양 전략의 한 축이 되기를 원했지만, 수지는 균형외교를 앞세우고 중국과 연대하는 노선을 취했다. 그리고 중국과 미얀마 간 송유관과 가스관들을 연결했다. 지정학적 위치상 서방보다는 중국에 치우친 정책을 펼 수밖에 없었다. 게다가 수지가 미얀마의 대통령도 "사실 내 마음대로 할 수 있다"면서 수렴청정하자 서방에서는 수지를 독재자로 규정하고 지지를 철회했다. 그리고 그에게 부여했던 모든 상들은 취소되었다.

미얀마의 역사를 볼 때, 군부를 단순하게 반민주 독재로, 악의 축으로 매도할 수는 없다. 이는 북한을 무조건 악의 축으로 여기고, 홍콩 사태 등을 단순한 서구 사회의 입장에서 보기 어려운 것과 마찬가지다. 하지만 그들 사이에 쌓이고 쌓인 역사의 문제들이 있다고 하더라도 다수의 시민을 향해 총을 쏘고 생명을 빼앗을 권리는 어느 누구에게도 주어지지 않는다.

이스라엘 역사에서 가장 혹독했던 폭압정권은 아합 왕 때였다. 야훼신앙이 탄압받고 예언자들이 죽임을 당했다. 유일하게 국가의 중앙종교가 바알신앙으로 바뀌었고 엘리야만 혼자 살아남아 까마귀가 물어다 주는 음식으로 연명했다. 이 암흑의 시기가 청산된 것은 엘리사가 계획하고 군대 장군 예후가 일으킨 쿠데타에 의해서다. 하지만 예후는 야훼 신앙을 세운답시고 바알을 섬기는 자들을 모두 모아놓고 사방에 문을 봉쇄한 후에 살육했다.(왕하 10:24 이하)

후대의 예언자 호세아는 이를 비판을 한다. "이제 곧 내가 예후의 집을 심판하겠다. 그가 이스르엘에서 살육한 죄를 물어서 이스라엘 왕조를 없애겠다. 또 그날에 내가 이스르엘 평원에서 이스라엘의 활을 꺾겠다."(호 1:4-5) 이스르엘은 예후가 바알을 섬기는 자들을 모아놓고 그들을 잔인하게 살육한 장소이다. 비록 야훼 신앙에 열광해서 행한 행위지만 종교적 열정이나 이념이 인간의 생명을 뛰어넘을 수 없다. 잘못된 신앙의 열정이 낳은 아집과 오만, 이데올로기만 남은 채, 인간도 없고 생명도 없고 사랑도 없어져 버린 학살은 어떠한 사연을 가지고 있든지 학살일 뿐이다.

모든 이데올로기를 검증하고 평가하는 기준은 무엇일까? 그것은 생명이다. 인간의 생명에 반하는 것은 아무리 아름답게 포장한 이념이나, 제 몸을 불사르게 내어줄 신앙의 열정이라 하더라도, 인간의 생명에 반한다면 그것은 허구이다.

지금 미얀마에서 벌어지고 있는 민간인에 대한 군부의 학살은 어떤 의미에 있어서도 중지되어야 하다. 더군다나 5.16, 12.12와 광주에서의

5.17 쿠데타를 겪은 우리로서는 더욱 안타까운 마음으로 미얀마 사태를 볼 수밖에 없다. 시민들의 생명을 보호해야할 군부가 시민에게 총격을 가하고 생명을 **빼앗는** 행위는 그들의 복잡한 역사와 정치적 배경을 넘어서서 또 하나의 폭거이고 학살이다. 한국교회는 이에 대해 강력한 "아니오"를 말하고, 고난 받는 미얀마의 시민들과 연대하며 그들의 생명을 보호해야 한다.

10

바울의 체포, 옥중생활, 죽음

예수가 마지막에 행한 것처럼 바울은 자신의 죽음을 각오하고 예루살렘 행을 결정한다. 바울의 예루살렘 행은 결국 체포, 구금, 재판, 옥중생활, 로마로 이송과 순교로 이어졌다.

마지막을 각오한 예루살렘 행

바울은 세계 각 처에 흩어진 교회들로부터 예루살렘 교회를 돕기 위한 헌금을 모집하여 예루살렘을 방문한다. 그의 예루살렘 행은 마치 예수가 그의 마지막 삶을 예루살렘 행으로 마감한 것과 같이 삶의 마지막 장이 될지도 모른다는 비장함이 스며있다.(행 21:13) 이미 그는 루스드라에서 유대인들에 의해 돌팔매를 맞아 죽다가 살아나기도 했다. 유대인들은 바울을 유대교 신앙을 변절시킨 위험인물로 보았다. 바울이 율법과 할례등 유대인의 관습을 무시하는 것 등이 못마땅했다.

게다가 바울이 로마 시민권을 가졌다면 이는 유대민족주의자들에게는 경멸할 만한 요소였다. 당시 로마 시민권은 아무나 가질 수 있는 것이 아니었다. 물론 사도행전은 바울이 로마 시민권을 가졌다고 말하지만, 바울 자신이 쓴 글에는 시민권을 가졌다는 것을 전제하지 않는다. 시민권이 있었다면 40에서 하나를 감한 매도 맞을 필요가 없었고 모진 고문을 당할 이유도 없었다. 사도행전에서도 바울은 시민권자가 면제받을 수 있는 태형을 그냥 잠자코 겪는다. 이런 이유들로 실제로 바울이 로마의 시민권을 가진 것인지는 의문이다. 하지만 바울이 가진 신념이 유대인들에게 미움을 사는 요소이기에, 최대한 로마의 시민권자라는 특권을 숨기고 드러내지 않으려고 노력한 것으로 보인다.

그는 마지막 행보에 앞서서 예배소의 장로들에게 고별설교를 한다. 유언에 가까운 설교였다. 그들은 다 크게 울며 바울의 목을 안고 입을 맞춘다. 그들은 바울이 '다시 얼굴을 보지 못하리라'고 한 말을 인하여 더욱 근심하고 배에까지 그를 전송했다.(행 20:37-38) 아가보의 예언(행 21:5) 대로 그의 마지막을 각오한 예루살렘 행은 결국 체포, 구금, 재판, 옥중생활, 로마로 이송과 순교로 이어졌다. 바울이 자신을 미워하는 유대인들의 본거지인 예루살렘 행을 각오한 것은 특별한 목적이 있었다.

헌금의 의미

바울은 스스로 노동을 하여 자신의 생활에 필요한 것을 충당했다.(고전 9:12, 고후 12:13, 살전 2:9) 그는 개인 생활에 필요한 것은 일체 도움을 받지 않았지만 빌립보 교회와는 각별한 관계였고 빌립보 교회의 도움은 받아들였다. 그러나 선교에 필요한 비용은 각 교회에서 감당하는 헌금으로 충당했으며, 마지막에는 어려운 교회들을 돕기 위한 헌금으로 발전했다. 특히 모인 헌금을 전달하기 위해 예루살렘으로 갔다가 체포되었다.

바울은 자신이 세운 교회의 신도들 중에도 바울을 의심하는 사람들이 있어 괴로워했다. 바울이 예루살렘 교회를 위해서 헌금한 것에 대해 횡령의 의혹을 제기하는 사람들도 있었다. 바울은 말한다.

나는 여러분에게 짐이 된 일이 없습니다. 그런데 어떤 사람들은, 내가 간교한 속임수로 여러분을 사로잡았다고 합니다. 내가 여러분에게로 보낸 사람들 가운데 어느 누구를 시켜서, 여러분을 착취한 일이 있습니까?(고후 12:16-17)

그러므로 나도 언제나 하나님과 사람들 앞에서 거리낌 없는 양심을 가지려고 힘쓰고 있습니다. 나는 내 민족에게 구제금을 전달하고, 하나님께 제물을 바치려고, 여러 해 만에 고국으로 돌아왔습니다.(행 24:16-17)

우리가 맡아서 봉사하고 있는 이 많은 헌금을 두고, 아무도 우리를 비난하지 못하게 하려고 우리는 조심합니다. 우리는, 주님 앞에서 뿐만 아니라, 사람들 앞에서도, 좋은 일을 바르게 하려고 합니다.(고후 8:20-21)

바울이 한 헌금은 여러 가지 의미를 가진다.

첫째, 종말론의 의미이다. 이사야는 마지막 때에 모든 민족이 예루살렘으로 와서 하나님을 섬기고 성전세를 바치게 될 것을 말한다.(사 60:4-7)

둘째, 자선의 의미이다. 그는 마침 기근으로 어려움을 겪고 있고, 로마와의 적대의식이 깊어지면서 점점 더 어려움을 겪는 유대인들과 예루살렘 교회의 형제 자매를 돕기 위해서다.

> 나는, 다른 사람들을 편안하게 하고, 그 대신에 여러분을 괴롭게 하려는 것이 아
> 니라, 평형을 이루려 합니다. 지금 여러분의 넉넉한 살림이 그들의 궁핍을 채워
> 주면, 그들의 살림이 넉넉해질 때에는, 그들이 여러분의 궁핍을 채워 줄 수도 있
> 을 것입니다. 그리하여 평형을 이루는 것입니다. 이것은 성경에 기록하기를 "많
> 이 거둔 사람도 남지 않고, 적게 거둔 사람도 모자라지 않았다" 한 것과 같습니
> 다.(고후 8:13-14)

셋째, 교회간 일치의 의미이다. 예루살렘 교회와 이방인 교회간의 대화
합을 도모하기 위해서다. 바울은 자신에 대한 오해가 이방인 선교를 가
로막는 요소가 되는 점을 해소하고 싶었다. 그는 이미 이방 지역에 많은
교회를 개척하였고 이방인 전도의 중심위치였지만, 사도들이나 예루살
렘교회가 적대하는 대상으로 남는 것은 선교에 방해가 된다고 생각했다.
바울은 헌금이 단지 어려운 처지의 그리스도인들을 돕는다는 의미를 넘
어서서 동서간 교회의 대 화합의 계기가 되기를 바랐다.
바울은 자신에게 대해 의심을 가지고 적대하는 사람들도 용서하고, 또
그들에 의해 용서받는 것이 선교에 도움이 된다고 판단했다. 그래서 바울
은 로마와 스페인 선교의 장정을 이루기 전에 먼저 예루살렘 행을 결심했
다. 그는 직접 예루살렘으로 가서 모든 오해들을 해소할 수 있기를 바랐다.

넷째, 그리스-로마 시대 전 지역에 퍼져있는 후견인과 피 보호자의 관
계이다. 로마에는 후견인 제도가 있다. 이것은 로마가 자유인과 평민들을

포섭하고 다스리는 한 방법이다. 로마의 귀족인 막강한 실력자가 평범한 자유인, 평민들의 후견인이 되어 경제후원, 교육지원, 군사보호를 제공한다. 후견인은 사회적 울타리 역할을 하고, 보호를 받는 자유인들은 후견인과 혈맹의 관계를 이루어 충성과 섬김을 다짐한다.

로마에서 귀족들은 서로 더 많은 영향력을 확보키 위해 경쟁했다. 이러한 현상은 로마가 지배했던 지중해 전역에서 나타났다. 그리이스, 로마가 거대한 영토를 점령하고 긴 세월동안 부흥할 수 있었던 이유 중에는, 후견인 제도 등으로 좋은 관계를 맺는 것도 한 몫을 감당했다. 반면 식민지 상황에서 계급투쟁을 일으킨다는 것은 곧 필연적으로 제국과의 갈등에도 휘말려드는 일이었다. 식민지의 유대 귀족계급에 반대하는 것은 곧 로마제국의 후견인과 보호자들에게 반대하는 것으로 여겼다.[1]

로마는 무조건 힘으로 통치하지 않았다. 강제적인 힘의 통치는 오래 갈 수도 없으며 그렇게 거대한 영토를 유지 할 수도 없다. 이들은 서로 양부, 양자의 관계를 맺었다. 고린도후서 8장에서 바울은 디도를 보내며 교회가 그의 후견인이 될 것을 부탁한다. 예수의 제자들도 예수께서 나중에 지상의 왕이 되어 자기들의 후견인이 되어 주기를 청탁했다. 후견인 제도는 제국이 체제를 유지하기 위한 전략이지만 어려움에 처한 사람을 돕고 연대를 공고하게 만드는 장점이 있다. 바울은 이런 장점을 교회 안에서 이루고자 했다.

바울은 헌금을 선물(카리스, χαρισ)이라고 한다. 이것은 하나님께서 우리에게 공짜로 주시는 은혜라는 의미다. 우리가 헌금을 하는 것은 하나님께

---

1) Jonathan L. Reed and John Dominic Crossan, *Excavating Jesus*, op.cit., 296.

서 베풀어 주신 은혜에 근거하기에 아까운 마음 보다는 기쁜 마음, 자발적인 마음으로 할 때 의미가 있다.

> 여러분이 이 선물을, 억지로가 아니라, 마음에서 우러난 선물로 마련하게 하려는 것입니다. 요점은 이러합니다. 적게 심는 사람은 적게 거두고, 많이 심는 사람은 많이 거둡니다. 각자 그 마음에 정한 대로 해야 하고, 아까워하면서 내거나, 마지못해서 하는 일은 없어야 합니다. 하나님께서는 기쁜 마음으로 내는 사람을 사랑하십니다.(고후 8:5-7)

바울은 헌금을 모으는 과정에서 오해도 사고 어려움이 있었지만 그렇게 모은 헌금을 예루살렘 교회 교우들이 어떻게 받아들일까 하는 것이 가장 큰 염려였다. 바울은 그 헌금이 그들에게 기쁜 선물이 되기를 기도했다.

> 형제자매 여러분, 내가 우리 주 예수 그리스도를 힘입어서, 그리고 성령의 사랑을 힘입어서 여러분에게 부탁합니다. 나도 기도합니다만, 여러분도 나를 위하여 하나님께 열심으로 기도해 주십시오. 내가 유대에 있는 믿지 않는 자들에게서 화를 입지 않도록, 그리고 또 예루살렘으로 가져가는 구제금이 그 곳 성도들에게 기쁜 선물이 되도록 기도해 주십시오.(롬 15:30-31)

바울의 체포와 순교

바울은 예루살렘에서 체포당해 로마로 압송되었다. 바울이 체포되는 과정은 사도행전에 자세하게 언급되었으나, 로마로 잡혀간 후에 그가 당한 죽음에 대해서는 침묵한다. 그것은 바울에 대해 신비감을 더한다. 바울은 자신이 계획한 대로 로마에서 복음을 전했고, 당시 땅 끝이라고 생각되던 스페인 선교를 원했다. 그가 로마에서 죽임을 당한 것으로 생각되지만 더러는 스페인 선교를 마치고 로마로 돌아와 순교했다는 기록도 있다.

사도행전은 자신의 구도인 복음이 유대와 사마리아와 땅 끝까지 전해지리라는 틀 속에서 바울을 용해한다. 바울은 개인의 삶 보다는 영원히 땅 끝까지 열려있는 복음전도자로, 죽음을 넘어 복음이 전해지는 곳에 영원히 열려있다.

바울은 예루살렘으로 와서 성전에 들어갔다가 봉변을 당한다. 아마도 사전 조율이 된듯하다. 바울이 유대인의 풍습을 존중한다는 것을 보여주기 위해 성전에서 정결례에 참여하기로 했다. 나실인들의 정결례 비용을 대는 것은 유대 풍속을 존중하는 표시였고 동시에 유대인 가운데 인정받는 미담이었기에 바울이 이를 행한다.(행 22:24)

그런데 뜻하지 않게 율법을 중시하는 유대인들 또는 유대인 크리스천들에게 그와 동행했던 에베소 사람 드로비모, 이방인을 성전에 데리고 들어갔다는 혐의를 받는다. 바울은 사로잡혀 성전 밖으로 끌려 나가고, 사람들은 그를 죽이려 한다. 그러나 로마 천부장의 군대에 보호를 받고 잡혀가게 된다. 바울은 거기서 회중을 향하여, 자신이 다메섹에서 겪은 경험과 이방인의 사도로 부름 받게 된 경위를 전한다.(행 22장) 연설을 들은 유대인들은 "이런 자는 없애 버려라. 살려 두면 안 된다"(행 22:22)며 옷을 벗어 던지고 티끌을 공중에 날린다. 이에 천부장이 바울에게 채찍질을 가하려던 중에 바울이 로마 시민인 것을 알게 되었다.

천부장은 돈을 많이 들이고 로마 시민이 되었는데 나면서부터 로마 시민인 바울을 결박한 것에 대해 두려워한다. 천부장은 다음날 공회를 열어 바울이 무슨 죄로 미움을 사고 사람들이 죽이려 하는가를 심문한다. 바울이 공회의 앞에서 "나는 이날까지 하나님 앞에서 오로지 바른 양심을 가지고 살아왔다."(행 23:1)고 하자 대제사장 아나니야는 그의 입을 치라고 말한다. 그러자 바울도 분노하여 "그대 회칠한 벽이여, 하나님께서 그대를 치실 것이요. 그대가 율법대로 나를 재판한다고 거기 앉아 있으면서, 도리어 율법을 거슬려서 나를 치라고 명하시오?"라고 말한다. 그러나 바울은 그가 대제사장이라고 하는 사람들의 말을 듣고 "대제사장인줄 몰랐다고 한다."

  예수의 재판에서와 같이 바울의 재판 과정에서도 유대인과의 갈등은 강조되지만 로마의 관료들은 언제나 우호적인 마음을 가진 사람으로 나타난다. 유대인들과의 갈등과는 별도로 바울이 시민권자라면 함부로 대할 수 없었을 것이다. 그리고 로마 치하에 복음을 전하는 상황에 대놓고 로마 관리들을 탓할 수도 없었을 것이다. 그러나 결국 바울도 로마 당국에 의해 처형된 것으로 전해진다. 비록 그 모습은 부드럽게 포장되고 감추어졌지만...

  재판의 변호과정에서 불리해진 바울은 산헤드린의 구성이 사두개인과 바리새인의 연합이라는 점을 이용해 그들의 견해가 서로 다른 부활에 대해 이야기를 꺼냈다. 그리고 자신은 바리새인이라고 말하자 바울에게 적개심으로 가득 찼던 재판정은 바리새인과 사두개인의 교리 논쟁으로 변한다. 마침내 바리새파 사람들이 그를 변호하여 말한다. 그날 밤 바울은 "용기를 내어라 네가 예루살렘에서 나를 두고 증언한 것과 같이 로마에서도 증언 하여야 한다."(행 23:11)라는 주님의 말씀을 듣고 로마 선교에 대한 의지를 불태운다.

바울을 죽이기 전에는 먹지도 마시지도 않겠다고 결심한 사람들이 마흔 명이 넘었다. 그들이 바울을 암살할 계획을 세우지만 천부장은 그가 로마 시민인 것을 알고 군대를 이끌고 그를 구해낸다. 유대인들이 바울을 죽이려 한 명분은 이방인을 성전으로 데리고 들어왔다(행 21:28)는 것이다.

고고학적 발굴에 따르면 예루살렘 성전산 광장의 2/3를 차지하는 이방인의 뜰이 나타나는데, 이곳은 유대인과 이방인, 남자와 여자등 모든 방문객에게 개방되었다. 이 뜰을 지나면 분리대가 나오는데 이것은 유대인이 아닌 사람들이 더 이상 들어가지 못하도록 막는다. 그리고 이 곳을 넘는 이방인은 누구나 죽음의 벌을 받는다고 고지하는 B.C.1세기 때의 명각 두 개가 발견되었는데 이렇게 적혀있었다.

> 외국인은 누구든 성전 영역을 둘러싼 이 울타리와 난간 안으로 들어가서는 안된다. 잡히는 사람은 누구든지 죽음을 당하게 될 것이요 그 책임은 그 자신에게 있다.[2]

바울은 동행중인 이방인이 그 영역을 침범한 일이 없다고 한다. 그러나 실제 그랬다고 쳐도 성경에 의하면 유월절에는 본토인이나 이방인이나 동일한 조건으로 성전 예식에 참가할 수 있었다.(출 12:49) 그들은 동일한 조건으로 무교병을 먹어야 한다.(출 12:19) 또한 성경은 "너희들과 함께 살고 있는 외국인이 주께 유월절을 지키고자 할 때에도, 그는 유월절의 율

---

2) Ibid., 304.

례와 규례를 따라야 한다. 그 땅에 몸 붙여 사는 외국인에게나 그 땅에서 난 본토인에게나 같은 율례가 적용되어야 한다."(민 9:14, 참조 신 16:13-14)고 한다. 예수도 "성전은 만인이 기도하는 집이라 불릴 것이다"(막 11:17)라고 했다.

이런 규정을 잘 알고 있는 바리새인들은 "우리는 이 사람에게서 조금도 잘못을 찾을 수 없다"(행 23:9)고 말한다. 천부장도 "나는 그가 유대인의 율법문제로 고소를 당하였을 뿐이며, 사형을 당하거나 갇힐만한 아무런 이유가 없다는 것을 알았다."(행 23:29)고 한다. 그러나 대제사장 아나니아와 장로들이 총독 벨릭스에게 고소한다.

> 우리가 본 바로는, 이 자는 염병 같은 자요, 온 세계에 있는 모든 유대 사람에게 소란을 일으키는 자요, 나사렛 도당의 괴수입니다. 그가 성전까지도 더럽히려고 하므로, 우리는 그를 붙잡았습니다.(행 24:5-6)

이에 대해 바울은 자신을 변호한다.

> 내가 예루살렘에 예배하러 올라간 지 열이틀밖에 되지 못했다는 것은, 각하께서도 곧 아실 수 있습니다. 그리고 나를 고발한 사람들은 내가, 성전에서나 회당에서나 성내에서, 누구와 논쟁을 하거나, 군중을 선동해서 모으거나, 하는 것을 보지 못하였습니다. 지금 그들은 내가 한 일을 들어서 고발하고 있지만, 각하께 아무 증거도 제시할 수 없습니다.(행 24:11-13)

벨릭스는 바울을 로마로 넘기지도 않고, 처벌하지도 않고 두 해 동안이

나 시간을 끌면서 가이사랴 감옥에 감금했다. 사도행전은 벨릭스 총독이 바울에게 무슨 돈을 받을까하고(행 24:26) 그를 자주 불러내어 이야기를 나누었다고 한다. 그러는 동안 총독이 베스도 총독으로 바뀌었다.

바울은 황제에게 직접 상소하겠다는 뜻을 총독에게 전했다. 이는 그가 총독이 시간을 끄는 것을 알고 직접 로마 선교를 이루기 위해서다. 바울이 로마로 압송되는 과정에서 풍랑을 만나는 등 우여곡절 끝에 로마로 갔고 로마에서는 비록 제한된 자유지만 두 해 동안 선교했다. 로마의 감옥생활은 마치 가택연금과 비슷한 정도의 자유가 주어졌다.

흔히 빌립보서와 빌레몬서, 그리고 에베소서와 골로새서를 옥중서간이라고 한다. 그러나 바울이 직접 쓴 옥중서신은 빌립보서와 빌레몬서다. 에베소서와 골로새서는 바울 서신이라고 보기 힘들다. 이는 제2바울서신으로 훨씬 후대의 상황을 반영한다.

바울이 로마에서 석방되어 스페인으로 갔다가 다시 로마로 와서 투옥되고 살해되었다고 하기도 한다. 그러면 바울이 순교당한 연대는 약 67년쯤이 된다. 이는 90년대에 로마에서 기록된 『클레멘스 제1서』의 기록에 의한 것이다.

> 바울은 악한 광신자의 싸움으로 인해 인내의 면류관을 얻었다. 일곱 번 결박을 당하고 피신자가 되고 석형을 받은 그는 동과 서에서 활약하였으니 그는 그의 신앙을 위한 영광스러운 영예를 얻었다. 그가 온 세계를 의로 가르치고 서쪽 끝까지 이르러 지배자들 앞에서 그의 신앙을 고백한 후 그는 세상으로부터 풀려나서 거룩한 곳에 받아들여졌다. 즉, 그는 인내를 위해 가장 큰 모범이 되었

다.(5:4-7)

하지만 이러한 클레멘스서의 보도는 로마서 15:24-25, 28절로부터 추리된 것으로 바울이 스페인 선교를 강하게 희망했기에, 그가 바라던 것이 실제로 이루어졌다는 가정에서 쓰였다고 본다. 사도행전이 그의 죽음에 대해서 명확하게 보도하지 않기 때문에 그의 죽음까지의 몇 해는 베일 속에 있다. 바울이 스페인을 가지 않고 로마에서 투옥생활을 하다가 순교했다면 그 연도는 62년경이 된다. 현재 로마에 있는 성 바울 기념교회는 바울의 순교를 기념하여 세워졌다. 바울이 참수되었을 때, 목이 잘려 통, 통, 통 세 번 굴러갔는데 그 세 곳에서 샘이 솟아다는 전설을 토대로 세 샘터(Tre Fontana) 기념교회가 세워졌다.

바울에 대한 오해와 비난들

바울은 모든 것을 십자가를 통해서 이해한다. 바울은 다메섹에서 환상 중에 예수를 만났을 뿐이지만 예수의 십자가는 바로 바울 자신이 철저하게 죽고 다시 사는 거룩한 체험의 자리였다. 십자가 사건은 바울에게 결정적인 거룩한 체험이었다.

사람들은 바울을 오해한다. 바울은 역사적 예수에 대해 관심이 없었고 예수의 십자가마저도 오직 대속의 교리로만 이해했다는 오해이다. 바울은 예수를 십자가로 이끈 역사적 과정을 열거하지 않았다. 바울은 예수의 죽음을 모호하게 하거나 신비화했다고 비난을 받기도 하며, 십자가를 비정치화, 비역사화, 추상화, 관념화, 개인화 시켰다고 비난을 받기도 한다. 사실 바울은 예수의 십자가형에 대한 어떠한 역사적 사실도 그에게는 흥

미가 없는 듯 보인다. 그래서 바울이 십자가를 저 세상의 드라마로 만들어 버렸고, 십자가의 "국적을 훼손"해서 지배자건 억압받는 자건 모두가 받아들이기에 적합한 메시지로 만들어 버렸다고 비난한다.

철저하게 십자가를 따른 삶

그런데 과연 그런가? 바울은 "나는 여러분 가운데서 예수 그리스도 곧 십자가에 달리신 그리스도 그 분 밖에는 아무 것도 알지 않기로 작정하였다(고전 2:2)"고 하는데 이런 것을 보면 바울에게 십자가가 얼마나 중요했는가를 알 수 있다. 또한 바울은 "우리는 그리스도를 전하되 십자가에 달리신 분으로 전합니다."고 하여 십자가를 메시지의 중심에 놓는다.(고전 1:23) 바울이 전도할 때, "예수 그리스도께서 십자가에 못 박히신 모습이 여러분의 눈앞에 선하다"(갈 3:1)고 한다. 그의 경험에는 항상 예수의 십자가가 중심이었다.

바울은 예수를 더 이상 육체로 알려고(kata salka) 하지 않는다고 했다.(고후 9:16) 바울은 과연 역사적 예수를 알려고 하지 않고 예수를 그리스도로만 알려고 했을까? 바울에 대한 비난들은 전적으로 오해이다. 그는 오히려 예수의 십자가의 의미를 훼손하기는커녕 한 지방 유대의 십자가를 국제화했으며, 십자가가 가진 저항과 역사성을 더 철저히 내면화했다.

민중신학자인 안병무도 초기에는 바울이 역사적 예수의 삶에 별로 주목하지 않고, 예수의 십자가를 단지 고백의 차원에 머물게 했다고 비판했다. 그는 바울이 로마 치하에서 교회의 보존을 우선했기에 예수의 삶에 대해 침묵했다고 보았다. 오히려 민중을 사랑하여 십자가까지 지게 된 예수의 삶의 여정을 날려버리고, 십자가를 교리와 상징으로 만들었다고 보았다. 그러나 후기에 그는 공개적으로 이것이 오류였음을 시인했다. 말씀은 상황 속에서 읽어야 하는데 그동안 바울의 생애를 도외시하고 바울을 읽은 것이 잘못이었다는 것이다.[3] 그는 바울의 삶을 들여다보면 누구보다도 치열한 고난과 십자가의 행적이 나타난다고 했다. 그에게서 철저히 예수를 따르는 삶, 그의 십자가를 날마다 지고 사는 모습이 보인다는 말이다.

> 나는 수고도 더 많이 하고, 감옥살이도 더 많이 하고, 매도 더 많이 맞고, 여러 번 죽을 뻔하였습니다. 유대 사람들에게서 마흔에서 하나를 뺀 매를 맞은 것이 다섯 번이요, 채찍으로 맞은 것이 세 번이요, 돌로 맞은 것이 한 번이요, 파선을 당한 것이 세 번이요, 밤낮 꼬박 하루를 망망한 바다를 떠 다녔습니다…. 여러 번 밤을 지새우고, 주리고, 목마르고, 여러 번 굶고, 추위에 떨고 헐벗었습니다.(고후 11:23-27)

안병무는 바울이 십자가 외에는 아무 것도 전하지 않겠다고 한 말을, 정작 십자가를 지기까지의 예수의 삶을 회피한 것으로 이해해왔었다. 하지만 후기에 안병무는 십자가야말로 바울의 모든 삶을 결정하는 원초적 사건이었다고 보게 되었다. 이것은 그가 겪은 사건의 개념과도 연결된다.

바울의 사건은 모든 일상이 완전 정지될 수밖에 없는 결정적 사건이며, 일상적 궤도를 뒤덮는다. 그것은 일상 속에 스며들어 모든 일상에 생명을 부여하는 원초적인 경험이며 힘이다. 루돌프 오토의 용어를 빌리면 '누미

---

3) 안병무, '사건의 신학', 『우리와 함께하는 예수』 한국신학연구소, 1997, 216.

노제'의 경험이다. 그러나 안병무는 오토의 누미노제의 경험이 단지 개인의 종교적 감정과 체험의 차원에 머물러 있다고 비판한다. 그래서 그는 '지성소'라는 특별한 용어로 표현한다.[4] 한 인간의 지성소 체험은 그의 모든 삶을 지향해서 움직이는 방향으로 역사화 될 때라야 의미가 있다. 그는 이를 모세의 경험에 비유한다. 단지 개인적 차원의 누미노제란 모세가 불붙는 가시덤불에서 불은 붙었는데 타지 않는 가시덤불을 본 것뿐이다. 하지만 '지성소' 체험은, 모세가 두려움 속에만 머물지 않고 "내 백성을 구원하라"는 하나님의 명령에 결단하여 일생동안 자기 백성을 이끌어내는 해방사건에 참여한 동기였다.[5]

바울은 십자가에서 악의 권력이 멸망하기 시작하는 것을 본다. 묵시문학에 의하면 이 땅의 세력은 자체 소생의 가능성이 없다. 철저하게 망하고 무너져야 새것이 나온다. 그리스도의 십자가는 바로 이런 묵시문학적 소명을 이루는 것이다. 바울은 팔레스타인이라는 한 변방에서 일어난 십자가의 사건을 세계화하고, 하나님을 적대하는 악의 세력과의 마지막 결전이라는 차원으로 우주화시켰다.

바울의 십자가 체험은 묵시문학을 넘어선다. 이것은 바울의 독특한 공헌이며 그의 신학적 깊이를 전해준다. 바울은 "마지막으로 멸망 받을 적은 죽음"(고전 15:26)이라고 한다. 바울은 여기서 묵시문학이 나타내는 악의 권력을 인간의 내면에서 찾아낸다. 그 최후의 적은 "죽음"이며 죽음 앞에 비겁해지는 내면의 공포다.[6] 그 두려움은 죽음과는 상관없이 세상을 살

---

4) 안병무, '지성소',『구원에 이르는 길』한국신학연구소, 1997, 100쪽 이하.
5) Ibid., 106.
6) 5장 바울과 묵시문학 참조.

아가고 있는 생활인에게도 여전히 영향을 미치기에 바울은 이를 "죽음의 세력"이라고 한다. 그리스도의 십자가는 이러한 '죽음'과 '죽음의 세력'을 멸하는 표이다. 이로써 악의 세력과 투쟁하는 묵시문학의 우주적 전쟁은 우리의 내면 깊숙한 곳에서 철저성을 요구하는 신앙의 세계로 들어온다. 그는 자기 자신은 십자가에서 죽었고 그 십자가에서 다시 살게 되었다고 고백한다.(갈 2:20)

바울 신앙의 내면적 철저함은 그가 루스드라에서 겪은 일과 자신의 질병에 대한 해석에서 분명하게 드러난다.

내 몸에 찌르는 가시

바울은 박해와 폭력을 당한 것 외에도, 자신의 몸에 심각한 질병을 가지고 있었다. 학자들은 그것이 심각한 안질이나 두통 혹은 간질이었을 것이라고 생각한다. 렘지는 이를 만성 말라리아의 한 종류였다고 한다.[7] 이는 발작을 수반하며 불에 벌겋게 달군 쇠막대기로 찌르는 것과 같은 두통을 가져온다. 또한 오한과 발열을 가져와 통제할 수 없을 정도로 몸이 떨리며 엄청난 땀을 흘리고 멀미, 구토도 겪게 된다.

바울이 에베소에 있을 때는 그에게 희한한 능력이 주어져서 심지어 바울의 몸에서 손수건이나 앞치마를 가져다가 병든 사람에게 얹으면 그 병이 떠나고 악귀도 나갔을 정도였다.(행 19:12) 그런 바울이었지만 정작 자신을 평생 괴롭히는 질병에 대해서 하나님께 세 번이나 간절히 기도했는데 그 병이 낫지 않았다. 그래서 바울은 이 질병을 하나님께서 "나를 교만하

---

7) Marcus J. Borg & John Dominic Crossan, The First Paul, op.cit., pp.89-90.

지 않게 지키기 위해서 주시는 가시"라고 생각했다. 하나님께서 "내 몸에 찌르는 가시"를 주셨다는 것이니 얼마나 놀라운 고백인가? 바울의 말로 맺는다.

> 그리스도의 능력이 내게 머무르게 하려고, 나는 더욱더 기쁜 마음으로 내 약점
> 들을 자랑하려고 합니다. 그러므로 나는 그리스도를 위하여 병약함과 모욕과 궁
> 핍과 박해와 곤란을 겪는 것을 기뻐합니다. 그것은 내가 약할 그 때에, 오히려 내
> 가 강하기 때문입니다.(고전 12:10-11)

바울이 아니었다면 예수는 매우 뛰어난 삶을 살고 시대를 넘어서는 가르침을 주신 분이지만 기독교라는 새로운 종교와 교회라는 세계적인 조직이 생기지는 못했을 것이다. 바울은 역사적 예수가 누구인지를 밝히고 파고 들어가는 것보다 지금 현존하는 존재인 우리가 예수와 어떤 관계를 맺는가에 초점을 맞추었다. 바울의 고백은 역사적 예수를 종교화하고 신앙화할 수 있는 중요업적이다. 예수의 삶과 실천이 이천년과 지구 반 바퀴의 시공을 초월해서 나의 문제로 다가오게 만든 것이다.

예수의 십자가는 로마 제국과 맞서는 첨예한 상징이다. 로마에 맞서는 자들에게 처해진 잔인한 십자가형은 단순히 외형적인 십자가에 그치지 않는다. 누구나 제국의 체제에 대해 불만을 가지는 사람들의 마음 속에 심겨져 알아서 굴종하고 무릎 꿇게 만드는 내면의 십자가, 죽음의 공포이기도 했다. 바울은 이를 '죽음의 쏘는 힘', '죽음의 독침'이라 했고, 이는 죽은 자들에게 미치는 무기가 아니라 오늘을 살아가는 우리들을 악의 세력 앞에 무릎 꿇게 하는 최후의 적으로 '사망권세'와 '죽음의 세력'이다. 바울

은 이를 극복한 삶을 부활의 삶으로 제시한다. 바울은 예수의 십자가의 현장에는 함께 할 수 없었지만, 그의 평생을 통해서 십자가만 알기로 하였으며, 철저하게 십자가를 따르는 삶을 살았다. 바울은 무력으로 로마라는 제국에 맞설 수 없었으나 차별과 특권으로 점철된 제국의 체제에 맞서서, 교회라는 대안적인 공동체로 제국을 넘어서고자 했다. 그리고 마침내 바울이 세운 교회는 제국을 굴복시키고 교회의 시대, 새 역사를 출발케 했다.

함께 생각 나누기 »

* 바울이 위험을 무릅쓰고 예루살렘 행을 감행한 이유에 대해 말해 봅시다.

* 바울이 예루살렘 교회를 위해 모금한 헌금은 어떤 의미를 지녔는지 이야기합 시다.

* 예루살렘의 유대인들이 바울을 적대하는 이유에 대해서 말해 봅시다.

* 예수의 십자가는 바울의 삶에 어떤 영향을 미쳤으며, 어떤 의미였을까 이야 기 합시다.

* 바울이 십자가만을 알기로 했다며 따라가고자 했던 예수의 십자가는 우리들 각자의 삶에 어떤 영향을 미치고 있는지 이야기 합시다.

앞서서 나가니 산자여 따르라

예수께서 나가서, 늘 하시던 대로 올리브 산으로 가시니, 제자들도 그를 따라갔다. 그 곳에 이르러서, 예수께서 제자들에게 말씀하시기를 "시험에 빠지지 않도록 기도하여라" 하셨다. 그런 다음에 그들과 헤어져, 돌을 던져서 닿을 만한 거리에 가서, 무릎을 꿇고 기도하였다. "아버지, 만일 아버지의 뜻이면, 내게서 이 잔을 거두어 주십시오. 그러나 내 뜻대로 되게 하지 마시고, 아버지의 뜻대로 되게 하십시오." 그 때에 천사가 하늘로부터 그에게 나타나서, 힘을 북돋우어 드렸다. 예수께서 고뇌에 차서 더욱 간절히 기도하시니, 땀이 핏방울같이 되어서 땅에 떨어졌다. 기도를 마치고 일어나, 제자들에게로 와서 보시니, 그들은 슬픔에 지쳐서 잠들어 있었다. 그래서 그들에게 말씀하셨다. "왜들 자고 있느냐? 시험에 빠지지 않도록, 일어나서 기도하여라."(누가 22:39-46)

오늘 세 토막의 이야기를 하려고 한다.

첫 번째 이야기

지난 주간 우리 곁을 떠나신 백기완 선생님에 대한 이야기다. 어려운 때 우리들의 정신을 지켜주신 큰 어른이셨다. 황석영의 증언을 들어 보면, "박정희가 최고회의 의장일 때, 즉 그의 서슬이 시퍼럴 때다. 정당 사회단체 대표와 만남을 가졌다. '농민운동' 대장이었던 백기완도 초청을 받았다.⋯ 그는 아버지뻘 되는 박정희에게 인사말 첫마디가 '박 형!'이라고 부른 뒤에 '이 땅에서 혁명은 민주주의를 하자는 것이지 내가 권력자가 되는 게 아니다.'고 했다."8) 아마도 박정희가 언젠가 손을 봐도 야무지게 봐 주리라 앙다짐을 했을 듯싶다.

백기완은 깡다구도 보통이 아니었다. 웬만한 깡패들은 고개도 못들만큼 주먹도 묵직했다. 말라깽이들이 득시글거리던 시절 체중 80킬로그램이 넘는 거한의 싸움꾼이었다. 그 백기완이 보안사 서빙고로 불려갔다. 원기 왕성한 보안사 군인들이 백기완의 육신부터 영혼까지 박살냈다. 대관절 사람을 어떤 식으로 고문하면 체중 82kg의 거한이 몇 달 사이에 40kg대의 미라로 쪼그라들게 만들었을까? 하지만 백 선생을 당시 고문이 난무하던 야만의 시절도 꺾지 못했고, 손톱 뽑기 등 이루 말할 수 없는 고통 가운데도 그는 자신의 신념을 지켰다. 기독교로 치면 순교에 해당하고, 물질 만능 시대에 인간의 정신이 무엇인가를 보여주셨다.

그의 삶에 대해서는 이미 언론에 이야기되고 여러분들께서 잘 아시리라 생각된다. 선생님과 인터뷰한 뉴스타파의 영상 중에 한 가지만 옮겨보겠다. 인터뷰 도중 기자가 "선생님께서 공부는 못하셨는데…"라며 자신의 질문을 이어가려고 하자 선생님께서 벌컥 화를 내셨다.

> "공부를 못했다니, 자네가 말하는 공부가 영어 수학 국어 잘해서 일류 대학 가고 좋은 학벌을 갖는 것을 말하는가? 이거 보니 기자가 순 부루조아 생각을 하는구먼… 나는 이 세상 아픔을 가진 수많은 사람들을 만나서 그들의 이야기를 듣고 그들과 함께 분노하고 아파하는데 이것이 참 공부지…."

---

8) 〈오마이뉴스〉 2017.10.17.

그 말씀에 큰 깨달음이 왔다. 그래 그것이 민중이 공부하는 방식이지 산 공부, 살아있는 역사의 공부지, 물론 백 선생님은 책도 많이 보셨고 여러 책을 저술하기도 하셨다. 순수한 우리말을 쓰는 것에는 전문가의 식견을 가지셨다. 그는 초등학교 졸업이 그의 전 학력이지만 명실 공히 이 민족의 지도자이시고, 민족 사상가이시다. 참 공부.… 그 대목이 특히 많은 생각을 하게 해주는 인터뷰였다. 오늘 말씀 제목은 "앞서서 나가니 산 자여 따르라"는 임을 위한 행진곡의 가사인데 이는 선생님의 묏비나리에 한 대목이다.

두 번째 이야기

지난 주에 6.15 기념 남북공동축전에 대한 말씀을 이어 보겠다. 남에 200명, 북에 200명, 해외동포 200명이 참석한 행사에 저는 남측 대표단으로 가게 되었고 남쪽 대표단은 주로 통일연대, 민화협, 종단으로 구성되었는데 저는 종단이 아니고 통일연대 소속으로 참여했다.

한해 전에 6.15 선언 첫 번째 기념식으로 평양에서 열린 남북 민간 대표들의 통일축전은 보수언론들이 소위 만경대 방명록 사건들을 왜곡 보도함으로 첫 만남의 자리가 크게 훼손되었다. 민족의 큰 역사를 보지 못하고 방명록의 문구하나를 꼬투리 삼아 온갖 언론을 도배해 버리는 치졸한 일로 민간의 남북교류는 중단될 위기에 처했다. 새해맞이 행사를 금강산에서 하려고 하였는데 통일연대소속 회원 40명이 정부에 의해 방북이 불허되었다. 이로 인해 민화협, 종단 중심으로 금강산까지 갔다가 북에서 대표단의 방북 불허조치에 항의하는 뜻으로 대회를 무산시켜 그냥 돌아와 버린 터라, 두 번째로 열리는 6.15 선언 기념 민족통일대축전은 우여

곡절 끝에 금강산에서 열렸다. 마침 월드컵 기간이라 별로 보도가 되지 않아서 아쉬웠으나 덕분에 보수언론들의 장난질은 없었다.

그 기간에 포르투갈전이 있었는데 그곳 금강산에서도 대형 화면을 통해 응원했다. 남북이 함께 응원했으면 했는데 저녁에 우리 측과 해외 동포들만이 남아서 함께 응원을 했다. '대-한민국' 대신에 '조-국통일'을, 태극기 대신에 한반도 기를 흔들며 응원했다. 그러나 다음 날 모임에서 북녘 동포들도 모두 축구의 결과를 알고 있었고 기뻐하는 것을 보고, 모두 한마음으로 응원한 것을 확인했다.

제가 통일연대 소속으로 갔기에 만찬자리는 북쪽 범민련 중앙위원과 식사를 함께 했다. 만찬 자리는 일일이 개인별로 자리를 배정했기 때문에 꼼짝 없이 일반 사회분야의 대표로 자리를 했는데 중국에서 오신 교포들과 북쪽에는 평양의학대학 학장인 이원길씨와 함께 했다.

처음에 제가 목사라고 소개한 것 때문에 그랬는지 이원길 씨가 무척 시큰둥하게 인사를 했다. 평양의과대학에 관한 이런저런 대화를 나누는 중에 이한열 열사에 관한 이야기가 나왔다. 남쪽에 학생 열사들이 학업 도중에 나오면 북에서는 그 정신을 잇기 위해 북쪽 대학에 편입시켜 북쪽 대학을 졸업하도록 하는데 평양 의과대학 출신은 이한열 열사와 김세진 열사라는 것이다. 그래서 제가 이한열 열사의 선배이고 그 당시 장례위원이었다고 하니 갑자기 태도가 달라졌다. "아! 200만명이 모인 이한열 열사의 장례위원이셨냐?"하는 감탄과 함께 제가 200만 명을 모은 것은 아니지만 아무튼 그 때부터 갑자기 이야기가 잘 풀렸다. 우리는 장례위원이 그야말로 흔하다. 이번에도 백기완 선생의 장례위원이 되기도 했고 그의 명복을 비는 모든 시민들이 자원해서 장례위원이 되었다. 그런데 북에서는 장례위원은 엄격한 선별을 통해서 세운다고 한다. 상당한 공헌이 있고 고인에게 누가 되지 않는 공인된 사람 중에 엄선하여 세운다고 한다. 어쩐지 이한열 열사의 장례위원 아마 천명이 넘었을 텐데... 그 이름 하나로 갑자기 자세가 달라지는 것을 경험했다.

평양의과대학을 졸업한 열사는 이한열과 김세진 열사인데 이한열은 지난 해 8.15 모임 때 모친 배은심 여사가 와서 직접 확인하셨고, 김세진 열사의 가족은 그런 사실을 아는지 모르겠다고 하며 그 과정을 자세히 설명해 주었다.

김세진 열사는 서울대 미생물과 학생이었기 때문에 의과대학과 관련이 된다하여 학생으로 받게 되었고, 그냥 단순하게 학적부에 올려 졸업장만 주는 것이 아니라고 한다. 열사의 입학과 함께 고정 좌석을 마련하여 그 자리에는 영정을 모셔 놓고, 학생들이 열사의 정신을 기리며 돌아가면서 짝꿍을 한다. 그리고 동기생들이 열사 몫의 노트 필기를 따로 해서 꼬박 그 책상에 쌓아 놓아 그것으로 점수를 매겨 학점을 부여한다고 했다.

마지막 졸업식에는 학장인 자신이 졸업장을 수여하고 부학장이 대신 졸업장을 받는데, 그 때는 모든 학생들이 눈물바다가 된다고 한다. 그 동기생들이 자기들끼리는 서로 잘 모르더라도 모두가 김세진 열사의 동기라는 것은 잘 알고 있으며, 지금은 대부분 교수들이 되어 중요한 직책을 맡고 있다고 했다. 그리고 그런 사실을 부모님께 꼭 전해달라고 했다. 그래서 남쪽에 와서 김세진 열사의 아버님 김재훈 님께 그런 사실을 전했고 기뻐하셨다. 북쪽 사람들은 유물론자들이지만 인간의 정신, 특히 역사의식을 매우 소중하게 기리고 존경할 줄 아는 사람이라는 느낌을 받았다.

세 번째 이야기

이 이야기는 세상에서 가장 슬프고도 아름다운 1인 시위이야기다. 그 주인공은 올해 87세이신 장기수 박희성(87) 선생이다. 지난 18일(목) 낮 12시부터 1시간동안 광화문 미국 대사관 앞에서, 박희성 선생은 북에 두고 온 아들의 환갑을 축하하는 '시위'를 했다.

선생은 지금도 아들 얘기가 나오면 '우리 애기'라고 부른다. 그에겐 여전히 천진난만한 재롱둥이로 남아 있기 때문이다. 아들 동철이 태어난지 1년 4개월 됐을 때 그는 집을 나섰다. 기약 없는 이별의 시작이었다. 그 이후 대전과 전주, 광주교도소로 이어지는 27년의 수형생활을 했다. 말로 다할 수 없는 강제전향의 고문과 지독한 배고픔에 얼룩진 세월이었다.

남쪽에 아무런 연고자가 없는 박희성 옹은 교도소에서 따낸 건축도장 기능사 1급 자격증을 갖고 공사판을 돌며 생계를 유지했다. 그러나 20년간 계속된 경찰의 보호관찰로 계속 월세 방에서 쫓겨 났다. 12년간 여관과 여인숙을 전전(展轉)하다 2007년에야 비전향장기수 쉼터인 낙성대 만남의 집에 방 한 칸을 얻을 수 있었다.

출소 후 33년이 지난 지금까지 형극(荊棘)의 세월을 견딘 것은 반드시 고향에 돌아가 사랑하는 아내와 외아들 동철을 만나겠다는 일념 때문이었다. 2000년 6.15선언에 따라 63명의 비전향장기수들은 북녘으로 돌아갔지만 그를 비롯한 강제전향 피해자 등 33명은 제외됐다.

2004년 의문사 진상규명위원회는 '강제전향'을 헌법이 보장한 양심의 자유를 침해한 위법 행위로 규정했다. 통일부도 남은 이들을 2차 송환 대상으로 인정했고 2005년 정동영 장관 시절 성사가 유력해 보였다. 그러나 이들의 송환은 극우보수단체의 반대와 비틀거리는 남북관계로 지금까지도 실현되지 않고 있다. 그 사이 고령의 장기수들은 하나 둘 타계했고 지금은 열한명만이 남아 있다. 남북 정상이 판문점과 평양에서 사실상 종전선언과 평화협정의 대원칙에 합의했음에도 한걸음도 나아가지 못하는 것은 분단 고착화를 통해 막대한 이익을 누리려는 미국의 수구냉전 세력 때문이라고 생각했다.

연중 가장 힘든 날들은 당신과 가족의 생일이다. 가장 축하하고 즐거워할 날이 그에겐 고문이었다. 그리고 명절이다. 차라리 모르고 지내면 가족 생각이 덜 날 텐데... 한시도 잊어본 적 없는 어린 아들이 환갑을 맞는다. 집을 떠나기 전날 밤 아들은 평소와 달리 밤새 아빠 품을 파고들었다.

> "아들 꿈을 꿔도 딱 1년 4개월에 멈춰 있어요. 걸음마 걷던 아들을, 그 다음에 본 적 없으니 딱 끊겨 버리는 거죠. 그런 아들이 환갑이라니..."

한없는 그리움을 삭히기 위해서라도, 자신과 가족, 민족의 비극을 초래한 미국의 책임을 묻고 피켓을 드는 것이 아들의 환갑 일에 줄 수 있는 최선의 선물이라고 마음먹었다.[9] 미 대사관 앞에서 그렇게 가장 슬프고도 아름다운 1인시위는 진행되었다.

인간은 분명 물질에 영향을 받고 세상에 주어진 조건에 좌우된다. 대부분의 사람들이 그렇다. 그러나 때로는 이러한 세상의 위협으로도 결코 꺾이지 않는 정신의 사람들이 있다. 그들은 세상에 꺾이기 보다는 세상을

---

9) Newsroh 뉴스로, 로창현기자 newsroh@gmail.com 2021.2.15.일자 꼬리뉴스에서

꺾는 이들이다. 인간이 나약한 듯이 보이지만 신념으로 세상을 지키고, 의를 세우고, 인간다움을 지킨다. 그들로 인해 역사는 세워지고 그냥 흘러가는 시간이 아니라 주체적 시간, 역사가 된다. 그리고 그 주인이 바로 우리들임을 알게 된다.

지난 수요일부터 사순절이 시작되었다. 예수가 당한 십자가형은 당시 공포를 가장 극대화한 형이었다. 고통 없이 죽이는 것이 아니라 가장 고통스럽게 죽이는 형벌이었다. 짧은 시간이 아니라 아주 긴 시간 고통을 겪게 하는 형벌이었고, 몰래 죽이는 형벌이 아니라 대놓고 죽이는 사형이며, 그 시체마저도 오랫동안 전시하는 야만이었다. 그것은 죽임을 당하는 고통마저도 무기로 삼아, 어느 누구라도 로마에 적대하면, 이렇게 고통스러울 수밖에 없다는 것을 과시하는 형벌이었다. 예수는 누구보다도 이를 잘 알고 있지만, 두려워하는 제자들을 제치고 앞장서서 예루살렘으로 향했다. 그가 잡히시는 날 밤에 겟세마네 동산에서 두려움을 이기기 위해 기도하셨다. 그는 두려웠으나 죽음의 세력, 지배자들이 위협으로 삼는 공포에 무릎 꿇지 않으셨다. 그리고 스스로 십자가의 길로 나가셨다. 예수는 십자가에서의 순종으로 세상의 지배자들이 주는 공포를 무력화시켰다. 최고의 두려움인 십자가로도 꺾이지 않는 정신이 십자가의 출발점이다. 이 사순절에 우리는 어떤 정신을 가질 것이며 무엇을 극복하고자 할 것인가 우리 자신에게 조용히 물어보는 시간이 되자.

» (강남향린교회 강단 중에서)